JN290395

教育系学生のための 数学シリーズ

数学科教育法入門

黒田恭史 編著

共立出版

はじめに

　本書は，中・高等学校（数学）の教職を目指す学生，学校教育現場で数学を指導しておられる先生，さらには広く数学教育に関心のある方々を対象に編纂されたものである．

　日々，日本全国の中・高等学校において，膨大な数の数学の授業が実施されている．各先生は，生徒の理解が促進されるよう，一人でも多くの生徒が数学を好きになってくれるよう，様々な工夫を織り交ぜて授業を行っている．また，生徒の理解が困難とされる指導内容に関しては，生徒への認識調査や，教育内容の創造，指導法の改善を試みるといった積極的な取り組みも行われている．本書は，そうした日々の授業の中で課題となっている事項に対して，生徒の認識の特徴，指導における要点の整理，数学的な発展などを示すことで，何らかの解決の糸口を提供できるようにした．いわば，これまでの数学教育学研究で培ってきた成果を，数学の授業に還元するための具体的な道筋を示すようにしたわけである．加えて，より数学教育研究を深めたいという方のために，最新の研究成果を掲載するとともに，現在の数学教育学研究における検討課題についても取り上げるようにした．したがって，読者の方のニーズやレベルに応じて，本書の中から必要な箇所をピックアップして読んでいただくことができるようにしてある．

　ところで，数学教育学研究は，単に既存の数学の内容をわかりやすく教える方法を検討するということだけが中心的な研究対象というわけではない．数学自体の発展に対して教育内容をどう構築するのか，各教育内容について生徒の認識の特徴は年齢によりどのように変化しているのか，社会

的な要請を鑑みるとどのような数学的内容が今後重視されるようになるのか，国際的な数学教育研究の動向はどのように推移しているのか等，様々な視点から数学教育を捉えることが数学教育の研究である．

たとえば，TV 会議システムなどの情報コミュニケーション技術の発展は，日本にいながら世界の学校と数学の授業交流を行うことを可能にした．外国の生徒との交流授業の実現は，授業で取り上げる教育内容の世界的視野での検討や，他者との交流を積極的に導入することが，生徒の創造性の育成にどのような効果をもたらすのかといった新たな研究課題を生み出している．加えて，生徒側にも，コンピュータ，携帯電話など，24 時間世界中と交信可能な様々な機器が揃い，以前とは異なる環境で学習をすることが可能となってきている．また，数学教育研究の国際化は，日本の数学教育史を考えるにあたって，世界の教育の潮流がどのように日本に影響してきたのか，逆に日本は他国にどのような影響を及ぼしてきたのかといった，わが国の数学教育史を相対的に捉える視点を必要とした．さらには，近年の脳活動計測装置の急速な発展と普及は，これまでの学習時の行動観察からでは検出不可能であった学習者の特徴について，新たな知見をもたらすようになってきた．将来的には，生体情報をもとに学習者の学習過程を解明するといった点にまで研究が波及していくであろう．

このように，まさに社会，技術，生徒の変化に応じて，数学教育学の対象とすべき内容と方法は常に変動してきており，それらを敏感に察知し，日々の授業実践に活かしていくことが求められているのである．そして，本書は，これらの問いに十分に応えることのできる内容構成とした．以下，各章で扱っている内容の概略を紹介する．

第 1 章では，数学教育の目標と内容について論じている．前述したように数学教育学の目標と内容は，時代ごとの社会や生徒の変化とともに形を変え続けていくものである．今日の日本にあって，目標と内容はどのように形作られるべきものであるのか，その背景を踏まえ解説している．

第 2 章では，数学学習の評価の問題について論じている．これまでの評価では，既存の数学の問題を正確に素早く解くことの可否に重点が置かれてきたが，これからは，生徒が数学を創る力や，発表・交流する力がより

求められるようになる．そうした新たな評価のあり方について，具体的な項目を踏まえ解説している．また，近年の脳活動計測装置の急速な発展により，学習時の脳内の生理学的データ取得が可能となった．そうしたデータを用いた数学教育での評価の可能性について言及している．

第3章から第7章までは，それぞれ，集合・論理，代数，幾何，解析，確率・統計といった5つの分野の教育内容ついて論じている．各章とも，生徒の認識・理解の特徴，理解困難とされる内容，さらにはその解決策などについて，実証的なデータをもとに記述している．併せて，各分野で重点をおく必要のある教育内容について，その今日的意義や数学的背景との関係を踏まえ，詳しく解説している．

第8章では，数学教育の新たな展開として，情報コミュニケーション技術を用いた数学教育の可能性について論じている．1970年代後半よりスタートした数学教育におけるコンピュータ利用に関する研究は，生徒の数学理解を促進させたり，学校間同士で数学の授業を交流するといった協同学習の授業形式を生み出した．こうした機器を用いた数学教育が，どのような学習効果をもたらすのかについて具体的な事例をもとに解説している．

第9章では，第二次世界大戦以降の日本を中心とした数学教育史について論じている．第二次世界大戦以降，日本の数学教育は，海外の数学教育と相互に影響を受けあいながら発展してきた．また，教育行政の施策だけでなく，民間の数学教育研究団体も着実に研究を展開してきており，そうした草の根的な研究の蓄積をも視野に入れた数学教育史を描くようにしている．歴史を事実の羅列として捉えるのではなく，どのような時代背景のもと，どのような課題が生じ，そしてそれらの課題をどのように解決しようとしたのかを，明らかにすることで，現在の教育課題を解決する糸口を提供することができるよう解説している．

なお，本書は，テキストのみでの学習も可能となるよう，各項目とも出来る限り解説に頁を割き，自学自習で学習をすすめていけるよう心掛けた．また，全体を平易な記述表現で統一しながらも，内容については，最新の実証的な研究成果を踏まえているため，現在の学校教育現場において，理論的にも実践的にも役立つものとなっている．

本書の分量は「数学科教育法」4単位分を想定している．具体的な使用方法としては，前半期に，数学教育の概要的内容を扱い，後半期に具体的な分野の内容を扱うといった方法が考えられる．あるいは，数学教育史は頁を多く取っていることより，この章をベースに半期分の講義を組み立てることも可能である．

　各章の問題を解くためには，紙と鉛筆だけでなく，身のまわりの様々な事物を総動員しなくてはならないであろう．頭の中だけで，イメージすることと，実際に作業をして確かめることとの間には，大きな隔たりがある．数学もまた，実際的な活動を介して，頭と体で学んでいくべきものである．実際的な活動から数学的要素を抽出し，それを理論化し，さらに実際的な活動へと生かしていくというサイクルこそが，数学を学ぶ上での最も重要な事柄である．硬直した数学ではなく，躍動的な数学に読者自らが取り組んでいただくことで，学校教育現場で指導する数学もまた，魅力あるものとなるに違いない．数学を生き生きとした魅力あるものとして生徒の前に提供できる教員が一人でも多く輩出できたとするならば，本書の目的は達せられたといえる．

　最後に，本書の執筆に際し，出版の機会を与えていただいた共立出版㈱寿日出男氏，佐藤清俊氏，また各執筆者の文言の統一，校正でお世話になった共立出版㈱赤城圭氏，大阪大学大学院博士後期課程の岡本尚子氏に，この場を借りて感謝の意を表したい．

2007年12月

編　者

目　　次

第 1 章　数学教育学とは　　　　　　　　　　　　　　　　　　1
  1.1　数学教育の研究 1
      1.1.1　数学教育学とは何か 1
      1.1.2　数学教育学の目的 4
      1.1.3　研究方法 4
  1.2　数学教育の目標 6
      1.2.1　数学教育の目標を考えるためには 6
      1.2.2　数学教育の具体的な目標 7
  研究課題 10

第 2 章　評価　　　　　　　　　　　　　　　　　　　　　　　12
  2.1　数学教育における評価 12
      2.1.1　評価の目的 12
      2.1.2　評価のあり方 12
      2.1.3　評価の実際 15
  2.2　脳科学の視点からの新たな評価の可能性 21
      2.2.1　数学教育における脳の問題 21
      2.2.2　脳の生体情報を用いた教育評価 24
  研究課題 31

第3章 集合・論理　　32

- 3.1 集合・論理教育の今日的課題 ………… 32
  - 3.1.1 集合・論理教育の経緯 ………… 32
  - 3.1.2 成人の論理に対する認識調査 ………… 37
  - 3.1.3 論理に対する中学生の認識調査 ………… 40
  - 3.1.4 論理の学習水準の作成 ………… 43
- 3.2 論理と集合の数学的背景 ………… 45
  - 3.2.1 論理について ………… 45
  - 3.2.2 集合について ………… 49
- 3.3 中学生への論理指導の例 ………… 54
  - 3.3.1 $\overline{ru}$ としての Pri.Logic ………… 54
  - 3.3.2 中学生への論理の教育例 ………… 56
  - 3.3.3 まとめ ………… 59
- 研究課題 ………… 61

第4章 代数　　64

- 4.1 代数教育の今日的課題 ………… 64
  - 4.1.1 代数教育の問題点 ………… 64
  - 4.1.2 代数教育の目標 ………… 67
  - 4.1.3 代数教育の内容 ………… 69
- 4.2 数と式・方程式と不等式の数学的背景 ………… 71
  - 4.2.1 数と式 ………… 71
  - 4.2.2 方程式と不等式 ………… 80
- 4.3 数と式・方程式と不等式の指導 ………… 86
  - 4.3.1 数と式の指導 ………… 86
  - 4.3.2 方程式と不等式の指導 ………… 92
- 研究課題 ………… 95

第5章 幾何　　96

- 5.1 幾何教育の今日的課題 ………… 96

5.1.1　幾何教育の問題点 96
　　　5.1.2　幾何教育の内容 99
　5.2　幾何の数学的背景 103
　　　5.2.1　ユークリッド幾何 103
　　　5.2.2　証明 108
　　　5.2.3　空間幾何 110
　5.3　幾何教育の指導 111
　　　5.3.1　幾何の指導 111
　研究課題 125

第6章　解析　　　　　　　　　　　　　　　　　　　　　　127

　6.1　解析教育の今日的課題 127
　　　6.1.1　解析と教育の歴史 127
　　　6.1.2　解析に関わる生徒の認識 130
　　　6.1.3　解析教育の目標と内容 131
　6.2　関数・微分・積分 135
　　　6.2.1　関数 135
　　　6.2.2　微分・積分 141
　6.3　解析の教育内容・指導法 145
　　　6.3.1　現象をみる科学として 145
　　　6.3.2　テクノロジーの活用 150
　研究課題 154

第7章　確率・統計　　　　　　　　　　　　　　　　　　　156

　7.1　確率・統計教育の今日的課題 156
　　　7.1.1　確率・統計教育の問題点 156
　　　7.1.2　確率・統計教育の内容 159
　7.2　確率・統計の数学的背景 160
　　　7.2.1　確率 161
　　　7.2.2　統計（記述統計） 166

		7.2.3 確率分布 170

- 7.2.3 確率分布 170
- 7.2.4 統計的推測（推測統計）.............................. 178
- 7.3 確率・統計教育の指導 182
  - 7.3.1 確率の指導 182
  - 7.3.2 統計の指導 184
- 研究課題 188

第 8 章 情報通信機器を用いた数学教育　190

- 8.1 情報通信機器等の利用の歴史と現状 190
  - 8.1.1 これまでの利用法 190
  - 8.1.2 インターネット時代の利用方法 193
- 8.2 ICT の具体的な利用方法 194
  - 8.2.1 Web 上のテキストや図等の情報の利用 194
  - 8.2.2 Web 上の動画等のコンテンツの利用 196
  - 8.2.3 Dynamic Geometry ソフトウェア等の利用 ... 198
  - 8.2.4 MS-Excel の利用 200
  - 8.2.5 プログラム言語による自作ソフトウェアの利用 ... 203
- 8.3 テレビ会議システムを使った遠隔協同学習・研究会 ... 205
  - 8.3.1 国際遠隔協同学習とは 205
  - 8.3.2 ICDL の授業事例 208
  - 8.3.3 ICDL の良さについて 211
  - 8.3.4 ICDL 実施方法上の知見 217
- 研究課題 218

第 9 章 数学教育史　220

- 9.1 数学教育史への誘い 220
  - 9.1.1 序 220
  - 9.1.2 本章に記した内容について 223
  - 9.1.3 数学教育史の研究に向けてのコメント 224
- 9.2 自立化運動の原点を探る 225

	9.2.1	「新教育単元学習」の実相 225
	9.2.2	自立化運動への出発 232
	9.2.3	「自立化運動」の抱えた問題点 234
	9.2.4	一つのまとめとして 243
9.3	強靱な自立運動の展開と"科学化運動"への飛翔 243
	9.3.1	自立運動を取り巻く国内の社会的・経済的・政治的背景 244
	9.3.2	強靱な自立運動の展開 245
	9.3.3	数学教育の科学化を巡る対立/国際的展望と現代化運動への岐路 250
	9.3.4	数学教育の科学化運動の芽生えとその原点 . . 256
	9.3.5	一つのまとめとして 261
9.4	「科学化運動」から「生きる数学」へ 262
	9.4.1	わが国における現代化への歩みと欧米における現代化への軌跡 263
	9.4.2	欧米における現代化の動向 266
	9.4.3	現代化の実相と管理・統制の敷衍 270
	9.4.4	現代化の陰の部分—"教育の爆発の時代"と深刻な青少年問題— 281
	9.4.5	数学教育の「科学化運動」から「生きる数学」へ . 287
	9.4.6	一つのまとめとして 292
研究課題 292

索　引　　　　　　　　　　　　　　　　　　　　　　**295**

第1章　数学教育学とは

本章では，数学教育学とはどのような学問であるのかということについて論じる．第1節では，数学教育の研究を概観し，第2節では数学教育学研究を踏まえた数学教育の目標について論じることにする．

1.1 数学教育の研究

1.1.1 数学教育学とは何か

数学教育の研究は長年にわたって続けられてきており，今日ではこの研究分野のことを「数学教育学」と呼ぶ．「数学教育学」は，数学教育に関連する様々な内容を包摂し，それらを体系化した学問分野であり，横地(2001) は，数学教育学の専門分野には次のようなものがあるとしている．

「1. 目標，2. 数学教育史，3. 数学教育と文化，4. 認知と活動，5. 教育内容，6. 教育課程，7. 福祉的問題，8. 学習指導，9. 評価，10. 市民の数学教育，11. 情報機器の発展と数学教育，12. 国際交流と協同学習」

このように，数学教育学の扱う分野は，数学の指導法といったものだけにとどまらず，教育内容や教育課程全般，さらには学習者の認知や評価といったことにまで及んでいる．また，近年の情報コミュニケーション技術の発展により，それらを有効に活用した数学教育の試みも積極的に行われている．対象とする学習者も，小学生から大学生までだけでなく，乳幼児や成人，高齢者に至るまでの，幅広い年齢層にまで広まってきているのである．この，横地(2001) による数学教育学の研究領域をもとに，筆者がそ

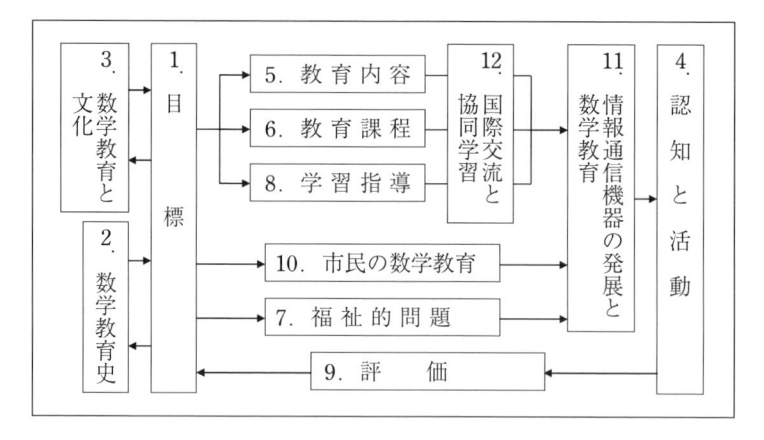

図 1.1 数学教育学の専門分野

れらの関係を図に示したものが図1.1である．

まず「1.目標」は，「3.数学教育と文化」や「2.数学教育史」に支えられ設定される．そして，設定された「1.目標」のもと，「5.教育内容」，「6.教育課程」，「8.学習指導」を具体的に決定する．「10.市民の数学教育」や特別な支援を必要とする子どもに対する「7.福祉的問題」も，社会の要請や数学教育の目標に沿って構築される．

また，現在の情報コミュニケーション技術の急速な発展により，「12.国際交流と協同学習」や「11.情報通信機器の発展と数学教育」が可能となり，数学教育を大きく改善するものとして期待されている．

こうした数学教育の改善の成果は，学習者の「4.認知と活動」によって詳細に検討されなくてはならない．したがって「9.評価」では，学習者の学習達成度を選別するために行うのではなく，改善した数学教育の妥当性を検証するものとして実施されなくてはならない．さらに，「1.目標」を再度検討する際の指標として活用し，一人ひとりの学習者に対して，よりよい数学教育を提供することが目指されなくてはならないのである．こうした一連のサイクルのもと，各研究成果が有機的に関連し，総合的な研究へと進展していくことが期待されている．

ところで，上記の各専門分野はさらに細分化されており，たとえば，「9

評価」の専門分野は，以下の研究領域によって構成されるとする（横地 2001）．

「(1) 保育園，幼稚園での評価，(2) 小学校での評価，(3) 中等学校での評価，(4) 大学での評価，(5) 学力の評価，(6) 進学試験，(7) 学力の国際比較」

この評価の研究領域を細分化したものをもとに，筆者がそれらの関係を図に示したものが図 1.2 である．

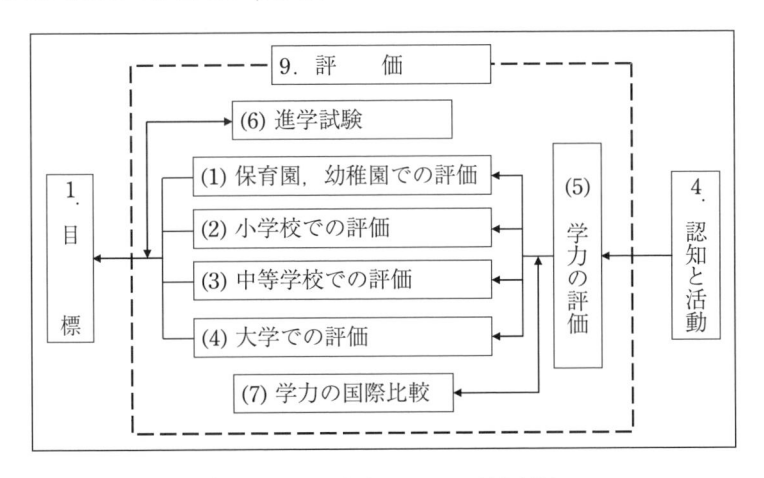

図 1.2 「評価」における研究領域

「4. 認知と活動」による学習者の特性をもとに，「9. 評価」が実施されるが，まずは社会的要請や「(7) 学力の国際比較」等を踏まえ，学力自体をどう捉えるのかといった「(5) 学力の評価」が決定される．その後，「(1) 保育園，幼稚園での評価」，「(2) 小学校での評価」，「(3) 中等学校での評価」，「(4) 大学での評価」がそれぞれ設定・実施され，その結果は「1. 目標」の妥当性の検証や修正に反映される．「(6) 進学試験」については，そこで取り扱う範囲や難度が，児童・生徒の学習に及ぼす影響についても考慮しておく必要がある．さらに，数検（全国数学検定試験）や数学オリンピックといった資格や大会も，評価を考えるにあたって，視野に入れておかなくてはならない．

1.1.2 数学教育学の目的
(1) 目的
　前述の数学教育学の専門分野や研究領域について，これまで数学教育の研究者や実践者が協力して研究成果を構築してきた．これらの研究成果をもとに，「数学教育学」は現在も進展を続けているが，その目的を一言で述べるとするならば，「数学教育の実践等に見られる様々な特徴から，その一般性を見出すことにある（横地 1978）」といえる．

　つまり，日々の数学の授業といった日常的な教育活動から，新たな教育内容を用いた教育実践，生徒の認識調査，国際的な調査等の調査研究，さらには文献研究に至る様々な研究は，最終的には数学教育の中に見られる「一般性」を追究することにあり，その一般性の蓄積，整理，分析が数学教育を学問的により進展させるといえるのである．

(2) 数学教育学における一般性
　ところで，この「一般性」は，数学の公式のような定式化されたものや，式変形によって導き出される答えのようなものという意味ではない．ここでいう「一般性」とは，学習者の各年齢段階によって特有に見られる認識の特徴といったものを集約・整理・分析したものであるといえる．したがって，学習者に見られる特徴の原因が，すぐさま判明する場合もあれば，後になってから明らかになる場合もある．

　まずは，生徒の数学の学習時の特徴を正確に把握し，そこから分析を行い，数学教育の一般性の追究を行わなければならない．決して，数学的な整合性に生徒の思考特性を当てはめて考えてはならない．

1.1.3 研究方法
　数学教育の研究は，数学の実践等に認められる一般性の追究にあると述べたが，では実際にどのように研究をすすめていけばよいのか．以下では，これまでの先行研究をもとに，研究のすすめ方について論じることにする．

(1) 社会の変化と生徒の認識

　当然のことながら，学習者である生徒は，様々な科学技術の恩恵を受けながら今日の社会で生活をしている．とりわけ，情報コミュニケーション技術の急速な発展は，10年前には想像することができなかった機器を低額で購入することを可能にし，生徒の日常生活にも深く入り込むようになった．こうした社会の変化は，生徒の数学の認識にも大きく影響を及ぼす．

　たとえば，現在の天気予報では日々の降水確率が示されるが，小学生であっても，その降水確率の数値によって，雨具を持参するかどうかを日常的に判断している．現在の学習指導要領では，確率の学習は中学校になってからのことであるが，すでに生徒たちは，確率の学習を行う前に確率に触れ，それを活用して日々の生活を送っているのである．もちろん，そこでの確率の使用は，数学的に整理された正確なものではないかもしれない．しかし，こうした社会の変容は，当然，生徒の認識を確実に変化させているといえ，そのことを踏まえて，確率の学習をスタートすることが重要である．さらにいえば，確率の学習をスタートさせる時期はこの学年が適切であるのか，教育内容の配列は妥当であるのかといったことへも，関心を向けることが重要であるといえよう．

(2) 先行研究の捉え方

　先行研究を紐解けば，各領域に関する生徒の認識調査の結果を知ることができる．関数の領域でいえば，定義域と値域の関係が正確に理解できているか，関数のグラフから変化率の推移が読み取れるかといったことについての調査が詳細に実施されている．こうした先行研究による調査結果は，まさに生徒の認識の事実であり，それらを拠りどころにして，よりよい関数教育のあり方を考えていくことが大切となる．あわせて，先行研究にある認識調査を参考に，実際に認識調査を実施することも重要である．というのも，時代の変遷により，生徒が学習する内容も異なっており，社会の変化が生徒の認識を大きく変容させることがあるからである．同一の認識調査を行ったとしても，10年間で生徒の認識が大きく変化しているということがあるので，こうした認識調査もまた，日々更新されていく必要がある．

(3) 専門職としての教師

こうした時代とともに変化する生徒の認識において，一般性を追究するとはどういうことであろうか．西之園 (1981) は，醸造技術をメタファーとして指導の過程を記述しているが，これが「一般性」を考えるにあたっての手がかりとなる．醸造は，気温，湿度，天候といった外的な状況が刻々と変化する中で，それぞれの素材の状況を正確に把握し，随時修正を加えながら行われるものであり，そこには一つの決められたマニュアルのような正解があるわけではない．しかし，醸造技術は，世代を超えて受け継がれており，そこには確実に良いものを造るための技術が存在する．数学教育における一般性もまた，こうした醸造技術に似ており，学習者の状況や学習環境に応じて柔軟に調整しつつも，そこには確実に押さえておかなくてはならない指導の方法が存在しており，これらを体系化されたもののことを一般性と捉えるとよい．

その意味では，数学の教師も，日々この一般性を追究する，実践者であり，研究者でもある．日々の数学の授業の中での生徒の学習状況を正確に把握し，指導の改善に役立てていく作業は一般性の追究に他ならない．したがって，数学教育学の最先端の研究成果に学びつつ，日々の授業を改善していく努力と，学校現場での実践をもとに，数学教育学の専門分野を持ち，自ら研究成果を発信していくことも重要である．

1.2 数学教育の目標

1.2.1 数学教育の目標を考えるためには

学校や教科書が知の宝庫であった時代にあっては，学校に行くということは，まさしく知を享受できる時間と空間を保障されるという喜びでもあったが，時代は様変わりし，今日の学校は以前ほど魅力を放つ機関ではなくなってきた．しかし，現在の情報コミュニケーション社会にあっては，自宅にいながらにして膨大な量の情報を得ることができるようになり，数学に関わる豊富な内容も，インターネットを介して，誰もが容易に取得することができるようになったのである．

そのような中にあって，数学教育の持つ意味，教室で学ぶことの意味，教師と生徒との関係等，これまで当たり前と考えられてきた学校教育を，検討しなおす必要がある．数学教育の目標も，そうした時代や社会の変容を踏まえた上で，設定されなければならない．

数学教育の目標は，数学教育研究の立場，純粋数学との対応関係での立場，国の基準としての学習指導要領の立場，海外の数学教育との比較の立場等，様々なものが存在する．現在の学校教育現場では，学習指導要領は教科書をはじめとして実践の指針となっているため，その内容を理解し，実践に生かすことは重要である．ただし，現在の中・高等学校の教員は，生徒の多様な学力実態，社会の急速な変化といった日々変化する状況に対して，それらを敏感に察知し，よりよい数学教育のあり方を研究していくといった恒常的に進歩する姿勢が求められている．これは，医者が様々な病気に対する新治療法や新薬を日常的にチェックし，日々の医療活動をよりよいものにすることに似ている．

したがって，ここでは，学習指導要領に示された目標にとどまらず，数学教育における研究レベルでの目標のあり方や，現在の生徒の数学の認識実態を踏まえる等，目標の背景に迫ることの重要性について論じていくことにする．そうした視野の広さと深さを持つことが，今日の数学の指導においては重要であるといえるからである．

1.2.2 数学教育の具体的な目標
(1) 3つの立場からの目標
数学教育の目標を考えるにあたっては，次のような3つの立場が考えられる．
　①国が定める基準としての目標
　②数学教育学研究の立場からの目標
　③海外の教育との関係における目標

(2) 国が定める目標
まず，①国が定める基準としての目標の代表的なものとして，中学校学

習指導要領 (1998),高等学校学習指導要領 (1999) がある.

中学校学習指導要領の数学の目標は次のように記されている.

> 「数量,図形などに関する基礎的な概念や原理・法則の理解を深め,数学的な表現処理の仕方を習得し,事象を数理的に考察する能力を高めるとともに,数学的活動の楽しさ,数学的な見方や考え方のよさを知り,それらを進んで活用する態度を育てる.(p.35)」

一方,高等学校学習指導要領の数学の目標は次のように記されている.

> 「数学における基本的な概念や原理・法則の理解を深め,事象を数学的に考察し処理する能力を高め,数学的活動を通して創造性の基礎を培うとともに,数学的な見方や考え方のよさを認識し,それらを積極的に活用する態度を育てる.(p.55)」

高等学校で「創造性の基礎を培う」という文言が付加されているが,いずれも,大枠では同様のことを記している.この傾向は,小学校学習指導要領にも見られる.目標の詳細な検討については,各教科とも文部省(当時)より学習指導要領解説が同時に出版されているので,それらを参照いただくとして,ここでは目標の特徴について端的に述べることにする.学習指導要領のいう目標は,数学学習によって,生徒が数学の原理獲得等を目指すとともに,数学を現実の事象に適用する力や,有用性を認識し,積極的に取り組んでいく態度を育成することにあるといえる.

(3) 数学教育学からの目標

②数学教育学研究の立場からの目標というものは,これまでの数学教育学研究から導き出される目標であり,先の①の目標からすると対象とする範囲がかなり広くなる.たとえば,横地 (1998) は,数学教育の目標を「数学教育は,数学を子供に教えるばかりではなく,現実的な課題を創造的に解決する教育,更には,国語を初め,他教科の内容と総合して,子供たちのまっとうな生き方そのものを開拓する (p.3)」こととしており,それは単に数学という枠内にとどまらず,広く人間教育を範疇に入れた目標となっている.また,現在社会の要請を踏まえ,将来に必要となる力をどのように数学教育で身につけさせるのかといった視点からも提言を行っている.

つまり，①の目標は，数学の理解，応用，適用，そして積極的な態度という指導における必要最低限の基準を示したものであり，②の目標は，今後の可能性を含めた全体の領域を示したものであるといえる．そのため，数学の授業を構成するにあたっては，①の目標を踏まえつつ，②に見られる広まりや深まりを目標に取り入れていくといった姿勢が重要であろう．

では，将来の社会を担う生徒たちにどのような数学の目標を設定すべきであろうか．たとえば，国際社会の中で生きていく生徒たちには創造性の育成が急務の一つである．これまで創造性の指導は困難であるとされてきたが，テレビ会議システムを積極的に利用し，日本国内はもとより海外と交信することにより，具体的な指導の方法を踏まえ実践することが可能となってきたのである．一般に，異なる文化や風土といった背景を持った人々が，自身に対する自信と，相手に対する尊敬と敬愛を持って交流することにより，新たな知見が生み出される．こうした創造的な営みが生じる場面を，数学教育において意図的に設定することができれば，生徒の直接的な創造性の育成につながり，生徒はまさに創造が生じる場面を体験することができるのである．新しい社会の環境が，従来指摘されてきた数学の検討課題を解決し，教育の目標として掲げることが可能になる契機を作り出すことがある．

(4) 国際的視野からの目標

③海外の教育との関係における目標というものは，国際的な動向を踏まえた上で日本の数学教育の目標を設定するという視点である．すでに国際学力調査の結果は，日本社会の中での大きな関心事となっており，学習指導要領や日本の数学教育の今後のあり方に大きく影響を及ぼすものとなっている．このことは，学力調査での日本の順位を高めるといった意味だけでなく，外国の数学のカリキュラム構成との対比の中で，数学教育としての望ましいあり方を検討することにもつながるであろう．

たとえば，初等教育段階での日本の算数科における「数と計算」の領域が占める割合は，欧米のカリキュラムと比較するとかなり多い．一方，欧米では，幾何や確率・統計の内容は小学校段階から充実しており，各領域

のバランスがよいのが特徴である．日本の「数と計算」への特化は，数学教育史における歴史的な背景や，算数・数学といった「数」や「計算」に対応する教科の名称が与えるイメージ等が影響を及ぼしていると考えられる．因みに，Mathematicsの名称の中には，数や計算に対応する言葉が含まれていない．

また，第8章で詳しく取り上げる国際遠隔協同学習・研究会は，海外の学校との映像と音声での学習交流を行うことで，創造性の育成を目指すものであるが，当然のことながら，互いの学習内容や既習事項が異なっている．むしろ，この学習では，学習内容の違いを積極的に活かして，自分たちの学習内容を紹介したり，それに関連する未習事項を相手校から学ぶことで，生徒間での学びあいや，新たな思考が誘発されることをねらいとしている．こうした試みは，世界的な視点から日本のカリキュラムを見つめなおすことにもつながり，生徒だけでなく教師の学びも大きい．

(5) 重層的に目標を捉える

前述のように，数学教育の目標は，大きくは3つの立場から捉えることができるが，重要なことは目標を重層的に捉え，それを踏まえた授業設計・実践を実施していくことである．一人ひとりの生徒の数学の力を最大限に高めるためには，個々の生徒の学力実態を正確に把握し，適切な目標を設定し，授業に反映させていくことが必要である．そのためには，学習指導要領に示された目標にとどまらず，学習者の学力実態に応じた幅広い目標設定ができる力量を備えておくことが重要である．

研究課題

1. 数学教育学の各研究領域について，どのような研究内容があるかを具体的に考えて記述しなさい．
2. 数学教育学の目的である「実践にみられる一般性の追究」について，実際の数学の指導場面を想定して，考えられる例を挙げなさい．
3. 3つの立場の数学教育の目標について整理し，数学教員として具備すべき資質や姿勢について記述しなさい．

引用・参考文献

文部省 (1998) 中学校学習指導要領．大蔵省印刷局，東京：35
文部省 (1999) 高等学校学習指導要領．大蔵省印刷局，東京：55
西之園晴夫 (1981) 授業の過程．第一法規，東京
横地清 (1978) 算数・数学科教育．誠文堂新光社，東京：10
横地清 (1998) 新版 21世紀への学校数学への展望．誠文堂新光社，東京：3
横地清 (2001) 数学教育学の形成について．数学教育学会誌，42(1・2)：17–25

第2章　評価

　本章では，評価のあり方について検討する．第1節では，数学教育における評価のあり方を概観する．第2節では，脳科学の知見を踏まえた評価の可能性について触れる．

2.1　数学教育における評価

2.1.1　評価の目的

　数学教育の目標は，一人ひとりの生徒の数学の学習の状況を正確に把握し，その能力を最大限高めていくことにある．そして評価の目標は，一人ひとりの生徒の学習履歴，学習実態，学習成果・効果の正確な測定であり，その後の指導・学習計画立案のための資料となる．

　ここで，「一人ひとりの生徒」ということを強調したが，これは，評価が，ともすれば集団の中での相対的な位置を示す，いわば選別方法として機能してきたという日本の教育の負の側面を懸念するためである．

　本来の意味での評価とは，学習者一人ひとりがその能力に応じた教育を受ける権利を保障する上での学習状況の継続的な把握のために実施されるべきものであるといえよう．

2.1.2　評価のあり方
(1) 評価の変遷

　明治時代以降今日に至るまで，学校において，評価は必要不可欠なもの

として存在してきた．明治時代，評価は能力のある生徒の「選抜」としての意味合いを強く持つものとして登場した．そして，連絡簿（現在の通知簿）が考案され，その結果は保護者に直接知らされるという制度が確立したのもこの時期である（田中 1996）．

その後，時代の変遷の中で評価の役割は変化していき，日本では受験戦争といった言葉も用いられるようになった時期には，生徒の集団の得点の分布は正規分布に類似するとの仮説のもと，相対評価が台頭してくる．そして，「偏差値」という日本独特の評価数値が考案され，これは現在にあっても高等学校・大学受験等で使用されている．

ところで，生徒の視点に立った評価のあり方を確立し，それらを体系づけたのはブルームの完全習得学習 (Mastery Learning) の理論である（梶田 1992）．ブルームは，「すべての子どもは適切な評価と支援体制のもとで期待する学習を実現できる」との前提のもと，教育目標の分類体系（タキソノミー）の構築と，形成的評価の理論（診断的，形成的，総括的評価）を生み出していった．なお，このブルームの評価に対する考えは，以前からも提唱されてきたものであったが，それを具体的な教育実践へと適用するための理論と方法を構築した点に大きな前進があったといえるであろう．

現在では，教師のみならず学習者自らが自らの学習成果を評価するポートフォリオ，自由記述テストや学習時のパフォーマンスについての評価基準となるルーブリック等についての研究も始まっており，多様な評価法が開発・実践されている（西岡 2003）．

(2) 数学授業における評価のあり方

上記の先行研究を踏まえ，数学の授業構成を行う上での準備，実践，事後の各段階において評価をどのように行い，授業改善に役立てていくのかについて検討する．

①指導前における評価

評価を行うためには，扱う教育内容についての指導計画が適正に設定されなくてはならない．そのためには，通常レディネス (readiness) といわれる各生徒の事前の学習状況の正確な把握が不可欠であり，その具体的な

方法としては，単元のはじめの認識調査，面接等がある．生徒の数学に対するレディネスを正確に把握するためには，その教育内容の基礎となる内容についての理解度，誤って理解している点，どのような点を重点的に高めるのかといった視点を持たなくてはならない．指導計画は，これらの結果分析をもとに，生徒に応じたものを設定することが重要である．

②**指導過程における評価**

実際の指導は，事前に作成した指導計画に沿ってすすめられていくが，その際，生徒の反応を的確に把握し，指導の改善に役立てなくてはならない．特に，授業途中に生徒の理解が不十分であると判断したときには，計画どおりにすすめるのではなく，理解不十分な点にまでさかのぼって指導を行うことが大切である．無理に，計画どおりにすすめると，生徒はさらに混乱を来たしてしまい，結局のところ再度同じ内容を指導するはめになってしまう．そして，数学嫌いを増幅することにもつながる．

授業が計画どおりにすすまなかった場合，生徒のレディネスの把握や指導計画の立て方に，無理がなかったかを，検討しなおし，次の指導計画立案に活かさなくてはならない．また，指導内容の前段階の知識が不足している生徒に対しては，個別の対応方法を用意しなくてはならない．体育等の実技系の教科では，生徒のレベルに応じて異なる器具が用意され，各自のレベルに応じて目標が設定されるが，数学においてもそうした各自のレベルに応じた目標設定や，サポートの仕方が工夫されなくてはならない．

指導過程における評価は，実際の指導時の細かな軌道修正と，指導計画等の事前準備の妥当性を検証するものとして機能することが重要である．

③**指導後における評価**

指導後の評価は，一般には単元終了時，あるいは学期末等に，ペーパーテストの形式で実施される．ただ，ここで注意すべきことは，ペーパーテストは，数学の学力の一側面を計測しているに過ぎないということである．今日の国際社会にあっては，自身の考えを相手にわかるように説明する能力や，集団の中で他者を尊重しながらその集団に貢献することのできる能力がより問われている．数学学習はこうした点にも大きく関係するものであり，与えられた問題を自力解決する力だけでなく，問題を創りだす力や，

協力して問題を解決する力についても，評価していくことが求められているといえる．

また，指導後の評価は，集団としての評価と個人の評価の双方を行う必要があり，前者は今後の指導計画立案に役立て，後者は個人への適切な指導へと役立てるようにするとよい．

2.1.3 評価の実際

実際に数学の授業において評価を行うためには，評価項目の作成等を行い，観点を明確にしておく必要がある．また，ポートフォリオやルーブリックの発想を活かす場合には，評価項目や評価基準をあらかじめ生徒にも示し，学習過程を通して，双方が理解の度合いをチェックしながら授業がすすめられることが望ましい．

(1) 数学における評価の指標

横地ら (2005) は，数学の学習によって獲得される学力には，次の5段階(①〜⑤) があるとし，各学習者はそれぞれどの段階を目標にしながら授業に参加するか，また，教師は学級集団の到達点として，どの段階を目標として授業を構成するのかといった視点を持つことが重要であるとする．

①原理の獲得：数学の原理が獲得され，その原理に基づく概念や性質・法則が把握された段階．
②技能と習熟：概念・法則の活用が自在にでき，技能として習熟された段階．
③数学的発展：①と②の学力を基礎に数学を創るまでに高まった段階．
④単一的応用：数学を応用問題の解決に役立てることができる段階．
⑤総合的応用：数学を自然や社会の広範な問題の解決に活用できる段階．

上記の①〜⑤までの段階は，①から順に⑤になるにつれ，獲得する学力の難度が高くなっており，模倣と創造の枠組みで捉えるとするならば，①〜②は理解，習熟といった「模倣」の段階，③〜⑤は応用，創造，発信といった「創造」の段階といえるであろう（図 2.1）．

通常の数学の授業では，①原理の獲得，②技能の習熟に指導の中心が置

```
①原理の獲得  ┐
②技能と習熟  ┘ 模倣

③数学的発展  ┐
④単一的応用  ├ 創造
⑤総合的応用  ┘
```

図 2.1 学力の段階と模倣・創造の関係

かれ，③数学的発展が指導の最終段階で少し触れられる程度である場合が多い．しかし，学期に一つの単元でも，④単一的応用や⑤総合的応用の段階を目指した授業構成に取り組んでいくことが大切である．数学と現実事象との関係を捉えさせることができず，無味乾燥で形式的な数式の操作の繰り返しのような授業からは，生徒は数学を学ぶ意義を見出すことはできない．数学を文化として，また人間の生活を支えるものとして捉えさせるためには，数学の原理の理解と習熟にとどまらず，数学を現実事象の中で適用する段階を設定するとともに，その活動を積極的に評価することが必要である．

(2) 行為動詞による評価項目の明確化

教育目標や評価を具体的に考えていくための方法の一つに，行為動詞を活用するというものがある．行為動詞とは，教師にも学習者にも「観察可能な行為」を示す動詞のことを指す．この行為動詞の活用と共有により，教師は生徒にどのような学習活動を求めているのかが明確になるとともに，生徒側もどのような学習を行うことが期待されているのかが理解しやすくなる．また，目標と評価の一貫性を保証し，客観的な評価を構築する上でも有効な方法と考えられる（西之園 1986）．

行為動詞には，技能的行為動詞，認知的行為動詞，創作的行為動詞，運動的行為動詞，社会的行為動詞等がある．数学では，運動的行為動詞を除く4つの行為動詞を主に活用することで，評価項目を明確化することが可能となる．また，数学では認知的行為動詞が多用されるため，ここでは，認知的行為動詞を，認知的行為動詞と思考的行為動詞の2つに分類し，後者の動詞はより思考的な活動を求められるものとする．それぞれの行為動詞の

具体的な内容は，以下のとおりである．

技能的行為動詞：手順に沿った機械的な作業をする際に用いる動詞で，「筆算を計算する」や，「円をコンパスで描く」といった活動を指す．

認知的行為動詞：作業過程で判断をする際に用いる動詞で，「大きさを比較する」といった活動を指す．

思考的行為動詞：認知的行為動詞に似ているが，より判断を求められる動詞で，「文章題の立式をする」といった活動を指す．

創作的行為動詞：創造的な活動をする際に用いる動詞で，「問題を創作する」，「現実場面から数学の問題を発見する」といった活動を指す．

社会的行為動詞：他者に向かって様々な形で発信・受信する際に用いる動詞で，「解答方法を説明する」，「問題を協力して解く」といった活動を指す．

なお，これらの動詞群は，先述の数学の学力の5つの段階と同様に，習熟・理解等の「摸倣」に該当する活動と，応用・創造・発信等の「創造」に該当する活動に大別される（図2.2）．そして，5つの行為動詞群の具体的な動詞には，図2.3のようなものがある．これらの行為動詞と①原理の獲得から⑤総合的応用といった数学の学力との対応関係を考え，具体的な学力段階を，行為動詞を用いて記述することで，明確な基準となることが期待される．

学習活動の難度は，およそ摸倣の技能的行為動詞から創造の社会的行為動詞の順に高くなる．実際の授業構成を考えるにあたって重要なことは，特定の行為動詞に偏った展開とならず，これらの行為動詞群がバランスよ

技能的行為動詞 ⎫
認知的行為動詞 ⎬ 摸倣
思考的行為動詞 ⎭

創作的行為動詞 ⎫
社会的行為動詞 ⎬ 創造

図 2.2 行為動詞と摸倣と創造の関係

学習者の行為動詞				
技能的	認知的	思考的	創作的	社会的
聞く	列挙する	立式する	計画する	聴く
読む	比較する	予測する	作成する	質問する
書く	対照する	推論する	作製する	受け入れる
合わせる	区別する	解釈する	応用する	賛同する
分ける	識別する	分析する	工夫する	批評する
組み立てる	区分する	関係づける	発見する	指摘する
敷き詰める	分類する	対応させる	定義する	評価する
操作する	配列する	適用する	一般化する	説明する
収集する	整理する	適合させる	公式化する	発表する
測定する	選別する	結論する		表現する
描く	選択する	決定する		交流する
作図する	弁別する	帰納する		協力する
数える	同定する	演繹する		
計算する	見積もる	要約する		
記録する	検算する			
求める	確かめる			
	活用する			

図 2.3　各行為動詞群の具体例

く配置されることである．

とりわけ，創造に該当する「創作的行為動詞」と「社会的行為動詞」は，これまでの数学教育ではあまり評価の対象としてこなかったが，国際社会の中にあっては，これらの行為動詞群に含まれる活動を実践していく能力が問われるため，目標や評価項目に積極的に取り入れていくことが重要である．併せて，ペーパーテストでは，計測が困難な学習活動を評価する上でも，創造的な活動に該当する行為動詞を用いた具体的な評価を積極的に行っていく必要がある．

(3) 学習指導案と学習案の活用

通常，教師は学習指導案を作成して数学の授業を行う．それらは，研究授業用のボリュームのあるものから，日々の授業で使用する略案であったりと，形式は様々である．ただ，いずれの学習指導案であっても，その授業で獲得すべき学習内容と，指導の手順は明記されている．教師は，この学習指導案に沿って授業をすすめるとともに，生徒の理解度に応じて臨機

応変に軌道修正を行っている．

　一方，生徒の手元には，学習指導案に対応する授業の目標や展開が示されたようなものはない．そのため，生徒は1校時50分間という時間のみを，ゴールまでの唯一の指標としてしなくてはならない．これでは，授業に対する姿勢が受動的にならざるをえない．生徒が能動的に授業に参加し，教師とともに授業を創る姿勢を生み出していくための一つの方法として，学習案の提示がある．学習案とは，学習指導案の骨子が，生徒に理解可能な言葉で記されたものを指す．つまり，授業終了時までに獲得が求められる能力と，授業の展開が簡単に示されたものと考えればよい（図2.4）．こうした学習案を生徒に示すことで，生徒は自分自身の到達点を授業の最初に確認することができるとともに，50分間の時間配分も把握できることから，グループ活動等でも時間を意識しながら作業の手順を考えることができるようになる．また，学習案で示す学習活動や学習形態（一斉，グループ，各自等）は限られたものであるため，あらかじめマグネット板等に項目ごとに記したものを用意しておけば，授業開始時に，必要なマグネット板だけを黒板の端に貼り付けて活用することが可能である．

＊数学の内容を理解＆解答	
＊応用問題を理解＆解答	
9:00　復習	一斉
9:05　基本問題	グループ
9:20　解答発表＆交流	一斉
9:35　応用問題	各自
9:45　まとめ	一斉

図 2.4　学習案の例

(4) 評価項目の設定方法

　中学校数学の指導要録では，「数学への関心・意欲・態度」，「数学的な見方や考え方」，「数学的な表現処理」，「数量，図形などについての知識・理解」の4つの項目をもとに評価することになっている．中でも，評価が難しいのが，最初の「関心・意欲・態度」の項目である．これは，生徒の情意面を評価することになるが，どのような生徒の姿を持って評価するのか

についての指針をあらかじめ持っていないと，評価が曖昧になったり，評価者と被評価者との意識のずれが大きくなる．また，「数学的な見方や考え方」と「数量，図形などについての知識・理解」の違いを明確にすることも難しい．そこで，先の行為動詞群を参考に，評価項目と行為動詞の関係を示したものが，図 2.5 である．

```
評価項目と行為動詞との関係

関心・意欲・態度  ⇔  社会的行為動詞
見方や考え方      ⇔  創作的行為動詞
表現処理          ⇔  技能的行為動詞
知識・理解        ⇔  認知的・思考的行為動詞
```

図 2.5 評価項目と行為動詞の関係

　上記のような，およその対応関係を持たせることで，「関心・意欲・態度」といった情意面を，生徒の学習活動に直接的に反映させ，それらを評価可能なものとして捉えることができるようになる．また，「数学的な見方や考え方」と「知識・理解」の棲み分けについても，見方や考え方を，創造的な活動に対応させることで明確化される．すなわち，「知識・理解」で評価される内容をもとに，それらを現実事象に適用したり，製作等に活用することのできる力を，「見方や考え方」の評価項目で評価するとよい．

　さらには，教育やその評価に対する説明責任が求められてくることを考えると，こうした評価項目を，学習者にもしっかりと示しておくことが，これからの学校教育では必要である．これまでのように，評価の主体を教師に置くだけでなく，教師と生徒の双方が評価に参加するシステム作りが今後は重要となろう．また，評価項目を学習の前段階から生徒に示すことで，しっかりとした学習目標を持たせながら授業に参加するということも可能となる．

2.2　脳科学の視点からの新たな評価の可能性

2.2.1　数学教育における脳の問題
(1) 形式陶冶と実質陶冶

　脳科学の教育への応用は，今日の教育学研究に対して古くて新しい問題を提起する．学習という行為に対して脳が大きく関与するヒトの臓器であることは従前から知られてきた事実であるが，では，一体それが具体的にどのような構造と機能を持ち，学習を成立させていくものであるかについては，未だにその多くがベールにつつまれたままであった．

　数学教育研究の中での脳の問題は，形式陶冶と実質陶冶の論争に連動する形で取り上げられてきた (Kawaguchi 1993)．陶冶とは，一般に教育作用の中で子どもの知的形成と関わる側面を育成することを意味する言葉として用いられるが，この陶冶には形式陶冶と実質陶冶がある（横地ほか1958）．形式陶冶は陶冶の本質を陶冶される子どもの知的活動の「形式」に求め，その構築を重視する．形式陶冶の中心的な概念に「学習効果の転移」があるが，これは学習したある事柄を，それを学習した文脈とは異なる文脈で活用することのできる能力であり，いわば「応用」に該当するものである．形式陶冶ではこうした学習効果の転移が，脳の同一部位の活動によって強化されるのではないかといったことと関連して論じられてきたのである．ただし，この時点では，臨床実験データとの照合によってではなく，哲学的，概念的な側面の強い議論であった．

　一方，実質陶冶は陶冶の本質を客観的な文化内容を中心に，具体的知識や技能の習得を重視する．全てを網羅するようなある特定の学習内容が存在するというのではなく，具体的な一つひとつの内容の理解にこそ，その本質があるとする立場である．

　形式陶冶における学習効果の転移の問題は，歴史の中で何度か脚光を浴びるが，中でも最も有名なのは，1950年代の数学教育の現代化運動の時代のものである．当時，この現代化運動を推進したブルーナーは，

　　『どの教科でも，知的性格をそのままにたもって，発達のどの段階のどの
　　子どもにも効果的に教えることができるという仮説からはじめることに

しよう．(Bruner, J. S. 1961)』

といった言葉を掲げ，教科内容の構造を教えることによって，他の学習も促進されることを提唱した．これには，科学技術の急速な発展に伴い，学習内容が膨大になるとの予測のもと，教育内容のコアとなる構造を教えることで，未習の内容にも対応することが可能となるのではないかとのねらいがあった．

しかし，現代数学を積極的に教育内容に取り上げ，その構造を教えることに重点の置かれたカリキュラムは，上学年から下学年へと形作られたものであり，学校教育現場の日々の実践の中から導出されてきた，いわば現場の生の声に基づいたものではなかった．そのため，日本にあっては広範な地域で，学習についていけない「落ちこぼれ」が問題となり，校内暴力，非行等，子どもの荒れが社会問題となって噴出することとなった．

(2) 脳科学と計算

1998年に告示された学習指導要領は，前回の学習指導要領と比較すると，教育内容で約3割減，時間数で約14％減となっている．告示当初，学校教育現場では，おおむね好意的な受けとめ方がなされていたが，世界的な学力調査による数学の国別順位の低下，学界・経済界からの学力低下に対する強い反発により，次期学習指導要領では，教科の時間数の増加と内容の高度化が予定されている．学校現場では，基礎学力の向上，全国一斉学力調査の実施，習熟度別クラス編成といったことが矢継ぎ早に実行されている．

そうした中，基本的な計算問題の繰り返しが，生徒の学習に好影響を与えたり，他の内容の理解を促進することになるとされ，「百ます計算」等が全国各地の学校現場で実施されている．また，こうした単純な学習活動が脳を活性化し学習効果を高めるといったことが，脳科学の立場から提唱されている（陰山 2002，川島 2001）．多様化する現在の生徒の実状と，多忙化する教師の日常業務の中にあって，こうした指導が，指導方法の容易さも手伝って爆発的に普及することはむしろ自然な流れでもある．見方によれば，こうした百ます計算における論調は，先に論じた「学習効果の転移」

の問題とも大きく関連するものであり，現代版，形式陶冶ともいえなくはない．しかし，ここで重要なことは，同一部位の脳活動の活性化が，思考を促進することにつながるということは，脳科学的にも保証されていないということである．

単純四則計算の習熟が，文章題や応用問題を解く上での，必要条件となりえても，十分条件にはなりえないことは，これまでの数学教育研究を少し紐解けば，自明のことであろう．「先生，この問題は，たすの，ひくの，かけるの，それともわるの？」といった子どもの問いかけは，計算問題が技術的な鍛錬によるものであるのに対して，文章題が解き手自らの判断を要求される問題であることを示しており，両者の持つ質的な違いを簡単に超えられるほど，事態の解決は容易なものではないからである．

昨今のマスコミによる過剰な宣伝や，How to 本の流布が，脳科学を一人歩きさせ，教育への断定的な提言を与え，その影響を学校教育現場が多大に受けてしまっているとするならば，その事態の改善に向けて，数学教育学の立場からの骨太な議論を展開していかなくてはならない．

(3) 生体情報と教育研究

学習過程の特徴を考察する方法の一つに，学習者の生体情報を計測・分析する方法がある．一般に，生体情報は中枢神経系と末梢神経系に大別され，中枢神経系は主に脳・脊髄の活動（脳波等）を，一方，末梢神経系はそれ以外の活動を指す．さらに，末梢神経系は機能面の違いから，自立神経系の活動（発汗，心拍等），視覚-運動系の活動（瞬目，視点移動等），骨格筋系の活動（筋電図等）に分かれる（宮田 1998）．

これまで教育研究にあっては，発汗，鼻部温度，瞬目，瞳孔面積といった末梢神経系を指標とする研究が精力的に進められてきた．一方，中枢神経系を指標とするものとしては，従来，EEG (Electro encephalo gram；脳波) を用いた研究が行われてきたが，近年では，fMRI (functional Magnetic Resonance Imaging)，MEG (Magneto Encephalo Graphy)，NIRS (近赤外分光法；Near Infra-Red Spectroscopy) による光計測装置等，装置性能の向上と脳活動を非侵襲的に計測可能な装置の開発により，学習活動

に直接関係する中枢神経系（脳）の生体情報を用いる研究が増加している．中でも，ヘモグロビン濃度変化を計測可能な光計測装置は，装着が容易，学習姿勢での計測が可能という特徴から，教育研究での活用が期待されている（江田 2001）．

2.2.2 脳の生体情報を用いた教育評価
(1) 光計測装置

光計測装置とは，近赤外線を頭皮から照射し，減衰した光量の割合をもとに，2種類のヘモグロビン（oxyHb，deoxyHb）の相対的な濃度変化を計測することが可能なものである（図 2.6）．一般に，脳内で神経活動が生じると，その部位において酸素消費が起こる．酸素消費が生じた部分では，oxyHb が酸素を放出し deoxyHb に変化するため，deoxyHb が増加することになる（加藤 2005）．通常の姿勢で，人体に傷をつけることなく，また無害に計測することが可能であることから，教育研究への利用が期待されている．実際，小学生に対しても計測可能であり，今後の教育研究への新たな知見を提供する可能性を持つものであるといえる（図 2.7）．以下では，大学生を被験者に実施したいくつかの実験結果をもとに，脳内のデータを用いた学習過程の解明や，評価の可能性について検討することにする．

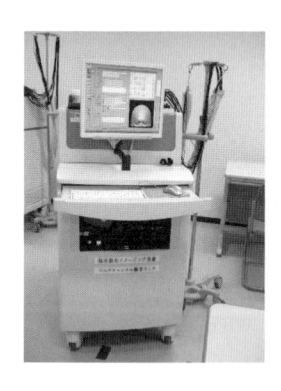

図 2.6　光計測装置　　　　図 2.7　計測場面

(2) 計算課題実験

　ここでは，計算問題を課題に用いた実験について論じることにする．大学生10名を対象に，二桁の減法課題を実施した際の，脳内のヘモグロビン濃度変化の特徴について検討した（黒田2005）．被験者は，珠算経験者5名（3級以上），未経験者5名の計10名とした．

　課題は，被験者の左側の机上に示された数値と，ディスプレイ画面上に示された数値の差を口頭で回答するというものである．たとえば，机上に「51」が示され，ディスプレイ画面上に「34」が示されると，51－34を行い「17」と回答する（図2.8）．試行は全部で5回あり，机上に示される数値は，1回目から順に「49」，「51」，「50」，「59」，「62」とする．ディスプレイ画面上には，いずれの試行の場合も「18」，「29」，「34」，「23」，「48」，「39」，「17」，「15」，「33」，「47」，「28」，「16」，「24」，「19」，「25」の順で15種類の数値が示される（図2.9）．画面上の数値は，口答後，被験者自身がエンターキー押すことで次の数値が提示されるようになっている．

　机上の示された数値が「51」，「50」，「62」の場合は全て繰下りありの計算となり，「49」，「59」の場合は全て繰下りなしの計算となる．なお，いずれの試行間も，60秒間のレストを設定した．また，被験者には，同一の数値が，同一の順序で画面上に示されることは伝えない．

　実験の結果，珠算経験の有無により，繰下りありの減法の所要時間に大きな差が生じた．つまり，珠算未経験者は繰下りがあることで，所要時間

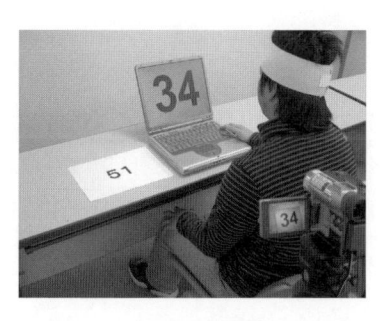

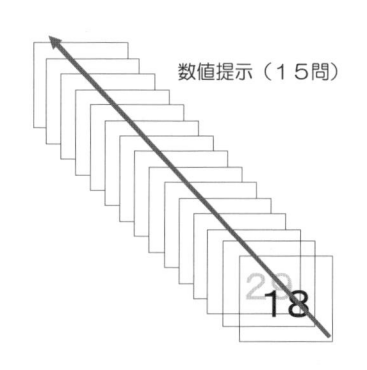

図2.8 減法課題遂行場面　　　**図2.9** ディスプレイ数値提示順序

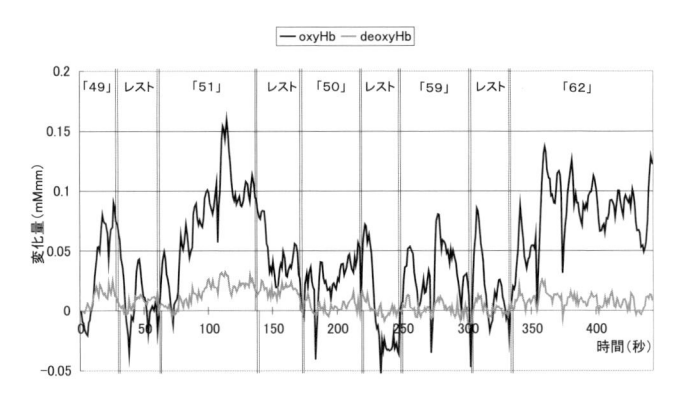

図 2.10　珠算未経験者の場合

が大幅に増加する結果となった．ただし，3 回目の「50」の場合，繰下りありの問題であるが，1 の位の数値が 10 の補数と容易であるため，所要時間は繰下りなしとほぼ同じとなった．この「50」の場合の傾向は，10 名の被験者とも確認された．

　ヘモグロビン濃度変化で代表的な特徴を示した珠算未経験者と経験者，各 1 名のデータをもとに，脳内の変化の特徴について言及する．計測部位は右前額部である．珠算未経験者の場合，oxyHb（グラフ黒色線）は各課題遂行と同時に上昇し，deoxyHb（グラフ灰色線）は特に繰下りありの課題での上昇が顕著であった（図 2.10）．一方，珠算経験者は oxyHb，deoxyHb とも全体を通して変化が少なかった（図 2.11）．このことより，oxyHb は課題に直面したことによる緊張，やる気といった精神面での変化によって増加が誘発され，deoxyHb は課題内容自体の難度の高さによって増加が生じることが予想された．

　上記の実験結果より，方略が明確に獲得された状態の学習者（珠算経験者）は，脳内での活動を要することなく，効率的に解答する傾向にあった．つまり，方略の明確な獲得や，その習熟がなされれば，脳はむしろ沈静化し，局所的な活動のみになることが示されたといえる．

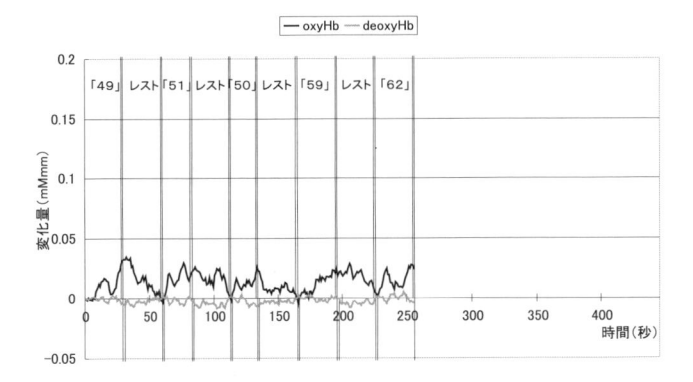

図 2.11 珠算経験者の場合

(3) 立体作製課題実験

次に，図形問題を課題に用いた実験について論じることにする．大学生8名を対象に，見本となる立体と同じものを作製する課題を実施した際の，脳内のヘモグロビン濃度変化の特徴について検討した（岡本ほか 2006）．課題は，見本となる立体模型（レゴブロック）が実物で，それと同じものを作製するもの（実物課題：4問），見本となる立体がディスプレイ画面上の写真（立体を5方向から撮影）で，同じものを作製するもの（ディスプレイ課題：4問）を用いた（図 2.12，図 2.13）．

実験の結果，所要時間の平均値，標準偏差より，実物課題に比してディスプレイ課題に時間を要すこと，また，ディスプレイ課題の標準偏差が大きいことが明らかになった．事後の内省においては，いずれの被験者もディ

図 2.12 実物課題遂行場面　　**図 2.13** ディスプレイ課題遂行場面

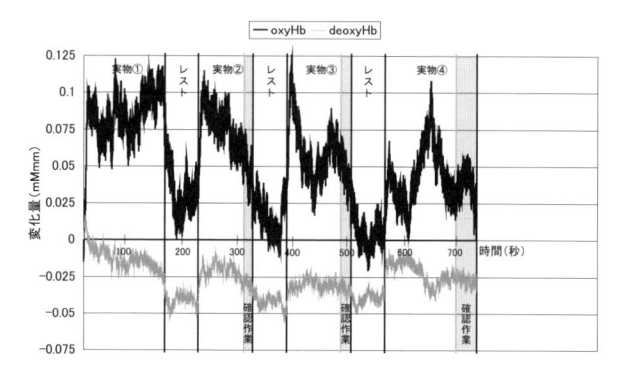

図 2.14 実物課題の場合

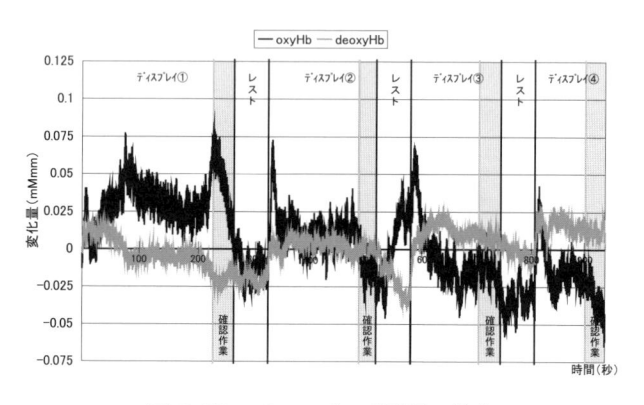

図 2.15 ディスプレイ課題の場合

スプレイのほうが難しいと回答した．

　実物課題とディスプレイ課題の所要時間比が8名の平均的な値と類似する被験者の場合，実物課題とディスプレイ課題のoxyHb（グラフ黒色線）の変化幅は実物課題のほうが大きく，deoxyHb（グラフ灰色線）の変化幅はおよそ同じであった（図2.14，図2.15）．この傾向は，8名中5名で確認された．

　一方，ディスプレイ課題に著しく時間を要した被験者の場合，oxyHbは双方で同じように増加するが，deoxyHbの変化幅は実物課題に比してディスプレイ課題でおよそ2倍であった（図2.16，図2.17）．また，ディスプレイ課題において，行動観察からでは見本と作製した立体の単なる見比べ

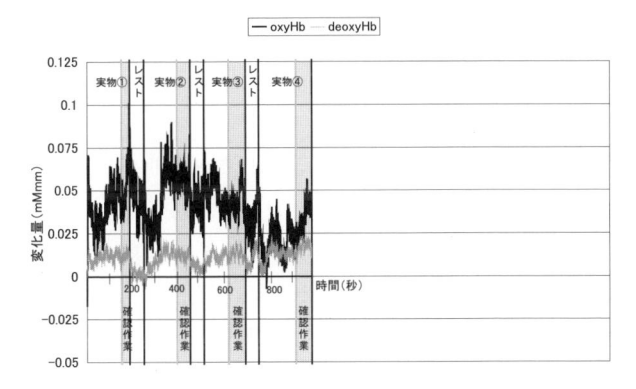

図 2.16　実物課題の場合

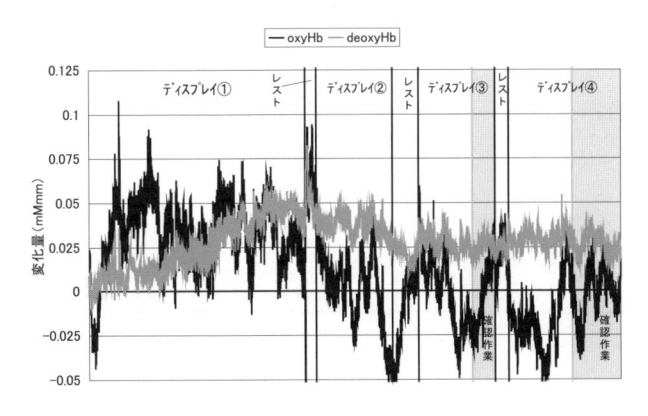

図 2.17　ディスプレイ課題の場合

の作業と判断されうる確認作業で，deoxyHb の増加が被験者 8 名中 6 名に見られたことから，確認作業が被験者にとって負荷の高いものであることが推測された．

上記の実験結果より，方略が明確に獲得されない状態の学習者（図 2.17）は，脳内で多くの酸素が消費され，脳が活発に活動する傾向にあった．しかし，方略獲得がなされてくると，脳は沈静化することが示されたといえる．

(4) 学習過程の解明と評価への応用

上記の実験結果を踏まえ，脳内の生理学的データをもとに，学習過程の

解明，および評価への応用の可能性について検討する．

まず，学習過程の解明についてであるが，脳活動データと学習過程の変容との間には大きな関連性があることが示された．とりわけ，課題遂行に伴い，oxyHb が大幅に流入すること，また理解する前の段階では，脳内の神経活動による酸素消費の結果，deoxyHb が増加すること等が特徴として明らかになった．また，立体作製課題では，被験者の難度の高さを意識しない時間帯（確認作業時）での deoxyHb の増加が確認された．これは，従来の行動観察や被験者の感想等からでは明らかにされない，被験者の学習時の特徴を検出したものであると考えられることから，脳内の生理学的データが，学習過程解明の新たな指標となる可能性を示したものであるといえる．

次に，評価への応用についてであるが，現段階では具体的な方法が確立されたわけではなく，可能性を探る段階といえる．今回の2つの実験結果から評価への応用の可能性を考えてみると，次のようなことが挙げられるであろう．1つ目は，理解の可否や，習熟の程度を計測データから判定可能であるということである．つまり，理解することや，習熟することで，脳内のヘモグロビン濃度は活性化から沈静化へとすすむ傾向があり，これを評価の指標として活用するというものである．2つ目は，同一課題であっても，学習者の違いにより，受けとめる難度が大きく異なるということが，計測データから判定可能であるということである．つまり，個々人に応じた難度の課題を提供する際に役立てたり，各領域に対する得意・不得意を診断することに役立てたりするというものである．

現段階では，実験室内の個別学習環境でのデータ集積であるため，今後，教室空間により近い学習環境を想定した実験を計画・実施していく必要がある．今回の2つの実験は，その基礎データとしての役割を担うものであり，今後の研究の発展により，脳科学の教育への応用は，さらに具体的なものへと展開されていくことが期待されている．

研究課題

1. 数学の単元を一つ取り上げ，テキストに記された「原理の獲得，技能と習熟」等に沿って，教育目標と評価項目を作成しなさい．
2. 数学授業における生徒の学習活動を予想し，行為動詞を活用して生徒の各時間帯における学習活動を具体的に記述しなさい．
3. 脳科学の数学教育への応用の可能性について，今後の展開を踏まえ，あなたの考えを記述しなさい．

引用・参考文献

Bruner, J. S. (1961) The Process of Education. Harvard University Press（鈴木祥蔵，佐藤三郎訳 (1963) 教育の課程．岩波書店，東京：42）

江田英雄 (2001) 光計測で脳活動をみる．数理科学，461，サイエンス社：77-83

陰山英男 (2002) 本当の学力をつける本 学校でできること家庭でできること．文藝春秋，東京

梶田叡一（1992；初版は1983）教育評価〔第2版〕．有斐閣，東京：128

加藤俊徳 (2005) COE（脳酸素交換機能マッピング）―光機能画像法原理の利用―．小児科，46(8)：1277-1292

Kawaguchi Tadasu (1993) Review on Formal Discipline in Mathematics Education —Demand and Expectation. Jornal of the Cultural History of Mathematics, 3–2, Kurofune Press, TOKYO: 2–5

川島隆太 (2001) 自分の脳を自分で育てる．くもん出版，東京

黒田恭史 (2005) 計算課題遂行時の脳内ヘモグロビン濃度変化の特徴－減法課題を用いて－．佛教大学教育学部論集，16：37-50

宮田洋 (1998) 生理心理学の基礎（新生理心理学1巻）．北大路書房，京都：24-25

西之園晴夫 (1986) コンピュータによる授業計画と評価．東京書籍，東京

西岡加名恵 (2003) 教科と総合に活かすポートフォリオ評価法．図書文化社，東京

岡本尚子，江田英雄，山内留美，前迫孝憲，小池敏英，黒田恭史 (2006) 立体構成課題における前頭前野の酸素消費の特徴について．臨床脳波，48(6)：101-107

田中耕治 (1996) 学力評価論入門．法制出版，京都

横地清，菊池乙夫，守屋誠司 (2005) 算数・数学科の到達目標と学力保障 別巻 理論編．明治図書，東京：2

第3章　集合・論理

　本章では，集合と論理の教育について検討する．第1節では集合・論理教育の今日的課題について述べる．第2節では数学的背景を説明する．第3節では教育内容と指導事例を示す．

3.1　集合・論理教育の今日的課題

3.1.1　集合・論理教育の経緯

　情報化が進み，様々な情報が溢れている現代社会において，情報を取捨選択できる能力の必要性が叫ばれている．正しい情報を得るためには，その情報がどのような過程をたどってその結論に行き着いたのかを，自分自身で論理的に見極めなければならない．

　中学校数学の現行学習指導要領には，"論理的に"という言葉が使われている．これを受けて，教育現場においても論理的思考力の育成を目指した授業が行われている．学校教育以外の一般社会でも論理的思考力は重要視され，企業の就職試験の際にはこの力を評価する設問が多い．情報が手軽に手に入る現代でこそ，その情報を改めてじっくりと考察するための論理的思考力が必要なのである．

　さて，集合と論理はいつごろから学校教育に入ってきたのだろうか．論理については，戦前から扱われていた．戦後では，昭和23年3月発行の高等学校用国定教科書「数学 幾何(1)」平面幾何の論証の中で，公理・定義および定理・証明の意味や逆・裏・対偶を扱っている．取り立てて論理

の単元はないが，これは 1951 年（昭和 26 年）に発表された「中学校高等学校学習指導要領数学科編（試案）改訂版」でも同様である．集合については，1960 年（昭和 35 年）告示の高等学校学習指導要領に「集合の考え」が登場する．指導計画作成および指導上の留意事項として，数学 I では，

> 「(5) 数学的な考えの一つとして，集合の考えを，たとえば不等式と領域，軌跡などのような内容と関連して，指導することが望ましい．また，集合の「含む」，「含まれる」の関係を表わすのに，記号 $\subset$，$\supset$ を用いてもさしつかえない．」

数学 II B では，

> 「(2) 集合の考えの指導にあたっては，二つの集合の和を表わすのに $\cup$ を，共通部分を表わすのに $\cap$ を用いてもさしつかえない．」

と記されている．その後 1970 年（昭和 45 年）の学習指導要領では，次のように集合と論理の領域ができ，内容が示されている．

> 「**数学 I**
> D 集合・論理 (1)
> 集合と論理
> 　集合および命題とその合成，相互関係についての理解を深める．
> 　　ア 条件 p とそれを満たす x の集合
> 　　イ 命題の合成，相互関係
> 　　ウ 'すべての x について p である．'，'ある x について p である．' の意味とそれらの否定
> 　　エ 用語および記号
> 　直積，$A \times B$，対偶，必要条件，十分条件，同値」
>
> 「**数学 II B**
> (1) 平面幾何の公理的構成
> 　平面幾何について，数学における公理の意味と公理的構成について理解させる．
> 　　ア 公理，定義および定理の意味
> 　　イ 平面幾何の構成
> 　　ウ 用語および記号
> 　公理」

中学校では，1958 年（昭和 33 年）の学習指導要領改訂によって中学校

2年生に図形の論証が入った．これは，それまで高等学校で指導されていた内容の一部を中学校に移行した形である．ここで，定理，定義，証明という用語を指導することになる．また，

> 「図形についての論証とは，それ以前に学んだ図形の基本的な性質を根拠にして，種々の性質を演えき的な推論によって導くことを意味する．」，
> 「図形や数量における演えき的な考え方の指導については，生徒の発達階段をじゅうぶん考慮し，演えき的な考え方を漸進的に高めていくように配慮することが必要である．」

とも記されており，図形の指導で論理教育を行うことが引き継がれている．集合については，1968年（昭和44年）の学習指導要領改訂で，領域の一つとして「集合・論理」ができ，内容も各学年で確定した．集合と論理は，数学教育の現代化という旗印の下ではあったが，早期から豊富な内容が指導されていた．この事実を再認識するために，長くなるが引用する．

> 「**1年生**
> E 集合・論理
> (1) 集合の意味について理解させ，数量，図形などに関する概念を理解するのに，集合の考えによって考察することができるようにする．
> (2) 集合の間の基本的な関係について理解させる．
>   ア 集合の包含関係．
>   イ 集合の交わりと結び．
>   ウ 集合とその補集合．
> (3) 一つの集合について類別を考えたり，類別してできたものの集合を考えたりして，集合についての見方を深める．
> (4) 「かつ」，「または」，「…でない．」，「…ならば，…である．」などの論理な用語の意味について理解させる．
> (5) 推論の方法について知らせ，それを用いることができるようにする．
>   ア 帰納と類推の方法．
>   イ 演えきの方法．
>   ウ 定義の意味．
> (6) 次の用語および記号を用いることができるようにする．
>   集合，$\{a, b, c, \cdots\}$，$\{x \mid x$ の満たす条件$\}$，要素（元），$\in$，部分集合，$\subseteq$，$\supseteq$，真部分集合，$\subset$，$\supset$，補集合，$\bar{A}$，空集合，ϕ，交わり，$\cap$，結び，$\cup$，定義

2年生
　E 集合・論理
　(1) 論理的な用語および命題についての理解を深める。
　(2) 図形や数・式について，帰納や類推の方法によって推測した事がらが正しいかどうかを確かめるために，根拠とする事がらを明確にし，演えき的な推論を用いることの意義や方法について理解させる。
　　ア 論証の意議。
　　イ 命題の真偽とその証明。
　　ウ 仮定と結論。
　(3) 次の用語を用いることができるようにする。
　　定理，証明，仮定，結論，逆

3年生
　E 集合・論理
　(1) 論理を進めていく方法や考え方についての理解を深める。
　　ア 証明の方法として，直接証明法のほかに間接証明法（脊理法）があること。」

1977年（昭和52年）の学習指導要領改訂では，この「集合・論理」は削除されてしまい，今日に至っている．と同時に，一般の学校では，集合と論理の教育に関する研究が，ほとんどされなくなってしまった．

内容の減少は高等学校にしても同様であり，現行学習指導要領では，

「**数学 A**(2) 集合と論理
　図表示などを用いて集合についての基本的な事項を理解し，統合的に見ることの有用性を認識し，論理的な思考力を伸ばすとともに，それらを命題などの考察に生かすことができるようにする．
　　ア 集合と要素の個数
　　イ 命題と証明 」

となり，内容の取り扱いでも，

「(2) 内容の (2) のアについては，集合に関する用語・記号には深入りしないものとする．また，集合の間の関係については複雑なものは扱わないものとする．イについては，集合の包含関係と関連付けて理解できる程度にとどめるものとする．また，必要条件，十分条件，対偶，背理法などを扱うものとする．」

となっている．現代化のころに比べるとその内容は少なく，現代化当時の

中学校レベル以下であることを確認できる．

　以上のように，近年は，特に中学校では，学習指導要領の中で教育内容として集合や論理のことを直接に扱う単元がないことや，現代化後遺症ともいうべき集合・論理への嫌悪感があることなどで，学校現場においてこれらが積極的に指導されることはなくなった．

　しかしながら，外国では，現在でも当然の内容として教科書で扱われている事実を考えれば，日本でのこの状態が異常であることは明らかである．最初に述べたように，現代社会でよりよく生きるためには，論理と様々な数学の基礎概念となる集合の教育がますます必要となっている．学習指導要領にあるなしにかかわらず，生徒の論理的思考の発展過程やそれに見合った教育内容の開発と教育課程の研究は続けられ，教育実践に生かされていくべきであろう．

　守屋 (1989) は，論理教育を行う目的を次のように3つ挙げている．(1) 日常の話し言葉が「論理学」として数学の対象となっていることを生徒に知らせる．(2) 論理的思考の質を高め，体系だてて物事を考える習慣を養う．(3) 情報教育の一環として行う．特に (2) では，子どもの中に自然に育っている論理を梃子にして，数学的論理を学ぶことで，日常的な論理と数学的論理とを使い分けられ，より正しい判断を行うのに役立てられるとしている．渡邉 (1999) は，小学校5年生に真理表を基本にして記号論理 (恒真命題，推論形式等) を指導し，教育効果を得ている．小学生が記号論理を駆使して探偵物語を作れることは，驚くべき事実である．記号論理を介在させた論理教育が中学1年生でも可能であることを示唆している．

　守屋 (2002) は，中学生の論理的思考力の育成について，その実態を調査し，現行の教育内容と方法の問題を明らかにしている．そして，生徒が持っている論理を梃子にしながら記号論理を介在した新たな論理教育の内容と指導方法を，授業実験を通して作成している．本章ではこの研究を中心に述べる．なお，本章で使われる「論理」は，断りのない限り演繹論理を指している．

3.1.2 成人の論理に対する認識調査

成人の論理に対する認識調査のため，守屋 (1990) の問題紙を参考にした問題紙を用いて調査し，その解答結果を分析することで，解答者がどのような論理を用いているかを明らかにできる．

(1) 調査目的

成人の論理に対する認識を明らかにする．

(2) 調査方法

①被験者

山形県内の小学校で算数科を主に研究している教師 13 名，中学校の数学教師 29 名，さらに，数学を入学試験で課せられていた高等看護学校生 81 名とした．

②調査方法

問題紙に解答してもらう．この問題紙は，全部で 32 題の問いから構成されている．それぞれの問いは，図 3.1 に示すような「本命題」，「対偶命題」，「裏命題」，「逆命題」の 4 つの構造を持っている．

本命題	対偶命題	裏命題	逆命題
$p \to q$ である	$p \to q$	$p \to q$	$p \to q$
p である	$\neg q$	$\neg p$	q
q ? と問う	$\neg p$?	$\neg q$?	p ?

図 3.1 各問の構造

各構造の問いでも，図 3.2 に示したように，文章の内容が現実的問いである「現実的問題」，非現実的問いである「非現実的問題」で構成されている．

③調査手順

調査問題を配り，次の点に注意して問題を解くように指示した．

1) 問題を解く際には，例題と注意をよく読んで問題を解くようにする．
2) 問題を解く際には，あまり深く考え込まずに解くようにする．

調査時間は 25 分として，問題を全部解き終わった人から提出させた．

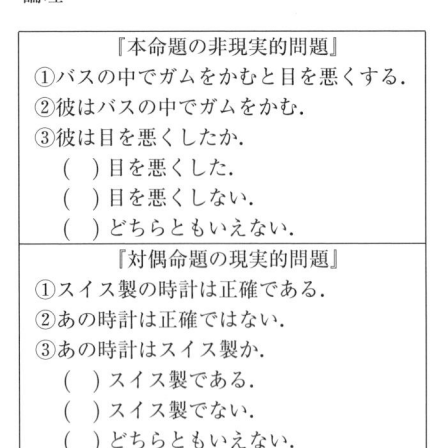

```
『本命題の非現実的問題』
①バスの中でガムをかむと目を悪くする．
②彼はバスの中でガムをかむ．
③彼は目を悪くしたか．
    (  ) 目を悪くした．
    (  ) 目を悪くしない．
    (  ) どちらともいえない．

『対偶命題の現実的問題』
①スイス製の時計は正確である．
②あの時計は正確ではない．
③あの時計はスイス製か．
    (  ) スイス製である．
    (  ) スイス製でない．
    (  ) どちらともいえない．
```

図 3.2　文章内容の異なる問いの例

④分析方法

松尾ほか (1977) の分類方法に従って，B.J.Shapiro&O'Blien (1970) が名づけた Math.Logic，Child'sLogic 等に分類する．Math.Logic とは，図 3.1 の各問に正解する論理である．Child'sLogic とは，図 3.1 の問いの本命題と対偶命題には正解するが，裏命題で「$\neg q$」と，逆命題で「p」と解答する論理である．なお，詳細な分類方法は章末の[注]に示した．

(3) 調査結果

各命題の正解率を図 3.3 に示す．本命題は 83%，対偶命題は 76.5% と正解率が高い．しかし，裏命題は 31.6%，逆命題は 35.5% と全体の 30% 台しか正解していない．

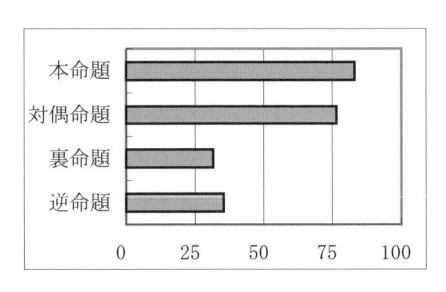

図 3.3　各命題の正解率（単位：%）

被験者の推論がどの型であるかによって分類した，推論の型ごとの割合は表 3.1 に示したとおりである．特に，看護学校生では Child'sLogic を用いている割合が 54.8％を占めている．また，小学校教師においても，Child'sLogic を用いている割合が 53.8％ある．また，中学校の数学教師においては，さすがに Child'sLogic を用いている割合は少ないが，それでも Math.Logic の割合は 24.1％しかなかった．

表 3.1 成人における調査結果　　（　）は％

	Math.Logic	Child'sLogic	その他
看護学校生	7(8.6)	44(54.8)	30(37.1)
小学校教師	4(30.8)	7(53.8)	2(15.4)
中学校教師	7(24.1)	4(13.8)	18(62.1)
計	18(14.9)	53(43.8)	50(41.3)

(4) 考察

成人において，本命題や対偶命題の正解率は高いものの，逆命題や裏命題の正解率は 30％台となっている．日常生活場面での通常の判断では Math.Logic を使いにくいことがわかり，成人でさえも Child'sLogic を用いていることが明らかになった．

このように Child'sLogic は成人においてもよく用いられる論理であるから，Child'sLogic という呼び方よりむしろ，Primitive Logic（素朴的論理）（以下 Pri.Logic と略記する）と呼ぶほうが適当であろうと考える．そこで，今後は，Pri.Logic の呼称を使うことにする．

Pri.Logic は日常生活の経験から自成的に作られてきた論理であり，特別な教育を受けることによってのみ，Math.Logic へと移行すると考えられる．このことは，第 3 節で述べる．

ところで，現行の教育内容を受けてきた成人でも Pri.Logic から Math.Logic へと移行されていない実態が明らかとなったことは，現行の教育内容と方法に何らかの問題があることを示唆しているとも考えられる．論理的思考力の育成をねらいとしている直接的な内容は中学 2 年，3 年で指導される論証幾何である．論証幾何は図形の性質を学習する過程で，同時に論理的な思考力を育てることを目的にしている．そこで用いられ，指導さ

れる論理は当然 Math.Logic であるが，先の結果から見ると，この論証幾何の学習内容を論理教育の立場から再考する必要がある．

3.1.3 論理に対する中学生の認識調査
論理に対する中学生の認識調査を行い，現行の論証幾何の学習によって，中学生は Math.Logic をどの程度身につけているかを明らかにする．

(1) 調査目的
①論理に対する中学生の認識を明らかにする．
②論証幾何の学習によって，Math.Logic がどの程度身についているかを明らかにする．

(2) 調査方法
①被験者
　山形県内の公立 R 中学校の中学 2 年生 33 名，中学 3 年生 53 名とする．
②調査方法
　成人の論理に対する認識調査を行ったときに用いたものと同じ問題紙を用いた．中学 2 年生が論証幾何の学習を始める前の，6 月上旬に調査した．
③調査手順
　成人の論理に対する認識調査と同様な指示をした後に，解答させた．
④分類方法
　成人の論理に対する認識調査と同様な分類方法を用いて，Math.Logic と Pri.Logic，他に，分類した．

(3) 調査結果
　各命題の正解率は図 3.4 に示すとおりである．中学 2 年生において，本命題は 63 ％，対偶命題は 65 ％と正解率は高いが，裏命題は 22 ％，逆命題は 24.5 ％の正解率となっている．また，注目すべき点として，中学 3 年生では，本命題は 80 ％，対偶命題は 80.5 ％の正解率であり，中学 2 年生より高くなっているが，裏命題は 18.5 ％，逆命題は 19.5 ％と正解率は中学 2

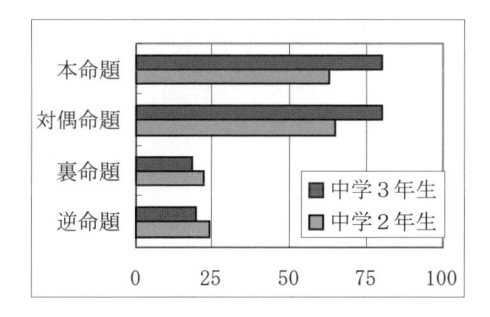

図 3.4 各命題の正解率（中学生）

年生より低くなっている．

表 3.2 に示したとおり，2 年生，3 年生ともに Pri.Logic を用いている生徒の割合が多いことがわかる．2 年生では，33 名中 21 名で全体の約 63.7％，3 年生では，53 名中 43 名と，全体の 81.1％を占めている．それに対して，Math.Logic を用いている生徒は，2 年生で 1 名，3 年生でも 1 名と，非常に少ない．

表 3.2 中学生における調査結果　（ ）は％

	Math.Logic	Child'sLogic	その他
中学 2 年生	1(3)	21(63.7)	11(33.3)
中学 3 年生	1(1.9)	43(81.1)	9(17)
計	2(2.3)	64(74.4)	20(23.3)

(4) 考察

先の調査から，中学生も成人の場合と同様に，本命題，対偶命題の正解率は高かったものの，裏命題，逆命題の正解率は低いという結果を得た．このことより，中学生も Pri.Logic を用いている傾向があることがわかる．

また，特に，論証幾何の学習を終え，Math.Logic が指導された 3 年生においても，Pri.Logic を用いる生徒が 80％台と，論証幾何の学習をしていない 2 年生よりも 20％ポイントも高くなっていることは注目される．教科書どおりに論証幾何を学習したとしても，Math.Logic が身につくのではなく，逆に Pri.Logic を用いる生徒の割合を増加させる傾向にあることが明らかとなった．

次に，現実的問題と非現実的問題における Pri.Logic を用いている人数を，表 3.3 に示した．

表 3.3

	現実的問題	非現実的問題
中学 2 年生	20	9
中学 3 年生	40	36
計	60	45

現実的問題と非現実的問題に差を確かめるため 2 項検定を行ったところ，3 年生においては有意な差は認められなかったが，2 年生においては有意な傾向 ($p = 0.06$) が認められた．この結果から，2 年生においての Pri.Logic は，問題の内容に影響され，Pri.Logic やその他の論理になってしまうという，まだ形式的に判断する論理を作り上げている途中の過程での論理であると考えられる．一方，3 年生での Pri.Logic は，問題の内容に影響されることがなく，一定の形式で判断する論理として出来上がっている論理であることを示唆している．

論証幾何を学習することにより形式的な判断ができるようになるが，その一方で，その学習は，Math.Logic を作り上げるのでなく，Pri.Logic をより強固にしてしまうと考えられる．その結果，2 年生よりも，3 年生のほうが，Pri.Logic を用いる生徒が多くなったと解釈できる．

以上のように，現行の教育内容と方法では，Pri.Logic から Math.Logic へ移行させることが困難であることが明らかとなった．その要因として，次の 2 点が考えられる．

第 1 点目は，論証幾何の学習において，図形の性質の学習とともに，論理的な考え方の学習を行うことに要因がある．図形の性質の学習と，論理的な考え方の学習を同時に行うことは，論理教育を受けてこなかった生徒にとって大きな負担となるし，論理そのものの学習が曖昧になるからである．

第 2 点目は，論証幾何の学習内容に要因がある．中学 2 年生の論証幾何の内容を見ると，Pri.Logic を用いても，不都合が起こるような内容は，ほとんど扱われていないことがわかる．三角形の合同条件や平行線の性質等は，Pri.Logic を用いても不都合が起こらない同値関係の命題である．教科

書の 1 ページ程度の説明に,「あることがらが正しくても,その逆は正しいとは限らない.」と書かれているが,例は少なく,Pri.Logic を Math.Logic に移行させるには不十分な内容である上に,生徒が持っている Pri.Logic を考慮した内容でもない.また,ここで学んだ「逆が必ずしも真ではない」という内容は,後の学習に生かされることも少ないため,Pri.Logic と Math.Logic の使い分けを意識できない.結果的に,今まで使い慣れている Pri.Logic に信頼を置いたままになり,Pri.Logic はより強固になってしまうのであろうと考えられる.

これらの点から,図形教育と論理教育を分けること,また,生徒の論理に関する認識発達に見合った論理教育カリキュラムを作成する必要がある.

3.1.4 論理の学習水準の作成

体系的な論理教育カリキュラムを作成するために,様々な分野に応用されている van Hiele の学習水準理論を参考にする.van Hiele の学習水準理論は「方法の対象化」が特徴であるといわれる.これは,Pri.Logic を用いて物事を考えている生徒に対して,その Pri.Logic 自体を Math.Logic で確かめるという考えに適用できる.そこで,van Hiele の学習水準理論を参考にして,論理教育における学習水準を「方法の対象化」を基本にした,論理教育を行う際の学習水準を以下のように新たに試作した.図 3.5 は,それをまとめ,van Hiele の学習水準と対応させたものである.

1) 第 0 水準

身のまわりの事象を対象として,日常会話の中で表現していく水準.

2) 第 1 水準

日常の会話を対象として,その意味に注目し,日常の会話の意味が正しいかどうかを考える水準.

3) 第 2-1 水準

意味が正しいということはわかっているが,その正しいということが,どのようにして導かれているのか,その導かれる過程は正しいのかどうかを確かめる水準である.確かめる際に,子どもが用いる論理は,前節の調査結果からも明らかなように Pri.Logic である.最初に,Pri.Logic を用い

44　第3章　集合・論理

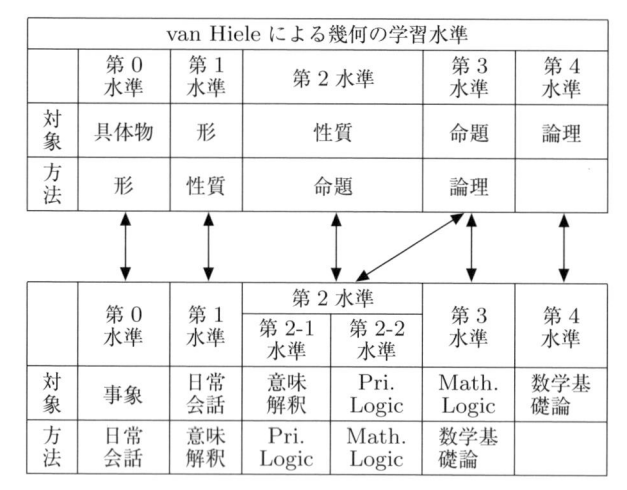

van Hiele による幾何の学習水準				
第0水準	第1水準	第2水準	第3水準	第4水準
対象：具体物	形	性質	命題	論理
方法：形	性質	命題	論理	

		第2水準		
第0水準	第1水準	第2-1水準	第2-2水準	第3水準	第4水準
対象：事象	日常会話	意味解釈	Pri.Logic	Math.Logic	数学基礎論
方法：日常会話	意味解釈	Pri.Logic	Math.Logic	数学基礎論	

図 **3.5**　論理の学習水準

させることによって，Pri.Logic 自体を確認させる水準でもある．

4) 第 2-2 水準

　Pri.Logic に対して，逆や裏の概念を持ち込むことによって，途中の過程が正しいかどうかを，数学的に確かめる水準．裏や逆が成り立たないような命題を学習し，子どもの Pri.Logic を Math.Logic に変換させる水準である．

5) 第 3 水準

　Math.Logic が，論理学の中でどのような位置にいるのかを確認する水準．様々な論理と比較することによって，Math.Logic 自体に対しての理解を深める．

6) 第 4 水準

　様々な論理についての理解を深める水準．

　中学校の論証幾何は，van Hiele の学習水準の第 2 から第 3 水準に位置する．図 3.5 に示したとおり，これに対応するのが論理の学習水準の第 2 水準である．論証幾何の学習以前に，論理第 2 水準の学習を行うことによって，論理的思考力を育成することができ，論証幾何の学習の際にも Math.Logic を意識させることができると考える．

3.2 論理と集合の数学的背景

3.2.1 論理について

真偽が決まる文章を命題という．

① 4 は 2 の倍数である．

②方程式 $x+5=-2$ の解は，-3 である．

③富士山は日本で一番高い山である．

④山梨県の県庁所在地は甲斐市である．

⑤天気がよい．

①は真な命題であるが，②は偽な命題である．③も真な命題であるが，④は偽な命題である．⑤はこの文章だけでは真偽を判断できないため，命題ではない．このように命題には，正しい命題（真な命題）と間違っている命題（偽な命題）とがある．命題 A が正しい命題のとき，命題 A の真理値は真であるという．命題が真か偽かを考慮しながら話をすすめる論理と，命題の真偽にはこだわらず推論規則だけで話をすすめる論理がある．まず，後者の方法を説明したい．いくつかの仮定と前提（公理・定理）から推論規則を使って結論を導く論理を演繹論理という．

次の図 3.6 を論理記号とする．2 つの命題 A, B から，論理記号を用いて，新たな命題を作る．

$\rightarrow$	ならば	$A \rightarrow B$ ……	A ならば B
$\wedge$	かつ (and)	$A \wedge B$ ……	A であり，しかも B である
$\vee$	または (or)	$A \vee B$ ……	A または B
$\neg$	でない (not)	$\neg A$ ……	A でない

図 3.6 論理記号

なお，$(A \rightarrow B) \wedge (B \rightarrow A)$ は，論理記号 $\Leftrightarrow$（同値）を用いて $A \Leftrightarrow B$ と表す．

自然演繹法といわれている論理では，図 3.7 に示した推論規則のみを認めて結論を導く．

たとえば，よく知られている対偶を示す $(A \rightarrow B) \rightarrow (\neg B \rightarrow \neg A)$ は，次のように証明する．この図を証明図という．

$\to$ の除去
$$\frac{\alpha \quad \alpha \to \beta}{\beta}$$

$\to$ の導入
$$[\alpha]$$
$$\vdots$$
$$\frac{\beta}{\alpha \to \beta} \quad \frac{\beta}{\alpha \to \beta}$$

$\wedge$ の導入
$$\frac{\alpha \quad \beta}{\alpha \wedge \beta}$$

$\wedge$ の除去
$$\frac{\alpha \wedge \beta}{\alpha} \quad \frac{\alpha \wedge \beta}{\beta}$$

$\vee$ の導入
$$\frac{\alpha}{\alpha \vee \beta} \quad \frac{\beta}{\alpha \vee \beta}$$

$\vee$ の除去
$$[\alpha]^i \quad [\beta]^i$$
$$\vdots \quad \vdots$$
$$\frac{\alpha \vee \beta \quad \gamma \quad \gamma}{\gamma} \, i$$

$\neg$ の導入
$$[\alpha]^i$$
$$\vdots$$
$$\frac{\bot (矛盾)}{\neg \alpha} \, i$$

$\neg$ の除去
$$\frac{\alpha \quad \neg \alpha}{\bot (矛盾)}$$

二重否定の除去
$$\frac{\neg\neg \alpha}{\alpha}$$

図 3.7 推論規則

$$\frac{\cfrac{\cfrac{\neg B^2 \quad \cfrac{A^1 \quad A \to B^3}{B} \, \to \text{の除去}}{\bot} \, \neg \text{の除去}}{\cfrac{\cfrac{\neg A}{\neg B \to \neg A} \, 2 \to \text{の導入}}{(A \to B) \to (\neg B \to \neg A)} \, 3 \to \text{の導入}} \, 1 \neg \text{の導入}}$$

これを上から，口語で説明するように書き下すと，「A と $A \to B$ を仮定すると，推論規則 $\to$ の除去より B といえる．さらに，$\neg B$ を仮定すると，$\neg B$ と B は推論規則 $\neg$ の除去より矛盾するといえる．矛盾が起きた原因は A を仮定したことにあると考えると，推論規則 $\neg$ の導入より $\neg A$ といえる．$\neg B$ を仮定して $\neg A$ が導き出されたので，推論規則 $\to$ の導入より $\neg B \to \neg A$ といえる．$A \to B$ を仮定して，$\neg B \to \neg A$ が導き出されたの

で，推論規則 $\to$ の導入より $(A \to B) \to (\neg B \to \neg A)$ がいえる．仮定は全てなくなり，$(A \to B) \to (\neg B \to \neg A)$ は何の仮定もなしでいえる．」

同様にして $(\neg B \to \neg A) \to (A \to B)$ は次のように証明する．

$$\cfrac{\cfrac{\cfrac{\cfrac{\cfrac{\cfrac{\neg B^1 \quad \neg B \to \neg A^3}{\neg A} \to \text{の除去} \quad A^2}{\bot} \neg \text{の除去}}{\neg \neg B} 1\neg \text{の導入}}{B} \text{二重否定の除去}}{A \to B} 2\to \text{の導入}}{(\neg B \to \neg A) \to (A \to B)} 3\to \text{の導入}$$

これで，$(A \to B)$ とその対偶である $(\neg B \to \neg A)$ は，同値であることが証明された．さらに，いくつかの命題が正しいことを証明してみよう．

$$\cfrac{\cfrac{\cfrac{\cfrac{\cfrac{A^2 \quad B^1}{A \land B} \land \text{の導入} \quad (A \land B) \to C^3}{C} \to \text{の除去}}{B \to C} 1\to \text{の導入}}{A \to (B \to C)} 2\to \text{の導入}}{((A \land B) \to C) \to (A \to (B \to C))} 3\to \text{の導入}$$

$$\cfrac{\cfrac{\cfrac{\cfrac{\cfrac{\cfrac{A^1}{A \lor \neg A} \lor \text{の導入} \quad \neg (A \lor \neg A)^2}{\bot} \neg \text{の除去}}{\neg A} 1\neg \text{の導入}}{A \lor \neg A} \lor \text{の導入} \quad \neg (A \lor \neg A)^2}{\bot} \neg \text{の除去}}{\neg \neg (A \lor \neg A)} 2\neg \text{の導入}}{A \lor \neg A} \text{二重否定の除去}$$

$$\cfrac{\cfrac{A \land (B \lor C)^2}{B \lor C} \land \text{の除去} \quad \cfrac{\cfrac{\cfrac{A \land (B \lor C)^2}{A} \land \text{の除去} \quad B^1}{A \land B} \land \text{の導入}}{(A \land B) \lor (A \land C)} \lor \text{の導入} \quad \cfrac{\cfrac{\cfrac{A \land (B \lor C)^2}{A} \land \text{の除去} \quad C^1}{A \land C} \land \text{の導入}}{(A \land B) \lor (A \land C)} \lor \text{の導入}}{\cfrac{(A \land B) \lor (A \land C)}{(A \land (B \lor C)) \to ((A \land B) \lor (A \land C))} 2 \to \text{の導入}} 1\lor \text{の除去}$$

次に，命題の真 ($\top$) と偽 ($\bot$) を扱う方法を説明する．ある命題が与えられたときにその命題の真偽に対して論理記号により命題の真理を次のように決める．

¬ の真理表

α	$\neg\alpha$
$\top$	$\bot$
$\bot$	$\top$

∧ の真理表

α	β	$\alpha \wedge \beta$
$\top$	$\top$	$\top$
$\top$	$\bot$	$\bot$
$\bot$	$\top$	$\bot$
$\bot$	$\bot$	$\bot$

∨ の真理表

α	β	$\alpha \vee \beta$
$\top$	$\top$	$\top$
$\top$	$\bot$	$\top$
$\bot$	$\top$	$\top$
$\bot$	$\bot$	$\bot$

→ の真理表

α	β	$\alpha \to \beta$
$\top$	$\top$	$\top$
$\top$	$\bot$	$\bot$
$\bot$	$\top$	$\top$
$\bot$	$\bot$	$\top$

¬ の真理表では，命題 α の真理値が $\top$ であるときに，$\neg\alpha$ の真理値は $\bot$ となる．また，命題 α の真理値が $\bot$ であるときに，$\neg\alpha$ の真理値は $\top$ となることを表で表している．

これらのルールを命題 $(A \wedge (A \to B)) \to B$ にあてはめて，この命題の真理値を調べると図 3.8 のようになる．

A	B	$A \to B$	$A \wedge (A \to B)$	$(A \wedge (A \to B)) \to B$
$\top$	$\top$	$\top$	$\top$	$\top$
$\top$	$\bot$	$\bot$	$\bot$	$\top$
$\bot$	$\top$	$\top$	$\bot$	$\top$
$\bot$	$\bot$	$\top$	$\bot$	$\top$

図 3.8 $(A \wedge (A \to B)) \to B$ の真理表

命題 A, B の真理値が真偽のいずれであっても，命題 $(A \wedge (A \to B)) \to B$ の真理値は常に真となっ

$$\cfrac{\cfrac{A \wedge (A \to B)^1}{A} \wedge \text{の除去} \quad \cfrac{A \wedge (A \to B)^1}{A \to B} \wedge \text{の除去}}{\cfrac{B}{(A \wedge (A \to B)) \to B} {}^1 \to \text{の導入}} \to \text{の除去}$$

ている．このように真理値が常に真である命題を恒真命題 (Tautology) という．恒真命題は，右上のように推論規則を使って証明できる．また，逆に推論規則で証明できた命題は，恒真命題である．

もう一つ例を示す．命題 $((A \to C) \wedge (B \to D)) \to ((A \vee B) \to (C \vee D))$ の真理値を調べると図 3.9 になる．

$$\frac{((A \to C) \land (B \to D))}{①} \to \frac{((A \lor B) \to (C \lor D))}{②} \quad \cdots\cdots ③$$

A	B	C	D	$A \to C$	$B \to D$	①	$A \lor B$	$C \lor D$	②	③
⊤	⊤	⊤	⊤	⊤	⊤	⊤	⊤	⊤	⊤	⊤
⊤	⊤	⊤	⊥	⊤	⊥	⊥	⊤	⊤	⊤	⊤
⊤	⊤	⊥	⊤	⊥	⊤	⊥	⊤	⊤	⊤	⊤
⊤	⊤	⊥	⊥	⊥	⊥	⊥	⊤	⊥	⊥	⊤
⊤	⊥	⊤	⊤	⊤	⊤	⊤	⊤	⊤	⊤	⊤
⊤	⊥	⊤	⊥	⊤	⊤	⊤	⊤	⊤	⊤	⊤
⊤	⊥	⊥	⊤	⊥	⊤	⊥	⊤	⊤	⊤	⊤
⊤	⊥	⊥	⊥	⊥	⊤	⊥	⊤	⊥	⊥	⊤
⊥	⊤	⊤	⊤	⊤	⊤	⊤	⊤	⊤	⊤	⊤
⊥	⊤	⊤	⊥	⊤	⊥	⊥	⊤	⊤	⊤	⊤
⊥	⊤	⊥	⊤	⊤	⊤	⊤	⊤	⊤	⊤	⊤
⊥	⊤	⊥	⊥	⊤	⊥	⊥	⊤	⊥	⊥	⊤
⊥	⊥	⊤	⊤	⊤	⊤	⊤	⊥	⊤	⊤	⊤
⊥	⊥	⊤	⊥	⊤	⊤	⊤	⊥	⊤	⊤	⊤
⊥	⊥	⊥	⊤	⊤	⊤	⊤	⊥	⊤	⊤	⊤
⊥	⊥	⊥	⊥	⊤	⊤	⊤	⊥	⊥	⊤	⊤

図 3.9 命題③の真理表

この命題もまた恒真命題であるので，証明図が次のように描ける．

$$\cfrac{A \lor B^2 \quad \cfrac{A^1 \quad \cfrac{(A\to C)\land(B\to D)^3}{A\to C}\text{∧の除去}}{\cfrac{C}{C\lor D}\text{∨の導入}}\text{→の除去} \quad B^1 \quad \cfrac{(A\to C)\land(B\to D)^3}{B\to D}\text{∧の除去}}{\cfrac{\cfrac{C\lor D}{(A\lor B)\to(C\lor D)}\text{2→の導入}}{((A\to C)\land(B\to D))\to((A\lor B)\to(C\lor D))}\text{3→の導入}}\text{1∨の除去}$$

3.2.2 集合について

「集合」の概念を考え，集合論の創始者であるドイツの数学者カントール (G. Cantor, 1845–1918) は，ハレ大学教授を務めた．ハレ大学にはカントールの遺品が多く保存され，市内には彼の住んでいた家や墓がある．

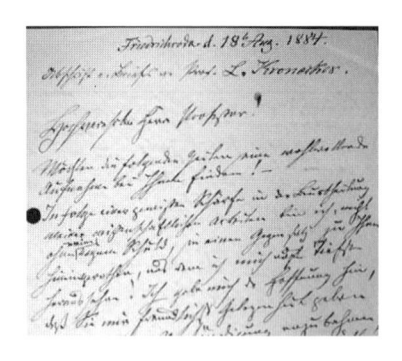

図 3.10 クロネッカーへの手紙

図 3.11 カントールの墓

図 3.12 カントール通り

図 3.13 カントールが住んでいたアパート家とプレート

(1) 集合についての復習

集合の定義等を復習しよう．ある定まった条件を満たす対象の集まりを集合といい，この集合に含まれる個々の対象をその集合の要素，または，元という．集合の表し方は2つあり，一つは集合の要素を並べ，

$$\{1, 3, 5, 7, 11\}$$

と表す方法である．他の一つは，

$$\{x \mid x \text{ は } 11 \text{ 以下の素数である}\}$$

と表す方法である．これは，「x は素数である」を $P(x)$ と表すと，

$$\{x \mid x \leqq 11 \land P(x)\}$$

とも表現できる．

x が集合 X の要素であることを，

$$x \in X \text{ または } X \ni x$$

と表し，x は X に属する，x は X に含まれる，X は x を含む等という．x が集合 X の要素でないことは，

$$x \notin X \text{ または } X \not\ni x$$

と表す．

集合 X の要素がすべて集合 Y に含まれているとき，X は Y の部分集合であるという．これを，

$$X \subseteq Y \text{ または } Y \supseteq X$$

と表す．X が Y の部分集合でないことは，

$$X \not\subseteq Y \text{ または } Y \not\supseteq X$$

と表す．$X \subseteq Y$ で，かつ，$Y \supseteq X$ のとき，X の要素と Y の要素は一致する．このとき，集合 X と集合 Y は等しいといい，$X = Y$ と表す．X

は Y の部分集合であるが，$X \neq Y$ であるとき，X は Y の真部分集合であるという．これを，

$$X \subset Y \text{ または } Y \supset X$$

と表す．

最初に一つの集合 U を決めて，その要素について扱うことが多い．この集合 U を全体集合といい，U の要素で，U の部分集合 X に含まれない要素の集合を集合 X の補集合といい，$\overline{X}$ と表す．

集合 X の要素であり，しかも集合 Y の要素でもある要素全体の集合を集合 X と集合 Y の共通部分といい，$X \cap Y$ と表す．集合 X の要素であるか，または，集合 Y の要素である要素全体の集合を集合 X と集合 Y の和集合といい，$X \cup Y$ と表す．共通部分と和集合は，

$$X \cap Y = \{x \mid x \in X \wedge x \in Y\}$$
$$X \cup Y = \{x \mid x \in X \vee x \in Y\}$$

と表せる．

集合 X と集合 Y に共通の要素がないときに，$X \cap Y$ は空集合であるといい，$X \cap Y = \phi$ と表す．空集合 ϕ はどのような集合についても，その部分集合であるとする．

これらのことを，全体集合 $U = \{a, b, c, d, e, f, g, h\}$，その部分集合 X, Y, Z をそれぞれ $X = \{a, b, c\}$, $Y = \{b, c, d, e\}$, $Z = \{a, f\}$ として考えると，

$$X \cap Y = \{b, c\},$$
$$X \cup Y = \{a, b, c, d, e\},$$
$$Y \cap Z = \phi,$$
$$\overline{X} = \{e, f, g, h\},$$

さらに集合 Z の部分集合は，$\{a, f\}, \{a\}, \{f\}, \phi$ となる．

(2) 集合の演算について

　全体集合を定め，それぞれの部分集合に対して，和集合，共通部分，補集合を考えることを，集合の演算ということにする．この3つの演算に関して，次の法則がある．全体集合を U，空集合を ϕ，部分集合を X, Y, Z とする．

① $X \cap Y = Y \cap X, \quad X \cup Y = Y \cup X$ 　　　　　　（交換法則）

② $(X \cap Y) \cap Z = X \cap (Y \cap Z),$
　 $(X \cup Y) \cup Z = X \cup (Y \cup Z)$ 　　　　　　（結合法則）

③ $X \cap (Y \cup Z) = (X \cap Y) \cup (X \cap Z),$
　 $X \cup (Y \cap Z) = (X \cup Y) \cap (X \cup Y)$ 　　　　　　（分配法則）

④ $X \cap X = X, \quad X \cup X = X$

⑤ $X \cap (X \cup Y) = X, \quad X \cup (X \cap Y) = X$ 　　　　　　（吸収の法則）

⑥ $X \cap \overline{X} = \phi, \quad X \cup \overline{X} = U$ 　　　　　　（補集合の法則）

⑦ $\overline{(\overline{X})} = X$ 　　　　　　（二重補集合の法則）

⑧ $\overline{(X \cap Y)} = \overline{X} \cup \overline{Y}, \quad \overline{(X \cup Y)} = \overline{X} \cap \overline{Y}$ 　　　　　　（ドモルガンの法則）

⑨ $\phi \cap X = \phi, \quad U \cup X = U, \quad U \cap X = X,$
　 $\phi \cup X = X, \quad \overline{\phi} = U, \quad \overline{U} = \phi$ 　　　　　　（ϕ と U の法則）

③の $X \cap (Y \cup Z) = (X \cap Y) \cup (X \cap Z)$ において，右辺と左辺をそれぞれベン図で表すと図3.14になり，どちらも同じ領域を表していることがわかる．

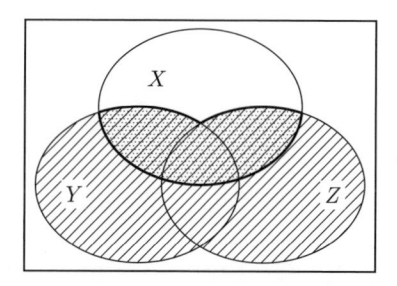

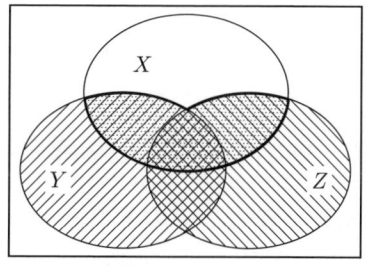

図 3.14 ベン図による説明

集合の定義によって証明してみると，

$$x \in X \cap (Y \cup Z) \Leftrightarrow x \in X \wedge x \in (Y \cup Z)$$
$$\Leftrightarrow x \in X \wedge (x \in Y \vee x \in Z)$$
$$\Leftrightarrow (x \in X \wedge x \in Y) \vee (x \in X \wedge x \in Z)$$
$$\Leftrightarrow x \in (X \cap Y) \vee x \in (X \cap Z)$$
$$\Leftrightarrow x \in (X \cap Y) \cup (X \cap Z)$$

となる.

集合の包含関係の法則としては,次のものがある.
① $X \subset Y, Y \subset Z$ ならば, $X \subset Z$
② $X \subset Y, X \subset Z$ ならば, $X \subset Y \cap Z$
③ $X \subset Z, Y \subset Z$ ならば, $X \cap Y \subset Z$
④ $X \subset Y$ ならば, $X \subset Y \cup Z$
⑤ $X \subset Y$ ならば, $X \cap Z \subset Y$
⑥ $X \subset Y$ ならば, $\overline{X} \supset \overline{Y}$

これらのうち,三段論法にあたる①と対偶を作ることにあたる⑥は,指導内容として重要である.

(3) カージナル数

集合の要素数をカージナル数といい, $n(\ )$ で表す.ここでは,次の式が重要である.

$$n(X \cup Y) = n(X) + n(Y) - n(X \cap Y)$$

3.3 中学生への論理指導の例

3.3.1 $\overline{\mathrm{ru}}$ としての Pri.Logic

Pri.Logic から Math.Logic へのスムースな移行を促し,その使い分けを意識させるための指導方法を研究する際に,「$\overline{\mathrm{ru}}$」(ル・バー)の考え方が参考になる.

進藤 (1992) は $\overline{\mathrm{ru}}$ を,日常の生活の中での経験から獲得した知識のうち,

誤った獲得の仕方をしてしまったものと定義している．たとえば，「平行四辺形の求積法に関して，面積の関連属性である底辺と高さに着目することなく，一元的には記述できないにせよ，学習者ごとに，平行四辺形を構成する周長や内角といった，面積に関する非関連属性に着目して，面積の判断を行ってしまう」等が明らかとなっている．また，「この種の知識（体系）が自らの経験に基づくが故に，その判断基準への確信の程度は高く，正しい知識（体系）への組み換えが容易でない」と述べている．

　Pri.Logic は，日常生活の中で形成され，それを制限なしで用いると，当然，誤った結論を導き出してしまう場合がある．このことを踏まえて考えると，まさに Pri.Logic は，数学における $\overline{ru}$ であり，$\overline{ru}$ である故に，Pri.Logic から Math.Logic への移行も難しかったのである．

　さらに進藤は，このような体験に基づく間違った知識や体系を，正しく組み替える指導方略として，以下の3点が必要であると述べている．
① $\overline{ru}$ で適用が可能な事例から，適用ができない事例へと移行する．
② 学習者のもつ $\overline{ru}$ に触れながら $\overline{ru}$ を正しいルールである ru（ルー）に変換するという作業が必要になる．
③ 学習者の"納得"という内的な過程を踏む．

　この指導方略を Pri.Logic に置き換えて考えると以下のようになる．
①′ Pri.Logic が適用可能な事例から，適用できない事例へと移行する．

　Pri.Logic が適用できる事例は日常生活の経験にあるわけだから，最初に日常生活の事例から導入して，その後に Pri.Logic が適用できない数学の事例へと移行するのがよいと考えられる．
②′ 学習者の持つ Pri.Logic に触れながら，Pri.Logic を Math.Logic に変換するという作業が必要になる．

　つまり，学習者自身が持っている Pri.Logic 自体を取り上げることによって，学習者が自分の Pri.Logic を認識するようにさせ，その後に Math.Logic の指導を行うのがよいと考えられる．
③′ 学習者の"納得"という内的な過程を踏む．

　つまり，Pri.Logic がどうして誤っているのか，どのような場合に適用できないのかについて，多くの具体例を交えながら，じっくりと指導してい

くのがよいと考えられる．

今後は，体系的な論理教育の上で，この指導方略を基本にした中学校での論理教育を考える必要がある．

3.3.2 中学生への論理の教育例
(1) 目的

Pri.Logic から Math.Logic へと移行させるための具体的指導方法を開発する．

(2) 方法

①被験者

「実験1」と「実験2」の2回の授業実験を行った．「実験1」においては山形県内の公立F中学校1年生5名，「実験2」においては山形県内の公立S中学校1年生8名を対象者とする．論証幾何を学習する以前の論理教育を志向しているので，両実験対象者は中学1年生とした．

②実験方法

どちらの実験も，実験前に事前調査，実験後に事後調査を行った．これらの調査結果を比較することによって，実験の効果を明らかにすることができると考える．それぞれの調査問題紙は，前節の調査問題紙から各命題の数を半分にしたものを用いている．

(3) 実験内容

両実験ともそれぞれ合計6時間行った．内容は以下のとおりである．

1) 1時間目
- 規則が書いてある文章から「$A \to B$」部分を見つけ出す．
- 「A」と「$A \to B$」から「B」が導き出せることを学習する．

$$\frac{A \quad A \to B}{B}$$

- 推論規則の表し方（線や矢印の意味）を学習する．

2) 2 時間目
- 同値関係の命題「三角形 → 内角の和は 180 度」を用いて，推論規則を考える．
- 「$A \to B$」が正しいとして，「B ならば？」を考える．自分の考えを推論規則に表す．

$$\frac{B \quad B \to A}{A}$$

- 「本命題」,「対偶命題」,「裏命題」,「逆命題」の関係を確認する．
- Pri.Logic を用いて導いた推論の結論が正しいかどうかを確かめる．

3) 3 時間目
- 同値関係でない命題（4 の倍数 → 2 の倍数）を用いて，Pri.Logic が適用できない場合について学習する．
- $$\frac{B \quad \dfrac{A \to B}{B \to A}}{A} \Bigg\} \text{この部分の推論が間違っていることを学習する．}$$
- 「$A \to B$」から「$B \to A$」,「$\neg A \to \neg B$」,「$\neg B \to \neg A$」が導けるのかどうか，具体例を用いて考える．
- Pri.Logic の「逆命題」,「裏命題」では，成り立たない場合があることを学習する．

4) 4 時間目
- 今まで使っていた Pri.Logic と，新たに学ぶ Math.Logic の違いを確認する．
- 練習問題を解くことによって，Math.Logic を身につける．

5) 5 時間目
- 推論の連鎖の応用として推理問題を解く．
- 推理問題の構造を記号と推論規則を使って分析する．

6) 6 時間目
- 推理問題を自作することにより，Pri.Logic が間違った論理であることを再確認する．
- Pri.Logic では間違った結論が出てしまう「ひっかけ」命題を考えること

によって，Pri.Logic と Math.Logic を意識して区別する．

(4) 実験結果と考察

事前調査と事後調査を比較した結果は，表 3.4 に示すとおりである．実験 1 においては，生徒全員が Math.Logic を用いるようになっている．実験 2 においても，8 人中 6 人が Math.Logic を用いるようになっている．対象人数が少ないので一般化には無理があるが，この結果に限れば，ここで開発した指導方法は，Pri.Logic を Math.Logic に移行させるために，有効な方法であることは示唆された．

表 3.4 事前調査結果と事後調査結果の比較（単位：人）

		事前調査	事後調査
実験 1	Math.Logic	1	5
	Pri.Logic	4	0
	その他	0	0
実験 2	Math.Logic	2	6
	Pri.Logic	6	0
	その他	0	2

ただし，指導上，留意する点も以下のように見つかった．
①推論規則について

当初，生徒にとって推論規則自体を理解することが難しかったようである．自分の考えた道筋を具体的に表す方法がある．まず，部品として推論規則があり，それらを組み合わせることで，考えの道筋を表現できることを説明し，その上で，実際の思考過程と推論規則を対応させた．その結果，生徒は，推論規則というのは自分の考えを表すのに使えることを理解し，記述にも慣れた．
②「A」と「$A \to B$」の二つから「B」が導かれることについて

推論規則は「A」と「$A \to B$」から「B」が導かれることを表しているのだが，生徒は，「$A \to B$」のみが意識に上がっているようであった．これは，私たちが日常生活において何らかのルールである「$A \to B$」を見たときに，「A」を意識することなく「$A \to B$」だけで物事を判断している

ことがある．また一方で，「$A \to B$」が意識化されないで，目の前にある事実の「A」のみで「B」と結論することも多い．

このように，「A」と「$A \to B$」の両方を意識して判断することは少ない．そこで，生徒には，自分自身の思考を過程を丁寧に再考するよう指導し，「B」を導くためには「A」と「$A \to B$」が必要であることを確認させた．

③推論規則の必要性について

生徒は，現在学習中の推論規則が，今後どのような場面で使われるかが明確に示されなかったために，推論規則自体に必要性を感じにくかった．当初から，推論規則がどのような役に立つのかを明確にする，具体的には推理問題の分析や作成に使うことを示す必要があった．このことは，指導計画の最後で，推論規則を使った推理問題を作成する活動を行った際に，生徒が大変意欲的に取り組んだことからも窺える．

なお，この推理問題は，以下のような手順で作成するよう指導した．

①推論規則を使って，推論の連鎖を作る．

②その推論の連鎖内に，Pri.Logic を使った"ひっかけ"を作る．

③それぞれの記号に対して，具体的な言葉や内容をあてはめて文章を作る．

図 3.15 は，実験に参加した生徒が作成した推理問題である．

3.3.3 まとめ

3.1 節と 3.3 節では，以下の点を明らかにした．

① Child'sLogic は，多くの成人においても用いられる論理である．

このことより Child'sLogic を，人間が普通の生活の中で作り出し，使っている論理であるという意味合いを込めて，Pri.Logic と呼ぶこととした．

②中学生のほとんどが Pri.Logic を用いている．

中学 2 年生，3 年生ともに，ほとんどの生徒が Pri.Logic を用いていた．また，2 年生よりも 3 年生のほうが Pri.Logic を用いる割合が高いことより，現行の論証幾何の学習は，Pri.Logic をより強固にしている実態が示唆された．これは，現行の教育内容や方法が，論理教育として不十分である

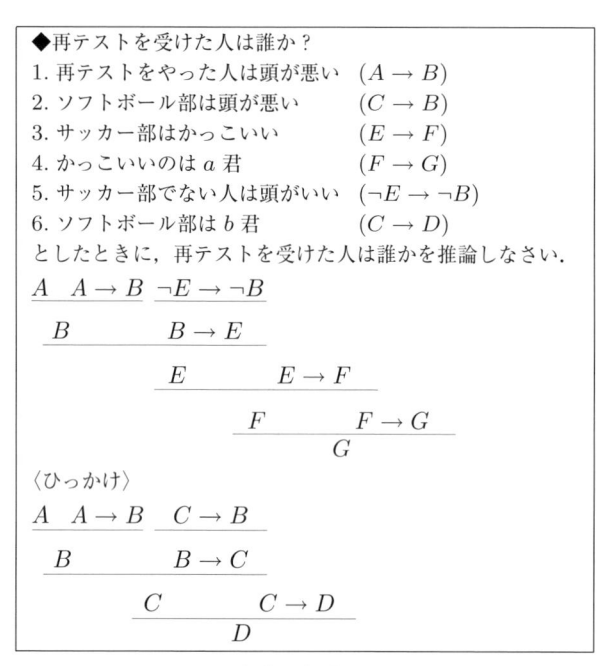

```
◆再テストを受けた人は誰か？
1. 再テストをやった人は頭が悪い    ($A \to B$)
2. ソフトボール部は頭が悪い         ($C \to B$)
3. サッカー部はかっこいい           ($E \to F$)
4. かっこいいのは $a$ 君            ($F \to G$)
5. サッカー部でない人は頭がいい    ($\neg E \to \neg B$)
6. ソフトボール部は $b$ 君          ($C \to D$)
としたときに，再テストを受けた人は誰かを推論しなさい．

$A \quad A \to B \quad \neg E \to \neg B$
 $\overline{\quad B \quad\quad\quad B \to E \quad}$
              $\overline{\quad E \quad\quad E \to F \quad}$
                             $\overline{\quad F \quad\quad F \to G \quad}$
                                            $\overline{\quad G \quad}$

〈ひっかけ〉
$A \quad A \to B \quad C \to B$
 $\overline{\quad B \quad\quad\quad B \to C \quad}$
              $\overline{\quad C \quad\quad C \to D \quad}$
                             $\overline{\quad D \quad}$
```

図 3.15 生徒が作成した推理問題

ことを表している．

③論理教育における学習水準を提案した．

現行の教育内容においては，体系立てられた論理教育が存在しないため，これを作成する必要があった．この研究の取りかかりとして，van Hiele の学習水準理論を参考にし，論理教育における学習水準を提案した．

④中学 1 年生においても，適切な指導をすることによって Math.Logic へと移行することができる．

実験の結果，ほとんどの生徒が Math.Logic へと移行することができた．論理に興味を持つ小学校高学年から，ここで扱った内容を指導し，中学校では論証幾何を中心に扱いたい．

今後の課題として，以下の点が挙げられる．

①中学 2 年生，3 年生に対する論理教育の実験

本研究において，中学生に対する論理教育を作成したが，その実験は中

学1年生に対しのみ行われた．中学2年生，3年生に対しての実験を継続する必要がある．特に，中学2年生においては，論証幾何と，ここでの論理教育とを，どのように結びつけていくのかについて考えていかなければならない．

②実験効果の持続性の検証

中学1年生でも，Math.Logic へと変換できるこという結果を得たが，その効果が長時間にわたって持続されるか否かは不明である．$\overline{ru}$ の性格上，また Pri.Logic に戻る可能性もある．この場合は，TPO によって子ども自身が Pri.Logic と Math.Logic の使い分けができるようにするという観点で，再指導を試みる必要があろう．

研究課題

1. 数学教育の現代化で使用された教科書を調べて，集合の教育についてまとめよ．
2. 次に挙げた引用・参考文献を参考にして，当時の先進的な集合・論理の教育方法を調べ，現在風に書き改めてみよ．

引用・参考文献および注

小山正孝 (1987) van Hiele の「学習水準理論」について．日本数学教育学誌 数学教育学論究, 47・48：48-52

前原昭二 (1967) 記号論理入門．日本評論社, 東京

松尾吉知, 栗原幹夫, 味八木徹, 田島稔 (1977) 日常論理の様相について．日本数学教育学会誌 数学教育学論究, 31：1-33

文部省 (1998) 中学校学習指導要領（平成 10 年 12 月）．大蔵省印刷局, 東京

守屋誠司 (1989) Prolog 言語の論理教育への応用．大阪教育大学数学教室 数学教育研究, 18：41-54

守屋誠司 (1990) パーソナル・コンピュータの論理教育への応用 (1)．数学教育学会 研究紀要, 30(3・4)：19-38

守屋誠司, 吉田知矢 (2002) 素朴的論理から数学的論理への移行を目指した中学校の論理教育．数学教育学会誌, 42(1・2)：59-69

進藤聡彦 (1992) 学習者の自生的な誤りの修正に関する教授―学習心理学的研究．教育方法学研究, 18：57-64

内田伏一 (1997) 位相入門．裳華堂, 東京

渡邉伸樹 (1999) 小学校における論理教育. 数学教育学会 研究紀要, 40(1・2): 11–18
横地清 (1972) 集合と論理. 国土社, 東京
横地清 (1978) 算数・数学科教育法. 誠文堂新光社, 東京

[注]　松尾ほか (1977) の分類方法を, 以下のように適用した.『本命題 (8 問)』において,
1 — 3/4 以上正解
(1)— 1/2 以上正解
8 —「どちらともいえない」が 3/4 以上
9 — 誤答が 3/4 以上
『対偶命題 (8 問)』において,
2 — 3/4 以上正解
(2)— 1/2 以上正解
5 —「どちらともいえない」が 3/4 以上
9 —誤答が 3/4 以上
『裏命題 (8 問)』おいて,
3 — 3/4 以上正解
(3) — 1/2 以上正解
6 — 誤答が 3/4 以上
『逆命題 (8 問)』において,
4 — 3/4 以上正解
(4) — 1/2 以上正解
7 — 誤答が 3/4 以上
このような分類方法により, 次のような推論の型が出来上がる.
『Math.Logic 型』
M (Math.Logic)「1234」
M^0 (準 Math.Logic)
「(1)234」「1(2)34」「12(3)4」「123(4)」
M' (準々 Math.Logic)
「(1)(2)34」「1(2)(3)4」「12(3)(4)」
「(1)23(4)」「1(2)3(4)」「(1)23(4)」
「1534」「153(4)」「15(3)4」
『Child'sLogic 型』
C (Child'sLogic)「1267」
C^0 (準 Child'sLogic)
「(1)267」「1(2)67」
C' (準々 Child'sLogic)

「(1)(2)67」「1967」「(1)967」「8267」
「8(2)67」「9267」「9(2)67」「8567」
『その他』
それ以外のもの（Math.Logic や Child'sLogic にあてはまらない型）

第4章　代数

本章では，代数教育のあり方について検討する．第1節は代数教育の問題点と生徒の実態，第2節は数と式・方程式と不等式に関する数学内容，第3節は代数教育の目標と指導法のあり方について扱う．

4.1　代数教育の今日的課題

4.1.1　代数教育の問題点

代数の教育内容の中で，生徒の理解が困難とされる事項を認識調査から明らかにする．また先行研究により，代数教育ではどのような点が検討課題であったのかについて整理する．

(1) 児童・生徒の誤答

中・高等学校生の実態を考察する前に，小学生の代数（文字）などの認識について触れる．大阪市で実施されている算数に関する調査をまとめた「さんすう しんだんのまとめ」の小学校高学年での，分数の除法に関する認識調査（図4.1）では，次のような結果が見られる[1]．

---

[1] 今回引用した冊子は，1951年度より毎年大阪市で実施されている調査の1997年度の調査結果をまとめたものである．調査は，各学年とも，大阪市内の全小学校から無作為に抽出された50学級（約2000人）を対象に，1997年2月3日から2月15日までの間に実施された．大阪市小学校教育研究会算数部 (1997) 平成9年 第46回さんすうしんだんまとめ：95-112

4.1 代数教育の今日的課題

---

1. 次の計算をしなさい．
① $\dfrac{4}{9} \div \dfrac{2}{3} \div \dfrac{2}{5}$　　② $\dfrac{7}{9} \times \dfrac{5}{6} \div \dfrac{7}{5}$

2. □にあてはまる数（分数）をかきなさい．
① $\dfrac{2}{5} \times 6 = \square \times 2 \times 6$　　② $\dfrac{3}{8} \div \dfrac{5}{9} = \dfrac{3}{8} \div \square \times \square$

図 4.1 調査問題（第 6 学年）

1. の①，②の正答率は，それぞれ 84％，87％であり，2. の①，②の正答率は，それぞれ 70％，36％となっている．これらの結果から，計算問題では，複雑な分数の乗除もできるが，その計算の仕組みについての問題では正答率がかなり低く，理解が不十分であることが予想される．□といった空席記号の意味の指導や，□に実際に様々な数値を入れて確認するといった学習活動の欠如がこうした結果を招いたのではないかと考えられる．

続いて，2005 年度に高等学校第 3 学年を対象に実施された高等学校教育課程実施状況調査結果 (2007) によると，数学Ⅰの問題（図 4.2）では，次のような結果が出ている[2]．

あるケーキ屋さんでは，いちごケーキ 1 個が 280 円，チーズケーキ 1 個が 180 円です．この店へ 2000 円を持って 9 個のケーキを買いに行くとしたとき，1 次不等式を使って解く問題をつくり，その問題と式を書きなさい．ただし，つくった 1 次不等式を解く必要はありません．

図 4.2 調査問題（高等学校第 3 学年）　問題文の下線は筆者

【正答】
（問題の一例）
　2000 円で，1 個 280 円のいちごケーキと 1 個 180 円のチーズケーキを合わせて 9 個買います．いちごケーキは何個まで買うことができますか．

---

[2] 平成 17 年度高等学校教育課程実施状況調査．平成 17 年 11 月 10 日，6 教科 12 科目で実施された．実施時間は 1 科目あたり 50 分，生徒延総数約 15 万人であり，そのうち，数学Ⅰ（A 冊子，B 冊子）の実施生徒数は 29,096 人であった．

(式の一例)

　いちごケーキの個数を x とする．　$280x + 180(9 - x) \leqq 2000$

【準正答】

(問題の一例)

　ケーキを 9 個買う．そのうち，いちごケーキを x 個買う．

(式の一例)

　いちごケーキの個数を x とする．　$280x + 180(9 - x) \leqq 2000$

　この問題の正答率は，38.2％（完全正答率 28.7％，準正答率 9.5％）であり，誤答率は 61.7％（記述のある誤答率 33.4％，無解答 28.3％）である．内容の難度のレベルは中学校程度であり，それほど高くない．しかし，自らが問題を作成するといったことや，不等式を解くのではなく，場面の状況を立式することが求められていることから，正答率が低い結果になったと考えられる．これは，文字を数のようにして式の中で扱うことが困難であったり，右辺と左辺を等号や不等号といった関係記号で表現することに慣れていないことが要因であると思われる．また，無回答が約 3 割程度となっており，こうした問題に対して手がつかない生徒が少なからず存在することが，日本の数学教育の大きな問題であるといえよう．

(2) 代数教育の検討課題

　代数教育の中心的な内容である文字・文字式は，生徒にとって理解困難な内容の一つとされてきた．とりわけ，方程式の指導では，解を求めるための機械的な式変形の練習が繰り返され，答えを速く正確に求めることが強調されてきた．また，方程式内の文字を未知数としてのみ捉えさせ，変数の意味合いを指導しないために，様々な数が入る余地を持ちながらも，等式を成り立たせる数として，一つの数に限定されるという発想が育たなかった．そのため，変数としての意味合いの強い不等式内の文字の理解が極端に悪くなるといった問題も存在してきた．

　小林 (1991) は，文字・文字式の教育における問題点を，次のようにまとめている．

- 機械的な計算練習に終始している．
- 文字への抽象化のステップの教育の欠如（変量 → 変数）．
- 文字が持つ代表記号・空席記号としての意味の教育の欠如．
- 具体的操作から形式的操作への移行における困難（数式 → 文字式）．
- 方程式や関数へのつながりが見られない．
- 現実事象の解明に用いられていない．
- 一つのまとまった体系がない．

また，方程式の指導は，一般的にある方程式に関する問題が与えられ，その方程式に見合った計算を行い，解を求めるという形式で行われている．しかし，こうした指導では，機械的な計算方法はマスターしても，各計算過程での式変形の意味や，解を求めることと文字との関係が理解できないといった問題点が指摘されてきた（横地ほか 1966）．

4.1.2 代数教育の目標

上記の代数教育の問題点を踏まえ，数，文字，文字式等を扱う代数教育の目標を考えると，大きくは次の4つとなる（横地 1978）．

(1) 数の教育の目標

数の教育では，計算方法の理解と習熟と，数構造（順序性，演算の仕組み，連続性の有無）の理解が目標となる．

「計算方法の理解と習熟」では，扱う数の拡張に応じて，四則演算の方法を習得させることと，四則演算自体の可否をしっかりと意識させることが目標となる．たとえば，減法について，小学校段階では，$3-5$ 自体が意味をなさないものであったが，負の数の導入によって，$3-5$ という減法が意味を持つ式に変わるといったことに着目させる必要がある．また，除法にあっては，被除数と除数のいずれもが整数（たとえば $3\div5$）であっても，答えが小数や分数になる場合もあること等を意識させなくてはならない．

「数構造の理解」では，各種の数の持つ構造，特徴を理解させることと，それぞれの数の包含関係を把握させることが目標となる．数の構造については，たとえば，整数であれば 1 の次に大きな数は 2 と決まっているが，

有理数であれば 1 の次に大きな数が一つに決まらないことがある．たとえ 1.1 を持ってきたとしても，1 と 1.1 との間には 1.05 があり，さらにその間にも 1.03 があるといったように無限に存在するからである．また，数の特徴については，自然数，整数，有理数，無理数，実数，複素数といった数の種類と，それらの包含関係を理解させる必要がある．あわせて，いずれの数も無限の個数を持つが，それぞれの数の無限個の程度（濃度；カーディナル数）も，インフォーマルに扱っておくと，より数の理解が深まると考えられる．

従来の数の教育では，特に「計算方法の理解と習熟」の四則演算の方法を習得させるところに重点が置かれていたが，今後は「数構造の理解」についても，バランスよく指導を行っていくことが重要である．

(2) 文字の教育の目標

文字においては，定数，未知数，変数の性質についての理解が目標となる．指導に際して重要なことは，それぞれの文字を上記の三つに分類して指導するだけでなく，捉え方によって両方の見方が可能であるという視点を持たせることである．つまり，方程式の解は，未知数でもあるが，変数としての意味合いをも併せ持つということを扱うことが重要である．

(3) 文字式の教育の目標

文字式においては，方程式，不等式の性質，および解を求める計算方法についての理解が目標となる．指導に際して重要なことは，方程式の解を求めるためだけに，技巧的な移項を繰り返す指導を行うのではなく，等式の性質を用いた同値変形をしっかりと扱うようにすることである．また，方程式から不等式へスムーズに移行させ，不等式における文字の取りうる範囲に関する理解を促進するために，方程式の段階から，文字を未知数としてだけではなく，変数として捉えさせることも重要である．

(4) 現実事象への適用

計算等を行う前に，あらかじめ答えのおよその予測を行えるようになる

ことが目標となる．つまり，検算といった計算後の確かめだけではなく，頭の中である程度答えをイメージでき，またそれにより計算ミスを自分で見つけることができる能力を育成する必要がある．というのも，計算機が普及した今日にあっては，複雑な計算をミスなく行えることよりも，計算ミスを発見することのできる感覚を養うことが重要となるためである．この能力をつけさせるためには，中学校からではなく，小学校低学年からしっかりと指導しなくてはならない．指導に際しては，筆算を末位からするだけでなく頭位から何桁分かを頭の中で行わせたり，3桁同士の乗法の解答は，5桁〜6桁になるといった感覚を身につけさせるとよい．

また，計算の計画を立てるといった指導も重要である．複雑な文章題などでは，複数の計算式を用いないと解答に至らないものもあり，そうした問題の場合には，すぐに計算に取りかかるのではなく，どのような手順と方法で計算を行っていくのかといった計画を事前に立てさせることが重要となる．

さらに，文字・文字式について，机上の計算にとどまらず，現実事象との関係についても取り上げるようにしたい．具体的には，現実場面の問題を，文字や文字式を用いて解決したり，逆に，文字式から現実事象への適用を行うといった内容を扱うようにすることである．

4.1.3 代数教育の内容
(1) 代数教育の内容

代数が本格的に扱われるのは中学校段階以降であるが，実際には，小学校段階から代数的な内容をしっかりと把握し，指導に役立てていく必要がある．そこで，以下では，小学校段階から高等学校段階までの代数の大まかな内容を列記する．なお，小学校段階の内容については，具体的な扱いに際して留意すべき点についても触れる．中学校段階以降は，次節以降で詳しく論じる．

 A. 小学校低学年：整数，加減と九九，等号と不等号，簡単な計算での交換法則（加法・乗法）

等号は，最初，「3たす2は，5です．」という言葉の，「は」に対応する形

で指導される．子どもたちは，＝を，等号の意味としてよりも，3＋2→5という形で考え，左辺から右辺への一方通行として捉えている場合が多い．不等号を扱う際に，等号についても，右辺と左辺が同じであることを示す記号という意味として捉え直すようにする．

- B. 小学校中学年：加減乗除，交換・結合・分配法則，文字（x, y など）の導入，文字式の導入，文章題における立式，式からの文章題作り，演算構造の分類

除法は，$20 \div 6 = 3$ あまり 2 という書き方に加えて，$20 = 6 \times 3 + 2$ といった等式の性質を重視した書き方も指導する．文章題における文字を用いた立式や，文字式が与えられた状態から，それに見合った文章題を考えるといったことを指導する．

- C. 小学校高学年：小数，分数での加減乗除，数構造（整数，有理数，約数，倍数），文字を使った交換・結合・分配法則，文字を使った式，複合問題，文章問題

数自体の拡張と整理，それに伴う演算構造について扱う．また，文字を前提とした立式や，文字を用いた式変形等についても扱う．複雑な計算問題や文字式の答えの確認などについては，電卓やコンピュータを活用し，構造や意味を重視した扱いとする．

- D. 中学校第 1 学年：有理数（負の数含む）での交換・結合・分配法則，一元一次方程式とその解，等式の性質
- E. 中学校第 2 学年：二元一次方程式，連立二元一次方程式とその解，簡単な多項式
- F. 中学校第 3 学年：無理数（平方根含む），素因数，累乗，多項式の展開と因数分解，二次方程式
- G. 高等学校第 1 学年：実数，多項式の展開と因数分解，一次不等式，二次方程式
- H. 高等学校第 2 学年：複素数，整式の除法，分数式，高次方程式
- I. 高等学校第 3 学年：行列とその演算，行列と方程式

(2) 代数教育におけるコンピュータの活用

近年，コンピュータやプログラム電卓の急速な普及に伴い，代数教育においてもこうした情報通信機器の活用が期待されている．表計算ソフトウェア用いて文字式の入力設定を行えば，その後は，数値入力を行うだけで，複雑な文字式の値を得ることもできる．また，数式処理に関するソフトウェアを用いれば，方程式や不等式をグラフ化し解を視覚的に捉えることも可能である．

こうした機器の活用により，文字や文字式は机上の問題解きのための記号から，実生活場面における問題解決の有効な手段となる．というのも，現実事象は端数のある複雑な数値がほとんどであるが，現実事象に関して，式化と，プログラム化ができれば，複雑な計算はコンピュータが瞬時に行うからである．

その意味において，代数教育におけるコンピュータの積極的な活用は，これまで指摘されてきたドリルワークに終始し，意味理解の指導が不十分な教育から，代数の意味理解を重視し，実際的な活用場面を実現する教育への発展の可能性を予想させるものといえる．

4.2 数と式・方程式と不等式の数学的背景

4.2.1 数と式

数と式に関する数学的背景について，数の種類，自然数の基本的な性質を列挙したペアノの公理，有理数と無理数に関連する循環小数，実数の公理，そして式の種類について論じる．

(1) 数の種類

小学校段階で学習する数には，自然数，有限小数，分数等がある．中学校段階以降では，負の数や無理数など，一気に数の範囲が拡張される．以下では，数の種類を列記し，その特徴と包含関係を図示する（図4.3）．指導に際しては，それぞれの数の持つ特徴に加えて，既習の数との相違や，包含関係を捉えさせるようにすることが重要である．

- 自然数 (Natural number) $\mathbf{N}$：$1, 2, 3, 4, \cdots$
- 整数 (Integer) $\mathbf{Z}$：$\cdots, -2, -1, 0, 1, 2, \cdots$
  （整数のうち，正のものだけを**正の整数**，負だけのものを**負の整数**）
- 有理数 (Rational number) $\mathbf{Q}$：分母，分子が整数である分数
  （ただし，分母は 0 でない．整数を含む．）
- 無理数 (Irrational number)：分数の形で表すことのできない数
  （$\sqrt{2}$, π など）
- 実数 (Real number) $\mathbf{R}$：有理数と無理数を合せたもの
- 虚数 (Imaginary number)：2 乗して -1 となるなどの数
  （$i^2 = -1$ となる i のこと．a, b を実数とするとき $a + bi$ で示すことのできる数で実数を含まないもの．）
- 複素数 (Complex number) $\mathbf{C}$：実数と虚数を合わせた数

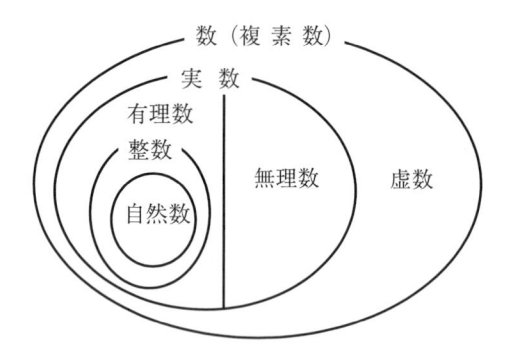

図 4.3　数の包含関係

(2) ペアノの公理

　数の中で最初に扱われるのが自然数であるが自然数とはどのような数であるのだろうか．自然数のあらゆる性質を導き出すことのできるような基本的な性質を列挙したものを**自然数の公理**と呼ぶ．自然数の公理のうちで，最も有名なものがペアノ（イタリア，1858–1932）による自然数の公理で，**ペアノの公理**と呼び，それは以下のようなものである．

> **1. 数，次の要素**の 3 つの言葉を無定義用語として，次の 5 つの公理を満たす集合 N に属する数を自然数といい，N を自然数系という．
> (I) 1 は自然数である．
> (II) 任意の自然数 a に対して a の次の要素 a' がちょうど 1 つある．
> (III) $a' = 1$ となるような自然数 a は存在しない．
> (IV) 自然数 $a' = b'$ なら，自然数 $a = b$ である．
> (V) 集合 N の部分集合 M が次の条件を満たすとするならば，$M = N$.
>   (1) 1 は M に属する．
>   (2) a が M に属するならば a' も M に属する．

以下では，自然数の集合を N として，(I)〜(V) までの公理がどのような性質を述べているのかを具体的に考えていくことにする．

まず，(I) では次のことが述べられている．

1 は自然数であるということ

加えて自然数の基準として，1 を出発点としたことが暗に示されている．

(II) では次のことが述べられている．

自然数の次の数は，自然数であるということ

任意の自然数 a を取り上げたとき，a' という a の次の数が 1 つ存在して，それもまた自然数となる．たとえば，3 という自然数の次にはただ 1 つ 4 という数が存在してそれは唯一である．決して 3 の次に 4 と 5 といったように複数の数が併存することはないことを述べている．有理数の場合，1 の次にくる数は 2 とはいえず，その間に 1.5 もあれば 1.3 もあるというように，順序をつけることができない．

(III) では次のことが述べられている．

1 には直前の数がないということ

$a' = 1$ とすると，a は a' の前の要素となるので 0 となるが，そのような自然数は存在しない．

(IV) では次のことが述べられている.

各自然数が，それぞれ異なるということ

(IV) の公理は，自然数 $a \neq b$ なら，自然数 $a' \neq b'$ と言い換えることができる（対偶より）．したがって，$a = 1, b = 2, 1 \neq 2$ なので，$a' = 2, b' = 3$, $\underline{2 \neq 3}$ となる．さらに，$1 \neq 3$ なので $\underline{2 \neq 4}$, $1 \neq 4$ なので $\underline{2 \neq 5}$, $\cdots$ となる．また，上の $2 \neq 3$ を用いると $\underline{3 \neq 4}$, $2 \neq 4$ を用いると $\underline{3 \neq 5}$, $\cdots$ となる．このことより，$1, 2, 3, 4, 5, \cdots$ といった数は全て等しくないということが導き出せる．

(V) この公理は，**数学的帰納法の公理**と呼ばれる．

集合 M と自然数の集合 $\boldsymbol{N}$ の関係については，次のようになる．集合 M が $\boldsymbol{N}$ の部分集合 $(M \subseteq \boldsymbol{N})$ であるので，M の要素は全て自然数となる．そして，$M \cap \boldsymbol{N}$ という $\boldsymbol{N}$ の部分集合を新たに考えたとき，

1) $1 \in M \cap \boldsymbol{N}$
2) $a \in M \cap \boldsymbol{N} \to a' \in M \cap \boldsymbol{N}$

が成り立つ．このとき，

$$M \cap \boldsymbol{N} = \boldsymbol{N} \ (M = \boldsymbol{N} \text{ の}, M \text{ の部分を } M \cap \boldsymbol{N} \text{ と考えている})$$

が成り立つ．$M \cap \boldsymbol{N} = \boldsymbol{N}$ より，$\boldsymbol{N}$ が M の部分集合となる．したがって，$M \supseteq \boldsymbol{N}$ となって，先の $M \subseteq \boldsymbol{N}$ とあわせて考えると，$M = \boldsymbol{N}$ となる．

(3) 有理数と無理数

有理数，無理数以降では，数値そのものの表記においても，無限の考えが必要となる．たとえば，$1/3$ は $0.333\cdots (= 0.\dot{3}$ と示す$)$ となるし，π は $3.141592\cdots$ となる．こうした無限の小数は，ある時点から規則的な数値が続く循環小数と，いつまでたっても規則性のない小数とに分けられ，前者は有理数，後者は無理数となる．循環小数が，有理数であり，分数の形に表示できることの証明は以下のとおりである．

一般に $S = a + ar^1 + ar^2 + ar^3 + \cdots$ となるものを無限等比級数とい

う．各値は以下の式で表すことができる．

$$a_n = a \times r^{n-1}$$

このとき，初項は a，公比は r となる．S を a_n を用いて表すと

$$S = a_1 + a_2 + a_2 + \cdots + a_n + \cdots$$

となって，a_1 から順に無限個全てを足していくことを以下のように記す．

$$S = \sum_{k=1}^{\infty} a_k$$

この無限等比級数において，公比 r が $-1 < r < 1$ の場合，

$$\begin{aligned} S &= \sum_{k=1}^{\infty} a_k \\ &= \sum_{k=1}^{\infty} ar^{k-1} \\ &= \frac{a}{1-r} \end{aligned}$$

となる．

たとえば，$S = 0.121212\cdots (= 0.\dot{1}\dot{2}$ と示す) の場合，$S = 0.12 + 0.0012 + 0.000012 + \cdots$ となり，これは初項 $a = 12/100$，公比 $r = 1/100$ の無限等比級数であるから，S は収束して次のように有理数で表すことができる．

$$S = \frac{12/100}{1 - 1/100} = \frac{12}{99}$$

また，循環小数には，繰り返しの数のみで構成されている純循環小数と，それ以外の数が混じっている混循環小数とに分けられるが，いずれも有理数である．

(4) 実数の公理

実数には，「順序の公理」，「連続の公理」，「加法の公理」，「乗法の公理」の 4 群，全部で 17 の公理がある．こうした公理は，形式的な指導ではな

く，実際の数値を代入して成り立つことを検証させることが重要である．その際，有理数や無理数等，様々な種類の数で確認させるようにする．

【順序の公理】

1) 任意の 2 数 a, b について，$a < b, a = b, b < a$ のいずれか 1 つだけが成り立つ．
2) 任意の 3 数 a, b, c について，$a < b, b < c$ であれば，$a < c$ である．
3) 任意の 2 数 a, b について，$a < b$ であれば，$a < c, c < b$ であるような c が存在する．
4) 任意の数 a について，$b < a, a < c$ であるような，b, c が存在する．

【連続の公理】

5) 空でない数の集合 A があって，A に上界が存在するとき，A には上限がある．

【加法の公理】

6) 任意の 2 数 a, b について，$a + b = c$ となる c がただ 1 通りに定まる．
7) 任意の 3 数 a, b, c について，$(a + b) + c = a + (b + c)$ が成り立つ．
8) 任意の数 a について，常に $a + 0 = a$ であるような数 0 がある．
9) 任意の数 a について，$a + (-a) = 0$ となるような $-a$ がただ 1 通りに定まる．
10) 任意の 2 数 a, b について，$a + b = b + a$ である．
11) 任意の 3 数 a, b, c について，$a < b$ であれば，$a + c < b + c$ である．

【乗法の公理】

12) 任意の 2 数 a, b について，$a \cdot b = c$ であるような c がただ 1 通りに定まる．
13) 任意の数 a について，常に $a \cdot 1 = a$ であるような数 1 が存在する．
14) 任意の数 a について，a が 0 に等しくないときは，$a \cdot (a^{-1}) = 1$ となるような a^{-1} がただ 1 通りに定まる．
15) 任意の 2 数 a, b について，$a \cdot b = b \cdot a$ となる．
16) 任意の 3 数 a, b, c について，$a \cdot (b + c) = a \cdot b + a \cdot c$ となる．
17) 任意の 3 数 a, b, c について，$a < b, 0 < c$ であるとき，$a \cdot c < b \cdot c$ となる．

(5) 数の無限

自然数の個数は正確には無限個であるが，こうした無限個の数の集まり（無限集合）の特徴は，数の種類によって異なる．以下では，**濃度**（あるいは**基数** (cardinal number)）の考えを用いて，無限集合の特徴について考察する．

無限集合には，その要素を数えていくことができるものと，数え上げていくことのできない数とがある．要素を数えることのできるものを**可付番集合**，数えきることのできないものを**非可付番集合**という．

自然数全体の集合 ($\mathbf{N}$) は，以下のようであり，順に数えていくことができるため，可付番集合となる．また，自然数の中の偶数全体の集合を $\mathbf{N}_1$ とすると，$\mathbf{N}$ と $\mathbf{N}_1$ は，以下のように1対1の対応関係をつけることができる．

$$\mathbf{N} = \{1, \quad 2, \quad 3, \quad 4, \quad 5, \quad \cdots, \quad n, \quad \cdots\}$$
$$\updownarrow \quad \updownarrow \quad \updownarrow \quad \updownarrow \quad \updownarrow \qquad \updownarrow$$
$$\mathbf{N}_1 = \{2, \quad 4, \quad 6, \quad 8, \quad 10, \quad \cdots, \quad 2n, \quad \cdots\}$$

偶数全体の集合 $\mathbf{N}_1$ は，自然数全体の集合 $\mathbf{N}$ の真部分集合であるが，いずれも可付番無限集合であるため，濃度は等しくなり以下のように書く．

$$\text{card } \mathbf{N} = \aleph_0 \quad (\aleph_0 はアレフゼロと読む)$$
$$\text{card } \mathbf{N}_1 = \aleph_0$$

また，自然数の中の奇数全体の集合を $\mathbf{N}_2$ とすると，

$$\mathbf{N}_2 = \{1, 3, 5, 7, 9, \cdots, 2n-1, \cdots\}$$

となって，集合 $\mathbf{N}$，集合 $\mathbf{N}_1$ と同様，$\text{card } \mathbf{N}_2 = \aleph_0$ となる．

さて，ここで集合としては，$\mathbf{N} = \mathbf{N}_1 + \mathbf{N}_2$ となるが，濃度について考えると，$\aleph_0 = \aleph_0 + \aleph_0$ とう式が成り立つ．つまり，通常の加法のように増えるのではなく，あるものとあるものを加えてもまた同じあるものになるという点に，無限の難しさがある．

次に，有理数全体の集合 ($\mathbf{Q}$) を考えてみる．分数表記のため，自然数のように1の次に2といった順序をつけることができないように思えるが，

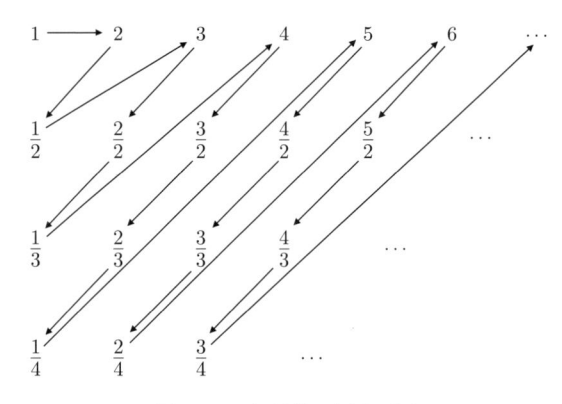

図 4.4　有理数の順序づけ

図 4.4 の矢印の順に並べ，同一の値（たとえば 1 と 2/2）が出た場合は，それを省いていくという作業を行うと，有理数全体に順序をつけることが可能になり，可付番集合である．したがって，card $\mathbf{Q} = \aleph_0$ となる．

次に，実数全体の集合（$\mathbf{R}$）を考えてみる．実は，実数の場合は，自然数や有理数のように順序をつけ切ることができない．以下では，非可付番集合である 0～1 までの実数の集合（$\mathbf{R}(0,1)$）において，番号を付すことが可能である（可付番集合）という仮定を立て，背理法を用いて $\mathbf{R}(0,1)$ が可付番集合ではないことを証明する．

まず，$\mathbf{R}(0,1)$ は可付番集合と仮定しているので，

$$\mathbf{R}(0,1) = \{x_1, x_2, x_3, \cdots, x_n, \cdots\}$$

と記すことができる．そして，各要素を，

$$x_1 = 0.a_{11}a_{12}a_{13}a_{14}a_{15}\cdots a_{1n}\cdots$$
$$x_2 = 0.a_{21}a_{22}a_{23}a_{24}a_{25}\cdots a_{2n}\cdots$$
$$x_3 = 0.a_{31}a_{32}a_{33}a_{34}a_{35}\cdots a_{3n}\cdots$$
$$\cdots\cdots\cdots\cdots$$
$$x_n = 0.a_{n1}a_{n2}a_{n3}a_{n4}a_{n5}\cdots a_{nn}\cdots$$
$$\cdots\cdots\cdots\cdots$$

と置く．a_{nn} は 0〜9 までの数値であり，たとえば，$a_{11} = 1$, $a_{12} = 3$, $a_{13} = 0$, $a_{14} = 5$, $a_{15} = 3$, $a_{1n} = 8$ の場合は，$x_1 = 0.13053\cdots 8\cdots$ という小数となる．これによって，全ての実数に番号が付されたことになる．

ここで新たに x_n とは異なる

$$y = 0.b_1 b_2 b_3 b_4 b_5 \cdots b_n \cdots$$

を設定し，$b_1 \neq a_{11}, b_2 \neq a_{22}, b_3 \neq a_{33}, b_4 \neq a_{44}, b_5 \neq a_{55}, \cdots, b_n \neq a_{nn}, \cdots$ とする．このとき，

$$b_1 \neq a_{11} \text{なので}, y \neq x_1$$
$$b_2 \neq a_{22} \text{なので}, y \neq x_2$$
$$b_3 \neq a_{33} \text{なので}, y \neq x_3$$
$$b_4 \neq a_{44} \text{なので}, y \neq x_4$$
$$b_5 \neq a_{55} \text{なので}, y \neq x_5$$
$$\cdots\cdots\cdots\cdots$$
$$b_n \neq a_{nn} \text{なので}, y \neq x_n$$
$$\cdots\cdots\cdots\cdots$$

となって，先に設定した可付番の要素のいずれとも等しくない y という数が存在することとなり，矛盾する．したがって，$\mathbf{R}(0,1)$ は，非可付番集合となり，実数全体の集合 ($\mathbf{R}$) も非可付番集合となる．この実数の濃度は，

$$\text{card } \mathbf{R} = \aleph \quad (\aleph \text{はアレフと読む})$$

と記す．実数の集合は，自然数や有理数よりもはるかに多い元を持つ集合である．ところで，実数は有理数と無理数からなっており，実数の濃度が $\aleph$，有理数の濃度が $\aleph_0$ であることから，無理数の濃度は $\aleph$ となる．

(6) 式の種類

式は小学校第 1 学年から学習するが，これには様々な類型があり，それ

らの特徴をしっかりと把握し，指導を行っていく必要がある．ストリャール (1976) は，式を図 4.5 のように類型化している．

まず，式は関係記号を含まないフレーズ型（図 4.5 左側）と，関係記号を含むセンテンス型（図 4.5 右側）に大別できる．フレーズ型は，数量自体を表している式であり，たとえば① $1+2$，② $2x+1$，③ $3x^2-2y$ など，等式・不等式を含まないものである．一方，センテンス型は数量の間の関係を表している式であり，たとえば④ $1+2=3$，⑤ $2x+1=4$，⑥ $3x^2-2y<5$ など，等式・不等式を含む．また，フレーズ型，センテンス型もそれぞれ細分化されており，変数を含む場合と含まない場合がある．フレーズ型で変数を含まない場合が①，含む場合が②，③となり，センテンス型で変数を含まない場合が④，含む場合が⑤，⑥となる．さらに，センテンス型の場合，方程式が⑤であり，不等式が⑥となる．

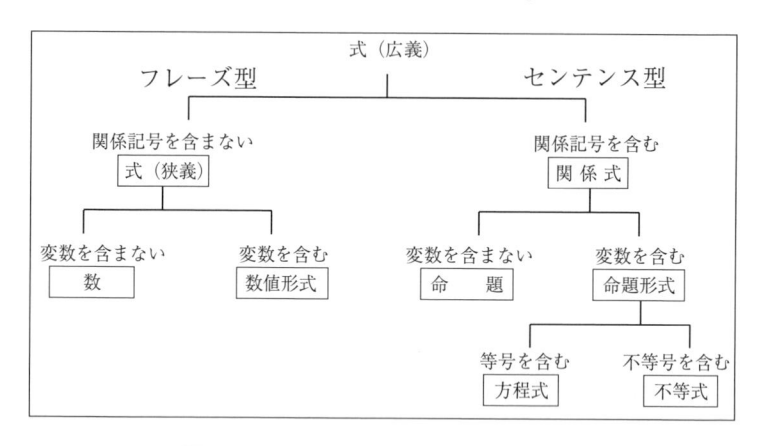

図 4.5 式の類型（ストリャール 1976）

4.2.2 方程式と不等式
(1) 方程式の解

方程式の指導では，単に式変形をして解を求めるというだけではなく，方程式を解くこと自体の意味をしっかりと扱う必要がある．以下では，方程式の数学的背景について取り上げる．

まず，変数が x のみの方程式の場合，x の取る変域が $D = \{1, 3, 5, 7, 9\}$ であるとき，方程式 $2x - 5 = 9$ の解は，この等式を成立させる D の値の集合を求めることになる．すなわち，以下のようになる．

$$x = 1 \text{ のとき}, 2 \times 1 - 5 = -3 \text{ となり}, 2 \times 1 - 5 \neq 9$$
$$x = 3 \text{ のとき}, 2 \times 3 - 5 = 1 \text{ となり}, 2 \times 3 - 5 \neq 9$$
$$x = 5 \text{ のとき}, 2 \times 5 - 5 = 5 \text{ となり}, 2 \times 5 - 5 \neq 9$$
$$x = 7 \text{ のとき}, 2 \times 7 - 5 = 9 \text{ となり}, 2 \times 7 - 5 = 9$$
$$x = 9 \text{ のとき}, 2 \times 9 - 5 = 13 \text{ となり}, 2 \times 9 - 5 \neq 9$$

そこで，等式が成り立つのは $2 \times 7 - 5 = 9$ だけであるため，求める集合は $\{7\}$ となる．

次に，変数が x, y の2つの方程式の場合，x の取る変域が，$D_x = \{1, 4, 7\}$ であり，y の取る変域が，$D_y = \{2, 3\}$ であるとき，方程式 $2x - 3y = x - 5$ の解は，この等式を成立させる D_x, D_y の値の集合を求めることになる．すなわち，以下のようになる．

$x = 1, y = 2$ のとき，左辺 $= 2 \times 1 - 3 \times 2 = -4$，右辺 $= 1 - 5 = -4$
$x = 1, y = 3$ のとき，左辺 $= 2 \times 1 - 3 \times 3 = -7$，右辺 $= 1 - 5 = -4$
$x = 4, y = 2$ のとき，左辺 $= 2 \times 4 - 3 \times 2 = 2$，　右辺 $= 4 - 5 = -1$
$x = 4, y = 3$ のとき，左辺 $= 2 \times 4 - 3 \times 3 = -1$，右辺 $= 4 - 5 = -1$
$x = 7, y = 2$ のとき，左辺 $= 2 \times 7 - 3 \times 2 = 8$，　右辺 $= 7 - 5 = 2$
$x = 7, y = 3$ のとき，左辺 $= 2 \times 7 - 3 \times 3 = 5$，　右辺 $= 7 - 5 = 2$

そこで，等式が成り立つのは $2 \times 1 - 3 \times 2 = 1 - 5$ と $2 \times 4 - 3 \times 3 = 4 - 5$ であるため，x, y の変域 D_x, D_y をまとめて，$D_{x,y} = D_x \times D_y$ と直積で示すと，求める集合は $\{(1, 2), (4, 3)\}$ となる．

一般に，変域がそれぞれ $D_{x_1}, D_{x_2}, D_{x_3}$ である変数 x_1, x_2, x_3 について，等式

$$f(x_1, x_2, x_3) = g(x_1, x_2, x_3)$$

を満足させるような x_1, x_2, x_3 の値の組の集合のことを，x_1, x_2, x_3 を未知数とする方程式 $f(x_1, x_2, x_3) = g(x_1, x_2, x_3)$ の解という．

(2) 連立方程式の解

ここでは，加減法や代入法ではなく，同値変形の性質を用いて連立方程式の解を求めることにする．すなわち，代入法に見られる，$P = Q, R = S$ ならば，$aP + bR = aQ + bS$ といった技巧的な方法で解を求めるのではなく，$f(x, y, z) = 0, g(x, y, z) = 0$ の共通解は，$af(x, y, z) + bg(x, y, z) = 0$ に含まれるといった同値変形の性質に基づいて解を求める．以下，三元一次連立方程式を例に解いてみる．

$$\begin{cases} x + y + z = 0 & \cdots\cdots① \\ 4x + 2y + z = 1 & \cdots\cdots② \\ 9x + 3y + 2z = 9 & \cdots\cdots③ \end{cases}$$

①，②，③の解をそれぞれ，S_1, S_2, S_3，連立方程式の解を S とすると，

$$S = S_1 \cap S_2 \cap S_3$$

となる．ここで②，③を，②′，③′に変形し，

$$\begin{cases} x + y + z = 0 & \cdots\cdots① \\ 4x + 2y + z - 1 = 0 & \cdots\cdots②' \\ 9x + 3y + 2z - 9 = 0 & \cdots\cdots③' \end{cases}$$

① − ②′ をすると，

$$(x + y + z) - (4x + 2y + z - 1) = 0$$

となり，式変形すると，

$$-3x - y + 1 = 0 \quad \cdots\cdots④$$

となる．また，① × 2 − ③′ をすると，

$$(x + y + z) \times 2 - (9x + 3y + 2z - 9) = 0$$

となり，式変形すると，
$$-7x - y + 9 = 0 \quad \cdots\cdots\cdots ⑤$$

となる．①と④の双方に共通する解は，$S_1 \cap S_2$ に一致し，①と⑤の双方に共通する解は，$S_1 \cap S_3$ に一致する．したがって，連立方程式①，④，⑤の解は，
$$(S_1 \cap S_2) \cap (S_1 \cap S_3) = S_1 \cap S_2 \cap S_3 = S$$

となる．同様にして，次のことがわかる．④ − ⑤ をすると，
$$(-3x - y + 1) - (-7x - y + 9) = 0$$

となり，式変形すると，
$$4x - 8 = 0 \quad x = 2 \quad \cdots\cdots\cdots ⑥$$

となる．①と④と⑤に共通する解 S と，①と④と⑥に共通する解は一致することから，⑥より解は $(2, *, *)$ であることがわかる．また，④に $x = 2$ を入れると，$-3 \times 2 - y + 1 = 0, y = -5$ となり，④と⑥の共通解は，$(2, -5, *)$ となる．さらに，①に，$x = 2, y = -5$ を入れると，$2 - 5 + z = 0$, $z = 3$ となり，①と④と⑥の共通解は，$(2, -5, 3)$ となる．これより，求める解は，$\{(2, -5, 3)\}$ となる．

ここでは，方程式を解くことの数学的意味を詳細に示した．同値変形の性質を用いることで，解答に至るまでの手続きが理論的に保証されていることを理解しておくことが重要である．

(3) 二次方程式の解の公式

二次方程式の解を求める方法は，因数分解を用いて求めるか，あるいは因数分解が容易でない場合は解の公式を用いるのが一般的である．ただし，因数分解は，特定の整数値等にしか適用できないことから，本来は解の公式に重点化した指導が望ましい．以下，方程式から解の公式を求める方法を記す．

$$ax^2 + bx + c = 0$$

の解を求める．両辺を x^2 の項の係数 $a\ (a \neq 0)$ でわると，

$$x^2 + \frac{b}{a}x + \frac{c}{a} = 0$$

$$\left(x + \frac{b}{2a}\right)^2 + \frac{c}{a} - \left(\frac{b}{2a}\right)^2 = 0$$

$$\left(x + \frac{b}{2a}\right)^2 = -\frac{c}{a} + \left(\frac{b}{2a}\right)^2$$

$$\left(x + \frac{b}{2a}\right)^2 = -\frac{-4ac + b^2}{(2a)^2}$$

両辺を平方して，

$$x + \frac{b}{2a} = \pm \frac{\sqrt{b^2 - 4ac}}{2a}$$

$$x = \frac{-b}{2a} \pm \frac{\sqrt{b^2 - 4ac}}{2a}$$

$$x = \frac{-b \pm \sqrt{b^2 - 4ac}}{2a}$$

となる．

では，$x^2 + x + 2 = 0$ の解を，解の公式を用いて求める．

$$x = \frac{-1 \pm \sqrt{1^2 - 4 \times 1 \times 2}}{2 \times 1}$$

$$= \frac{-1 \pm \sqrt{-7}}{2}$$

$i = \sqrt{-1}\ (i^2 = -1)$ より，

$$\sqrt{-7} = \sqrt{7 \times (-1)}$$

$$= \sqrt{7} \times \sqrt{(-1)}$$

$$= \sqrt{7}i$$

となる．したがって，

$$x = \frac{-1 \pm \sqrt{7}i}{2}$$

となる．$\sqrt{-7}$ とは，この数を 2 乗した際に，-7 となるような数である．こうした方程式の解にも意味付けを行うために，新たに 2 乗するとマイナスとなる数が考え出された．これを虚数 (Imaginary) といい，i で表す (Imaginary とは，「架空の」といった意味)．

(4) 不等式の解

不等式の解は，方程式の解を求めることと似ているが，解の個数が複数であったり無限個であったりする点に特徴がある．以下，具体的な不等式でその点を見ていく．まず，変数が x のみの不等式の場合，x の取る変域が $D = \{1, 3, 5, 7, 9\}$ であるとき，不等式 $2x - 5 < 9$ の解は，この不等式を成立させる D の値の集合を求めることになる．すなわち，以下のようになる．

$$x = 1 のとき, 2 \times 1 - 5 = -3 となり, 2 \times 1 - 5 < 9$$
$$x = 3 のとき, 2 \times 3 - 5 = 1 となり, 2 \times 3 - 5 < 9$$
$$x = 5 のとき, 2 \times 5 - 5 = 5 となり, 2 \times 5 - 5 < 9$$
$$x = 7 のとき, 2 \times 7 - 5 = 9 となり, 2 \times 7 - 5 = 9$$
$$x = 9 のとき, 2 \times 9 - 5 = 13 となり, 2 \times 9 - 5 > 9$$

そこで，不等式が成り立つのは $x = 1, 3, 5$ であるため，求める集合は $\{1, 3, 5\}$ となる．このように不等式の解は複数となる場合が多いことから，不等式の解を考える際には，$2x - 5 < 9$ を式変形して，$x < 7$ とすることが重要である．

次に，変数が x, y の 2 つの不等式の場合，x の取る変域が，$D_x = \{1, 4, 7\}$ であり，y の取る変域が，$D_y = \{2, 3\}$ であるとき，不等式 $2x - 3y < x - 5$ の解は，この不等式を成立させる D_x, D_y の値の集合を求めることになる．すなわち，以下のようになる．

$$x = 1, \ y = 2 のとき, 左辺 = 2 \times 1 - 3 \times 2 = -4, 右辺 = 1 - 5 = -4$$
$$x = 1, \ y = 3 のとき, 左辺 = 2 \times 1 - 3 \times 3 = -7, 右辺 = 1 - 5 = -4$$

$x = 4, y = 2$ のとき，左辺 $= 2 \times 4 - 3 \times 2 = 2,$ 　右辺 $= 4 - 5 = -1$

$x = 4, y = 3$ のとき，左辺 $= 2 \times 4 - 3 \times 3 = -1,$ 　右辺 $= 4 - 5 = -1$

$x = 7, y = 2$ のとき，左辺 $= 2 \times 7 - 3 \times 2 = 8,$ 　右辺 $= 7 - 5 = 2$

$x = 7, y = 3$ のとき，左辺 $= 2 \times 7 - 3 \times 3 = 5,$ 　右辺 $= 7 - 5 = 2$

そこで，不等式が成り立つのは $2 \times 1 - 3 \times 3 < 1 - 5$ であるため，x, y の変域 D_x, D_y をまとめて，$D_{x,y} = D_x \times D_y$ と直積で示すと，求める集合は $\{(1,3)\}$ となる．この場合も，$2x - 3y < x - 5$ を $x - 3y < -5$ と式変形することで，不等式を成り立たせる x と y の値は，x が小さく y が大きい場合であることがわかる．

4.3 数と式・方程式と不等式の指導

4.3.1 数と式の指導

　数と式の指導では，扱う数の拡張に応じて，四則演算がどのように成り立つのか，新しく学ぶ数と既習の数の関係がどのようになるのかといったことを理解させる必要がある．また，コンピュータや計算機の普及により，大きな数や複雑な計算を素早く正確に計算するといった能力以上に，概算能力や解法に至るまでの計画能力が求められつつある．以下では，数を指導する際のポイントと，四則演算の特徴について具体的な事例をもとに取り上げる．

(1) 整数の指導

　「正負の数」は，中学校数学における最初の理解困難な内容といえる．とりわけ，$3 - 5 = -2$ といった計算であれば，意味理解も含めての指導が容易であるが，$-3 - (-5), -3 + (-5)$ といった符号が複数入った式や，$(-3) \times (-5)$ といった乗除の式になると，問題をパターン化し，機械的に計算手順を記憶させる指導になりがちである．本来，正負の数では，量を背景にして「方向と大きさを同時に表す量」として扱われる必要がある．すなわち，正負の数をベクトルで捉え，四則演算をベクトルを用いた演算

として捉えるとよい．

① $(+2)+(+3)$，② $(+2)+(-3)$，③ $(-2)-(-3)$ という加減の場合の計算は，図 4.6 のようになる．

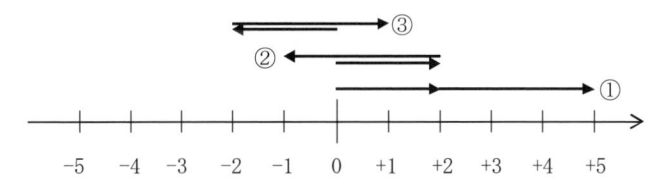

図 4.6 整数の加減における数直線での説明

一方，乗法の計算の場合には，④ 正の数 × 正の数，⑤ 負の数 × 正の数，⑥ 正の数 × 負の数，⑦ 負の数 × 負の数 の 4 つの場合があるが，乗数にマイナスがつく場合は，逆向きのベクトルになる．たとえば，④ $(+3) \times (+2)$，⑤ $(-3) \times (+2)$，⑥ $(+3) \times (-2)$，⑦ $(-3) \times (-2)$ の計算を数直線上に図示すると，図 4.7 のようになる．

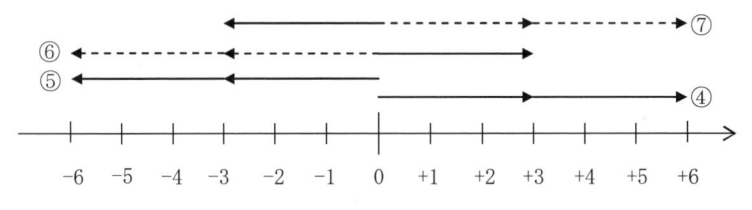

図 4.7 整数の乗法における数直線での説明

しかし，乗数がマイナスの場合，ベクトルが逆向きになるといった説明だけでは理解が容易でない場合もあるので，様々な観点からの説明を用意しておくとよい．

最も複雑な ⑦ 負の数 × 負の数 の説明の場合，まず，⑤ 負の数 × 正の数 から，乗数の数値を順に変えていくことで，規則性を見出すといった方法がある．たとえば，$(-3) \times (+3)$ からスタートして，乗数を 1 ずつ減らしていくと，答えが 3 ずつ増加する場合等である．

$$(-3) \times (+3) = -9$$
$$(-3) \times (+2) = -6$$
$$(-3) \times (+1) = -3$$
$$(-3) \times 0 = 0$$
$$(-3) \times (-1) = +3$$

(各段に $+3$ ずつ増える矢印)

　一方，意味を指導する際には，水槽に水を入れたり抜いたりする場面で考えてみるといった方法がある．まず，水槽に1時間水を入れると，目盛りが3ます分高くなる．一方，水槽から1時間水を抜くと，目盛りが3ます分低くなる．最初の時点の目盛りを0とする（図4.8）．

　2時間水を入れ続けたときの目盛りの位置を求める式は次のようになる．

$$(+3) \times (+2) = +6 \quad \cdots\cdots\cdots 図 4.9$$

　次に，0の地点から2時間水を抜き続けたときの目盛りの位置を求める式は次のようになる．

$$(-3) \times (+2) = -6 \quad \cdots\cdots\cdots 図 4.10$$

　今度は，時間をさかのぼって考えてみる．2時間前から水を入れ続けていて，現在目盛りが0の地点にある．2時間前の目盛りの位置を求める式は次のようになる．

$$(+3) \times (-2) = -6 \quad \cdots\cdots\cdots 図 4.10$$

　そして最後に，2時間前から水を抜き続けていて，現在目盛りが0の地点にある．2時間前の目盛りの位置を求める式は次のようになる．

$$(-3) \times (-2) = +6 \quad \cdots\cdots\cdots 図 4.9$$

　最後に，式変形によって $(-1) \times (-1) = +1$ を求めるものに次のような方法がある．

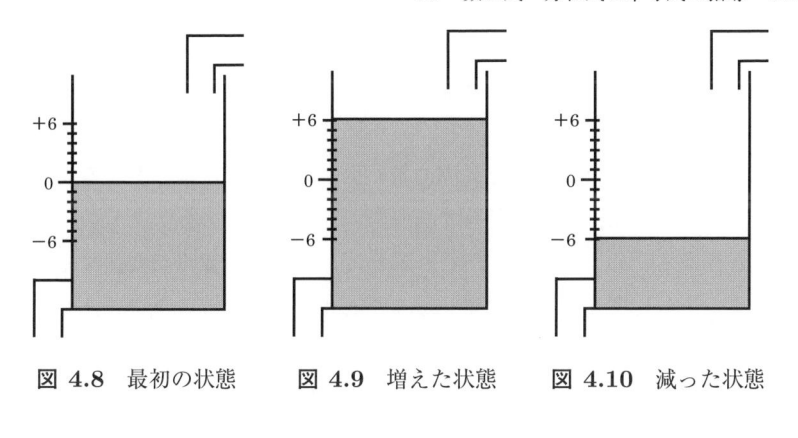

図 4.8　最初の状態　　図 4.9　増えた状態　　図 4.10　減った状態

$$0 = (-1) \times 0$$

$*(-1) + (+1) = 0$ より

$$0 = (-1) \times \{(-1) + (+1)\}$$

$*$ 分配法則を用いて

$$0 = (-1) \times (-1) + (-1) \times (+1)$$

$$0 = (-1) \times (-1) + (-1)$$

$*(-1)$ を左辺に移項して

$$+1 = (-1) \times (-1)$$

$*$ 左辺と右辺を入れ替えて

$$(-1) \times (-1) = +1$$

こうした複数の方法を用意しながら，生徒の理解の特徴に応じて指導を柔軟に展開していくことが大切である．

(2) 有理数と無理数の指導

小学校中学年段階では，有理数の導入として分数と小数を学習するが，両者の集合関係は，小数点以下の扱い等によって，包含関係が順次異なってくる．最初，小数は 0.6 とか 1.75 といったように小数第 2 位あたりまでしか学習しない．この段階では，分数のほうがより多くの数を網羅しており，たとえば $3/8 = 0.375$ や，さらには $1/3 = 0.333\cdots$ といった無限

小数までを含む．一方，中学校段階では，小数点以下が無限となる数についても扱うようになり，小数と分数の集合は同じとなる．その後，中学校第3学年では $\sqrt{2} = 1.4142\cdots$ といった無理数までも扱うようになることで，今度は小数のほうが扱う範囲の数が広がり，大きな集合となるわけである．このように，各学習段階で扱う数の範囲によって小数と分数の位置づけが異なるため，数の拡張がなされれば，その数の意味が変化するだけでなく，それに関連する数の意味もまた変化するということに留意して指導しなくてはならない．

また循環小数を分数になおす際，高等学校の最初の段階では下記のように扱い，後の段階では無限等比級数（4.2.1項(3)参照）として扱うようにする．

たとえば，$0.\dot{1} = 0.111\cdots$ を分数になおす際には，$x = 0.\dot{1}$ とすると $10x = 1.\dot{1}$ となり，$10x - x = 1$ となって，$9x = 1$, $x = 1/9$ となる．同様に，$x = 0.\dot{1}\dot{2} = 0.1212\cdots$ の場合は，循環する桁数に応じて $100x = 12.\dot{1}\dot{2}$ を置き，$99x = 12$, $x = 12/99$ となる．このように，循環小数は全て有理数になおすことができるため，循環小数は全て有理数であるといえる．

一方，無理数は無限小数であるが，有理数でないために循環小数ではない．無理数の最も一般的なものに $\sqrt{2}$ があるが，その指導にあたっては次のような点に注意しなくてはならない．一つは，無理数が1つの値を示しているということである．また，その値を記憶するといった視点だけでなく，近似値であれば計算によって求めることができるということである．たとえば，$x^2 = 2$ のときの x を求める作業は，

$1^2 = 1$, $x^2 = 2$, $2^2 = 4$　　　　　　より $1 < x < 2$
$1.4^2 = 1.96$, $1.5^2 = 2.25$　　　　　　より $1.4 < x < 1.5$
$1.41^2 = 1.9881$, $1.42^2 = 2.0164$　　より $1.41 < x < 1.42$
$\cdots\cdots$

といった計算を繰り返すことで求めさせるようにする．また，無理数は無限小数のため，適当な段階までで表し，そのことを近似値ということも扱うとよい．平方根の定義については，$x^2 = 2$ のときの $x = 1.4142\cdots$

として，$\sqrt{2}$ と記述するが，高等学校段階への発展を考えると，指数表現を取り入れて，$2^{1/2}$ といった記述にも慣れさせておくとよい．そして，$\sqrt{2} \times \sqrt{2} = 2$ を，$2^{1/2} \times 2^{1/2} = 2^{1/2+1/2} = 2^1 = 2$ という記述と対応させ，双方の関係について考えさせておくといった扱いも考えられる．また，$1 + \sqrt{2}$ といった有理数と無理数が組み合わさった数の意味や，その数の大きさについても，無理数を小数近似して計算する等，具体的な量として認識させるようにする．

(3) 実数

実数の指導では，順序関係（大小関係），稠密性等について扱われなくてはならない．まず，順序関係では，有理数と無理数の間にも必ず大小の関係があることを理解させることが大切である．指導に際しては，小数表示をさせて大小を比較させる等の具体的な作業が重要である．次に稠密性については，いずれの異なる数 (a, b) の間にも，その間の大きさになる数 $c = (a + b)/2$ が存在することを指導する．このことは，有理数でもいえることであるが，実数の指導では有理数と無理数，無理数同士の間でもいえることまで扱うようにする．

(4) 文字

数のように絶対的な大きさをすぐさま捉えることのできない文字は，生徒にとって理解困難な内容の一つである．文字の持つ本来の意味をしっかりと理解させるためには，変数としての捉え方から導入し，その後，任意の数としての定数，そして未知数といった展開が望ましい．

たとえば，$x + 3 = 5$ の場合，x は最初から未知数として捉えられがちであるが，小学校高学年以降の等式の持つ意味の指導を合わせて考えるならば，左辺と右辺が等しい関係となるような x の値の取る範囲はいくらからいくらまでになるのかといった変数としての捉え方で導入する．つまり，x の値が取りうる集合を求めることからスタートし，実際に文字に数値を代入することで検証するといった展開を取るとよい．$x = 5 - 2$ という式変形から導入すると，技巧的な方法のみに着目してしまい，本来の文

字の持つ意味が忘れ去られてしまうため，$x+3=5$ の x に様々な数を代入して等式が成り立つかどうかを検証させるのである．また，上記のように指導すれば，$x+3>5$ といった不等式の場合の x の取りうる範囲を，$+\infty \geqq x > 2$ という変数として捉えさせることにも容易になる．

(5) 文字式

　文字式の指導では，形式的な式変形によって解を求めることにとどまらず，現実場面の現象を文字式で表現したり，その文字式を用いて問題を解決する活動を取り入れることが重要である．また，コンピュータの表計算ソフトウェア等を用いれば，実際に文字式を作成し，コンピュータに入力することで，求めたい数値を容易に求めることができるし，文字の中に数を当てはめることの意味を，より理解できるといえる．

4.3.2　方程式と不等式の指導

　方程式の指導においては，まず等号の意味を正しく理解させる必要がある．小学校の段階で学習する「$3+5=8$」は「3 たす 5 は 8」ということから，「$=$」が「$\rightarrow$」の意味理解でとどまっている場合がある．この場合，右辺と左辺がつりあった状態という捉え方に転換させてやる必要がある．以下では，方程式および不等式の正しい理解に至るための，具体的な指導のポイントについて，具体的な事例をもとに取り上げる．

(1) 等号

　文字式を簡単にする場合によく間違う例として次のようなものがある．

$$\begin{aligned}
3(2x+5) - 2(4x-1) &= 6x + 15 \\
&= -8x + 2 \\
&= 6x + 15 - 8x + 2 \\
&= -2x + 17
\end{aligned}$$

等号で結ばれているということは，常に左辺と右辺とが等しい状態でなく

てはならないということを正しく理解できていないために生じる間違いである．この状態で，方程式を学習すると，移行等の活動が形式的なものになってしまうため，方程式を学習する前段階で，左辺と右辺の関係を常に意識しながら式を作成する練習を行うことが大切である．また，小学校段階における数値だけの計算であっても，等号の性質をしっかりと理解させながら式を書かせる指導が重要となる．

(2) 一次方程式と恒等式

方程式は，元の数や次数によっていくつかの種類があるが，その用語についても最初の段階で正しく指導する必要がある．たとえば，$2x+1=5$ は，元が 1 つ (x)，次数が $1(x^1)$ であるため，一元一次方程式という．$x+2y=10$ は，元が 2 つ $(x$ と $y)$，次数が 1 (x^1, y^1) であるため，二元一次方程式という．前者の方程式の解は $x=2$ となり，後の解は $(x, y) = (2, 4), (4, 3), (-2, 6)$ 等数多くある．一般的に方程式の指導では，最初に一元一次方程式を学習することが多いことから，方程式の解はただ 1 つの数値を求めることであると理解してしまう場合があるので，それが特別な場合であることを学習の早い段階で捉えさせておくことが重要である．

また，$3x+4x=7x$ といった式の場合，x は全ての数で成り立つ．こうした式を恒等式という．恒等式は，式を変形すると右辺と左辺が同じものになる式であり，上記の式の場合，左辺 $=(3+4)x=7x$ となって，右辺と同じ式になる．これは，先の「**(1) 等号**」のところでも取り上げた，文字式を簡単にすることと同じであり，$3(2x+5)-2(4x-1)=-2x+17$ のように式を変形することを「式の恒等変形」という．したがって，式の変形の指導に際しては，式変形後の左辺と右辺の文字に同一の数値を代入した場合に等号が成り立つかどうかを確認する習慣をつけさせるとよい．

(3) 同値変形

方程式の解を求める際に左辺と右辺の数や文字の「移行」を行うが，これは等式の性質を利用した同値変形によるものであることを理解させる必要がある．すなわち，下記のように両辺に同じものを入れても等号が成り

立つという等式の性質の意味を理解させる必要があり，単に左辺から右辺に移ると正負が入れ替わるといった形式的な指導だけでは不十分である．

$$x + 7 = 4$$
$$x + 7 \underset{\sim}{- 7} = 4 \underset{\sim}{- 7}$$
$$x = -3$$

加えて，二元方程式など元が2つ以上の方程式の同値変形では，一元方程式の場合のような解を求めるといった意味ではなく，いずれの文字を主にして式を変形するのかという関数の発想につながるものとして指導する必要がある．たとえば，$2x + 3y = 8$ の場合，x について解くと $x = -3/2y + 4$ となり，y について解くと $y = -2/3x + 8/3$ となる．前者は x の値がわかれば y を容易に求めることのできる式であり，後者はその逆である．このように，方程式を解いた状態が $x = -3$ といった数値の状態だけでなく，$x = -3/2y + 4$ といった文字式の状態である場合についても慣れさせる必要がある．また，元が3つ以上の方程式で，それぞれの文字について解くと式の形式が変わるという学習も，現実事象を式化し，その特徴を考察する場面等で有効となる．

(4) 二次方程式

二次方程式の指導では，形式的な式変形にとどまらず，各場面での式変形を可能とする数学的な背景を扱う必要がある．たとえば，下敷きの縦の長さは，横の長さよりも 8 cm 長く，面積は 660 cm^2 のとき，縦と横の長さを求めなさいという問題の場合，縦の長さを x cm，横の長さを y cm とおいて解く場合と，x だけを用いて，$x(x-8) = 660$ として解く場合がある．この x だけを用いて解く方法が二次方程式となり，

$$x^2 - 8x - 660 = 0$$

と変形することができる．これは，

$$(x - 30)(x + 22) = 0$$

と因数分解して，x を求めることができるが，この式に変形することの意味をしっかりと理解させておく必要がある．すなわち，$(x-30)(x+22)=0$ とは，$(x-30)\times(x+22)=0$ であって，$A=(x-30)$, $B=(x+22)$ と置くと，$A\times B=0$ となり，それは，① $A=0$ で $B\neq 0$ の場合，② $A\neq 0$ で $B=0$ の場合，③ $A=0$ で $B=0$ の場合の3通りのいずれかであるということである．

したがって，① $A=0$ で $B\neq 0$ の場合は，$A=x-30=0$ となるので $x=30$, $B=30+22\neq 0$ となり，② $A\neq 0$ で $B=0$ の場合は，$B=x+22=0$ となるので $x=-22$, $A=-22-30\neq 0$ となり，③ $A=0$ で $B=0$ の場合となる x は存在しないということになる．また，$x>0$ より，① $A=0$ で $B\neq 0$ の場合の $x=30$ が求める解となる．

このように，二次方程式の解を求める指導においては，因数分解のための「たすきがけ」等の技能面だけでなく，方程式を解くことの意味を押さえた教育が重要である．

研究課題

1. 小学校から高等学校までの代数教育の内容の概略と，その系統性について記すとともに，代数教育における問題点（指導困難な点）について記しなさい．
2. 数の種類について整理し，それぞれの数の特徴についてまとめるとともに，その指導に際して注意すべき点について説明しなさい．
3. 方程式や不等式における文字の意味の指導の留意点について説明しなさい．

引用・参考文献

小林孝博 (1991) 数学教育における問題解決能力の養成について—中学校における文字・文字式を中心にして—．数学教育学会研究紀要，32(3・4)：60
森川幾太郎 (1972) 数の世界．国土社，東京
村野英克 (1972) 方程式．国土社，東京
ストリャール (1976) 数学教育学．宮本敏雄，山崎昇訳，明治図書，東京：237
山岸雄策 (1972) 文字の世界．国土社，東京
横地清 (1963) 数学科教育法．誠文堂新光社，東京：128–187
横地清 監修 (1966)《中学校》新しい数学の授業計画．国土社，東京：50–121
横地清 (1978) 算数・数学科教育．誠文堂新光社，東京：77–86

第5章　幾何

　本章では，幾何教育のあり方について検討する．第1節は幾何教育の問題点と生徒の実態，第2節は幾何に関する数学内容，第3節は幾何教育の指導の具体例について扱う．

5.1　幾何教育の今日的課題

5.1.1　幾何教育の問題点

　幾何教育の中で，生徒の理解が困難とされる事項を認識（実態）調査から明らかにする．また，先行研究により，幾何教育ではどのような点が検討課題であったかについて整理する．

(1) 生徒の誤答

　中学生の図形に関する認識について，平成13年度に中学生を対象として実施された中学校教育課程実施状況調査の報告書 (2003) によると，次のような結果が出ている．

5.1 幾何教育の今日的課題　97

11　右の図のような四角柱があります．この立体は，$AD // BC$ の台形 $ABCD$ を，それと垂直な方向に平行に移動してできたものとみることができます．
(1) 面 EFGH に垂直な辺をすべてあげなさい．

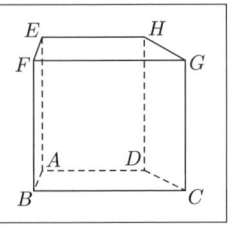

図 5.1　調査問題①（第 1 学年）

12　右の見取図で示された立方体で，太線（——）で表された 2 つの線分の長さを比べたいと思います．下のア，イ，ウの中から，正しいものを 1 つ選んで，□の中の記号を○で囲みなさい．また，その理由を□に書きなさい．
ア　線分 BD の方が長い
イ　線分 CF の方が長い
ウ　線分 BD と CF の長さは等しい

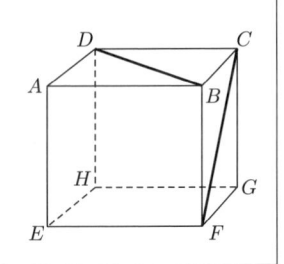

図 5.2　調査問題②（第 1 学年）

問題①の正答率は 55.4％となっている．また，問題②では正答率は 37.7％となっている．この結果からわかるように，空間図形に関する問題が苦手であることがわかる．

また，証明の問題では次のような結果が出ている．

8　頂点 C を共有する 2 つの正方形 $ABCD$ と正方形 $A'B'CD'$ について，次の各問いに答えなさい．
(1) 右の図のように，3 点 B, C, D' が一直線上にあるとき，$BB' = DD'$ という関係が成り立ちます．このことを証明するためには $\triangle BCB' \equiv \triangle DCD'$ を示せばよいのですが，そのとき使われる三角形の合同条件を□の中に書きなさい．

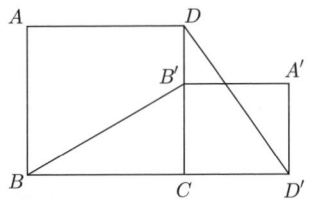

図 5.3　調査問題③（第 2 学年）

問題③の正答率は 44.2％となっており，証明問題を苦手としていること

がわかる．

　さらに，「図形についての用語や基本的な性質についての理解」の問題（同位角を問う問題）（第 2 学年）の正答率は 57.6 ％，「平行四辺形の性質の証明をみて，平行四辺形の性質をあげる」（第 2 学年）の問題の正答率は 58.1 ％となっており，図形の性質に関しての理解度も低いことがわかる．

　こうした結果から，幾何の中でもとりわけ，図形の性質や証明，空間図形を苦手としていることがわかる．

　しかしながら，証明については，数学の学問体系の根幹をなすものであり，また論理的思考の養成には欠かせないもの，また空間図形は，日常生活に密接に関わるものであり欠かせないものである．したがって，これらを苦手としている生徒が中学生から多いのは日本の数学教育の大きな問題点であるといえよう．

(2) 幾何教育の検討課題

　幾何教育の中でも証明，空間図形は生徒にとって理解困難な内容の一つとされてきた．それは，前述の調査結果からもわかる．その原因として，幾何の学習ではその計量の学習に重きが置かれ，性質の学習が後まわしにされている点や，空間幾何の取扱いが少ない点等が指摘されている．

　こうした幾何教育の問題は現代的な問題のように思われがちであるが，すでに 40 年以上前に横地 (1964) が次のように問題点を挙げている．

1) 第 1 は，幾何教育と関連して，論証をどのようにおしえるかという問題がいつもおきていることである．
2) 第 2 は，子どもの図形認識のよわさである．とくに空間図形についてはそれがはなはだしい．
3) 第 3 は，幾何の教育内容を展開する構想が，まったくぼやけているということである．

　さらに，横地 (1973) は，現代化の教育が行われている折りにも幾何の問題点を次のように述べる．

1) 空間が忘れられている．
2) 体系が定まらない．

3) 論証について（独自に系統的に教育される必要がある）．

　これらの指摘からもわかるように，以前から幾何教育に問題が含まれていることがわかり，指摘されているにもかかわらず現在にも通じるものであることがわかる．これらの問題が打開されない原因は，表面的な打開，いわゆる対処療法的な打開に終始されたことが考えられる．しかし，現在こうした根幹的な問題を打開しようとする試みはある．たとえば，鈴木(1994)は次のような提案を行っている．

1) 教育内容を「図形の性質」，「計量」，「空間」，「運動」，「論理」を柱として設定し直し，これらを有機的に結びつける．また，学年ごとのコンパクトな内容編成をする．なお，上の柱を展開するにあたっては，現実の空間に生起するさまざまな現象をもとに，アフィン幾何や射影幾何，あるいは微分幾何の原理的な側面と関連させてあつかうようにする．
2) 薄っぺらな紙の上だけの操作活動ではなく，身体全体を使った制作活動を取り入れる．別様にいえば，子どもの"価値実現を具体化する"ような制作活動を配置し，活動を通して数学的概念を体得し，作品にこれを具現化するような教育方法を採用する．
3) パーソナルコンピュータを積極的に利用する．

　このように，現在も以前から指摘されている幾何教育の根幹的な問題点の打開が模索されている段階であり，一つひとつ着実にその根幹から改善していくことが大切であるといえよう．

5.1.2　幾何教育の内容

　前述のように幾何教育には問題点がある．では，現在どのような教育が実際に行われているのだろうか．そこで，現在の学習指導要領の小・中・高等学校の幾何教育の内容を見る（文部省1999a，1999b，1999c）．内容は次のようになる．

〈小学校〉

学年	基本的な図形	図形の構成要素	図形分析の着眼点
第1学年	身の回りにあるいろいろな立体		観察，構成などの活動位置

第2学年	身の回りにあるいろいろなものの形 三角形，四角形	直線	観察，構成，分解などの活動
第3学年	箱の形 正方形，長方形 直角三角形	面 直角 辺，頂点	構成要素 辺の相等，直角
第4学年	二等辺三角形 正三角形 円，球	角 中心，半径，直径	角の相等
第5学年	台形，平行四辺形 ひし形 多角形	対角線 円周	平行，垂直 円周率
第6学年	立方体，直方体 角柱，円柱	平面 底面，側面	見取図，展開図

〈中学校〉

第1学年
線対称，点対称
角の二等分線，線分の垂直二等分線，垂線
空間における直線や平面の位置関係
空間図形を直線や平面図形の運動による構成
空間図形の平面上への表現
扇形の弧の長さと面積及び基本的な柱体，錐体の表面積と体積の求積
第2学年
平行線や角の性質，それに基づく図形の性質
平行線，三角形の角の性質を基とする多角形の角の性質
証明の意義と方法
三角形の合同条件
三角形や平行四辺形の性質の論理的確かめ
円周角と中心角の関係
第3学年
図形の相似
三角形の相似条件
平行線と線分の比についての性質
三平方の定理

〈高等学校〉

数学Ⅰ	図形と計量：三角比と図形
数学Ⅱ	図形と方程式：点と直線（点の座標，直線の方程式）， 　　　　　　円（円の方程式，円と直線）
数学A	平面図形：三角形の性質，円の性質

具体的な内容は，教科書を実際に見るとよくわかるが，表からわかるように，量が少なく（空間はほとんどなく），系統性もあまりなく，論証も重視されていないことがわかり，認識調査の結果で示されたとおり，生徒が幾何，特に空間図形や論証が苦手であっても，仕方がないような内容となっているといえる．

では，どのような内容が望まれるのであろうか．先行研究（横地 1971a, 1971b, 鈴木 1994, 守屋・渡邉 2004, 渡邉 2006）等をもととし，本来扱われるべき大まかな内容案を下に掲げる．

〈小学校〉

学年	平面	空間	運動	計量
1・2	直線・線分・角・曲線 平行・垂直（簡単な部分） 三角形・四角形 円（直径・半径） 直角・二等辺・正三角形 正方形・長方形 上下左右の位置関係 重ねの位置関係	面・頂点・辺 立方体・直方体・多面体 造形（剛体） 上下左右の位置関係 重ねの位置関係 展開図（立体からの作成） 俯瞰的（統一的）な視点	模様（長方形，正方形）	長さ
3・4	曲線（曲率） 平行・垂直 平行四辺形・台形・ひし形 弧・扇形，中心角 円周率	造形（曲率を意識して） 空間の平行・垂直 立体（面体による作成） 二面角・三面角 柱・錐（作成） 平行六面体 展開図（立体の作成） 重ねの位置関係 上下左右前後の位置関係 合同・相似 見取図（の原理）	線対称 点対称	角度 面積（正方形・長方形） 面積（三角形，平行四辺形，ひし形，台形，不定形） 体積（角柱，角錐） 二面角の角度
5・6	曲線（変化率）	合同・相似 立体（二面角・三面角による作成） 遠近法図法（の原理） 地球儀の幾何 地図の幾何	平行移動 対称移動 回転移動	相似比 曲率

〈中学校〉

学年	平面	空間	運動	計量
1	証明 三角形（決定条件，角の性質，合同条件，相似条件，三平方の定理） 四角形（四角形の相互関係，平行四辺形になる条件） 三角形の五心	直線と直線の関係 直線と平面の平行・垂直関係（三錐線の定理） 凸多面体 オイラーの定理 正多面体	進みねじり移動	三面角 三角比 （面積，体積，相似比等）
2	証明 円 接線と割線 円と多角形 2円の関係 相似条件 相似形	結合の公理 順序の公理 合同の公理 平行線の公理	合同変換 相似変換	（面積，体積等）
3	円と比例（方べきの定理）	投影図	アフィン変換	（面積，体積等）

〈高等学校〉

	平面	空間	運動	計量
	結合についての性質 順序についての性質 分割についての性質 角についての性質 合同についての性質 平行線の公理 いろいろな幾何	空間における垂直な直線と平面 平行な平面	射影変換 アフィン変換 一次変換と行列	面積，体積（積分）

※解析幾何，ベクトルは除いている．

　以上に掲げた内容については是非，それぞれの段階で行っておくべき内容である（具体的な内容は各自調べておいてほしい）．

5.2 幾何の数学的背景

5.2.1 ユークリッド幾何
(1) ユークリッド幾何学

　ユークリッド幾何学とは「ユークリッド原論（「原論」）」に始まると言われる．この原論は古代エジプトの数学者エウクレイデス（ユークリッド；Euclid, $E\upsilon\kappa\lambda\varepsilon\delta\eta\varsigma$, Eukleides：B.C.365?–B.C.275?）によって書かれたとされる．ユークリッド幾何学は幾何学の一種であり，たとえば他には，非ユークリッド幾何学（双曲幾何学，楕円幾何学等），位相幾何学，微分幾何学等がある．

　この原論は，学問の体系とされる．その所以は，公準・公理，定義から定理を構成し，公理系を成立させるからである．こうした考え方こそが，数学的論理思考の一つである．学校数学では，こうした点を指導する必要がある．現在のように幾何の証明部分だけで，この考え方を指導したとしても，生徒には理解が困難となってしまう．したがって代数など異なった分野でも扱い，広い視点からこうした考え方を身につけさせるべきである．

　また，ユークリッド幾何は日常生活の根幹をなすものである．我々の住む日常生活は，3次元空間ではあるが，局所的に見ればユークリッド幾何にそっている．したがって，学校数学ではこうした内容を学習する．

　しかし，実際には大局的に見ればユークリッド幾何からはずれている．たとえば，三角形の内角の和は180度であるというのは，平面であれば成り立つのであるが，球面であれば成り立つことはない．

　したがって，生徒達がユークリッド幾何がわかっているという場合に，経験則的にユークリッド幾何がわかっているだけの場合もある．こうした場合，ユークリッド幾何自体が何かはわからないといえ，わかったつもりで学習をすすめていくため，結果的には前述したように，生徒がわからない現状につながるのである．そこで，ユークリッド幾何を理解するためには，たとえばヒルベルトの公理系により，ユークリッド原論を見直すことが大切となる．

　以下でまず，「原論」（中村ほか訳1996）を引用しながらユークリッド幾

何について見る（ただし，実際に文献を一度は手にとってみてほしい）．

〈ユークリッド原論〉

ユークリッド原論は13巻からなっている．その第1巻には，23個の定義と，5個の公準（要請），9個の公理（共通概念）が掲げられている．

〈定義〉

定義はそれ以上さかのぼって証明できない前提である．たとえば，1は「点」，2は「線」の定義である．定義の最初の部分を見ると，次のようである．

1. 点とは部分をもたないものである．
2. 線とは幅のない長さである．
3. 線の端は点である．
4. 直線とはその上にある点について一様に横たわる線である．
5. 面とは長さと幅のみをもつものである．
23. 平行線とは，同一の平面上にあって，両方向に限りなく延長しても，いずれの方向においても互いに交わらない直線である．

〈公理〉

共通概念であり，量的な考え方のものである．

1. 同じものに等しいものはまた互いに等しい．
2. 等しいものに等しいものが加えられれば，全体は等しい．
3. 等しいものから等しいものが引かれれば，残りは等しい．
7. 互いに重なり合うものは互いに等しい．
8. 全体は部分より大きい．

〈公準〉

要請とされている．現代でいう公理はこちらのほうである．5番目が有名な平行線の公準である．これらの公理・公準にはそれぞれ独立性・無矛盾性が必要となる．

1. 任意の点から任意の点へ直線をひくこと．
2. 有限直線を連続して1直線に延長すること．
3. 任意の中心と距離（半径）とをもって円を描くこと．
4. すべての直角は互いに等しいこと．

5. 1直線が2直線に交わり同じ側の内角の和を2直角より小さくするならば，この2直線は限りなく延長されると2直角より小さい角のある側において交わること．

「原論」ではこうした，定義・公理・公準を使い，定理を証明していくのである．

たとえば，第1巻命題35では，図5.4のように「同じ底辺の上にありかつ同じ平行線の間にある平行四辺形は互いに等しい」を公理・公理・公準およびそれ以前命題のみを使って証明する．第1巻命題47では，「ピタゴラスの定理」の証明を行っている．

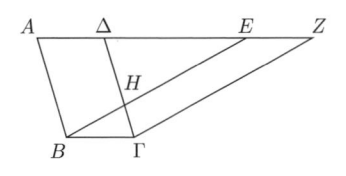

図 5.4

このような幾何をユークリッド幾何とよぶ．なお，ユークリッド幾何を学ぶには，たとえば次のような書物をすすめる．

・中村幸四郎ほか訳(1996)ユークリッド原論 縮刷版．共立出版
・溝上武實(2006)ユークリッド幾何学を考える．ベレ出版
・レナード・ムロディナウ(2003)ユークリッドの窓．青木薫訳, NHK出版

(2) ヒルベルトの公理系から見るユークリッド原論

ユークリッドの原論を厳格に見直したのがヒルベルトである．すなわちユークリッド空間をヒルベルトの公理系で見ることが可能である．以下，「幾何学基礎論」（ヒルベルト2005）を引用しながら，ヒルベルトの公理系をみる．（こちらも実際に文献を手にとってみてほしい）．

定義
第1の集まりに属するものを点と名づけ $A, B, C, \cdots$ と表す
第2の集まりに属するものを直線と名づけ $a, b, c, \cdots$ と表す
第3の集まりに属するものを平面と名づけ $\alpha, \beta, \gamma, \cdots$ と表す

点，直線，平面をある相互関係において考え，この関係を表すのに「横たわる」，「間」，「合同」，「平行」，「連続」等の言葉を用いる．そして，公理によってこれらの関係を述べる．

I. 結合の公理

「点」,「直線」,「平面」の関係について述べている.

I-1. 2 点 A, B に対し,これらの 2 点のおのおのと結合する少なくとも 1 つの直線が常に存在する.

I-2. 2 点 A, B に対し,これらの 2 点のおのおのと結合する直線は 1 つより多くは存在しない.

I-3. 1 直線上には常に少なくとも 2 点が存在する.1 直線上にない少なくとも 3 点が存在する.

I-4. 同一直線上にない任意の 3 点 A, B, C に対しその各点と結合する 1 平面 α が存在する.任意の平面に対しこれと結合する 1 点が常に存在する.

I-5. 同一直線上にない任意の 3 点 A, B, C に対し,3 点 A, B, C のおのおのと結合する平面は 1 つ以上は存在しない.

I-6. 1 直線上 a の上にある 2 点 A, B が平面 α 上にあれば,a の全ての点は平面 α の上にある.

I-7. 2 平面 α, β が 1 点 A を共有すれば,これらの平面にはさらに少なくとも 1 点 B を共有する.

I-8. 同一平面上にない少なくとも 4 点が存在する.

II. 順序の公理

「間」について述べている.

II-1. 点 B が点 A と点 C との間にあれば,A, B, C は 1 直線上の相異なる 3 点であって,かつ B または C と A との間にある.

II-2. 2 点 A と C とに対し直線 AC 上に常に少なくとも 1 点 B が存在して C が A と B との間にある.

II-3. 1 直線上にある任意の 3 点のうちで,他の 2 点の間にありうるものは 1 点より多くはない.

II-4. A, B, C を 1 直線上にない 3 点,a を平面 ABC 上にあって A, B, C のいずれをも通り直線とする.直線 a が線分 *AB の点を通ればこれはまた線分 AC もしくは線分 BC の点を通る.

 * (線分の定義は省略する)

III. 合同の公理

「合同」という関係を規定するものである．

III-1. A, B を一直線 a 上の 2 点とし，さらに A' を同じ直線または他の直線 a' 上の点とするとき，直線 a' の A' に関して与えられた側に常に少なくとも 1 点 B' を見出し，線分 AB が線分 $A'B'$ に合同または相等しくなるようにすることができる，記号で $AB \equiv A'B'$ とする．

III-2. 線分 $A'B'$ および線分 $A''B''$ が同一の線分 AB に合同ならば，線分 $A'B'$ はまた線分 $A''B''$ に合同である．

III-3. AB および BC を直線 a 上の共通点のない 2 線分，さらに $A'B'$ および $B'C'$ を同じ直線または他の直線 a' 上にあって同様に共通点のない線分とする．そのときは $AB \equiv A'B'$ かつ $BC \equiv B'C'$ ならば常にまた $AC \equiv A'C'$ である．

III-4. 平面 a に角 $\angle(h, k)$ が与えられ，平面 α' 上に 1 直線 a' および a' に関する a' の 1 つの側が指定されているとする．h' を点 O' から出る直線 a' に属する半直線とする．このとき角 $\angle(h, k)$ が角 $\angle(h', k')$ に合同となり，かつ同時に角 $\angle(h', k')$ の内点が全て a' の与えられた側にあるとき半直線 k' が平面 α' の中にただ 1 つに限って存在する．記号で $\angle(h, k) \equiv \angle(h', k')$．

III-5. 2 つの三角形 ABC および $A'B'C'$ において合同関係 $AB \equiv A'B'$，$AC \equiv A'C'$，$\angle BAC \equiv \angle B'A'C'$ が成り立てば，また常に合同関係 $\angle ABC \equiv \angle A'B'C'$ が成り立つ．

IV. 平行の公理

平行の公理である．

a を任意の直線，A を a 外の 1 点とする．そのとき a と A が定める平面において，A を通り a に交わらない直線はたかだか 1 つ存在する．

V. 連続の公理

V-1. AB および CD を任意の線分とすれば，直線 AB 上に有限個の点 $A_1, A_2, A_3, \cdots, A_n$ が存在して，線分 $AA_1, A_1A_2, A_2A_3, \cdots, A_{n-1}A_n$ が線分 CD に合同にして，かつ B が A と A_n との間にあるようにすることができる（アルキメデスの公理）．

V-2. 1直線上にある点は，公理 I-2, II, III-1, V-1 を保つ限りでは，もはやこれ以上拡大不可能になる点の集まりをなす（1 次元の完全性公理）．

これらの公理はユークリッド原論を見直したものである．したがって，これらにより「ユークリッド空間の構造」をよりよく捉え直すことができるといえ，高等学校等で扱う必要があるといえる．

なお，ヒルベルトの公理系を学ぶには次のような書物がある．

・D. ヒルベルト (2005) 幾何学基礎論．中村幸四郎訳，ちくま学芸文庫
・小林昭七 (1990) ユークリッド幾何から現代幾何へ．日本評論社

また，幾何を公理・定義→定理で構築することを学ぶには次のような書物がある．

・秋山武太郎 (1959) わかる幾何学．日新出版

5.2.2　証明

(1) 証明とは

ユークリッド幾何でわかるとおり，演繹的に公理系を成立させるのが数学である．そこで，「証明」が必要となる．証明には，集合と論理が必要であるが，くわしい内容は第 3 章「集合・論理」を見てほしい．

さて，証明であるが，ある命題が事前に認められた仮定（公理）から，事前に認められた推論規則のみを用いて導くこと，すなわち公理から命題を導くことをいう．

以下，こうした証明に必要な内容を挙げる．

〈論理〉

(1) または，かつ，でない，ならば

$A \vee B$ （A または B）：（A か B の少なくとも一方が成り立つ）

$A \wedge B$ （A かつ B）：（A も B も成り立つ）

$\overline{A}$ （A でない）（A', $\neg A$ 等と表されることもある）：（A の否定）

$A \to B$ （A ならば B）：（A が成り立つならば B が成り立つことであり $(A \wedge B')'$ といえる．）

⟨必要条件・十分条件⟩

(1) 命題

　真か偽の一方しか起こらない文章を命題という．

(2) 必要条件，十分条件

　命題の中で，$A \to B$ がある．命題 $A \to B$ が真であるとき，A を B であるための十分条件といい，B を A であるための必要条件という．

(3) 必要十分条件，同値

　$A \to B$ の逆 $B \to A$ でもあるとき，B は A であるための（A は B であるための）必要十分条件，または，命題 A と B は同値であるという．

⟨三段論法⟩

　大前提，小前提，結論の 3 つの命題から成り立つ推論規則である．

　「人間は死すべきものである」（大前提）

　「ソクラテスは人間である」（小前提）

　故に「ソクラテスは死すべきものである」（結論）

　すなわち，$A \to B$，$B \to C$ のとき，$A \to C$ が成り立つこととなる．

⟨逆・裏・対偶⟩

　逆：$P \to Q$ に対して $Q \to P$ とする命題

　裏：$P \to Q$ に対して $P' \to Q'$ とする命題

　対偶：$P \to Q$ に対して $Q' \to P'$ とする命題

⟨定理と証明⟩

　真であることを明らかにされた命題を定理といい，その真である理由を正しい推論によって述べたものが証明である．なお，その推論の基礎となる命題は定理とはいわず，公理という．こうした推論方法を演繹的推論と呼ぶ．一方，推論の方法としては帰納的推論もある．これは，いろいろな事象や経験から命題が真であることを見出す推論である．たとえば二等辺三角形の底角が等しいことは，小学校では，クラス全員で調べて正しいことを認める，すなわち帰納的に証明するが，中学校では，三角形の合同等を利用して演繹的に証明する．

　演繹的証明であるが，直接証明と間接証明とがある．この証明方法であるが，たとえば，$P \to Q$ を証明したいとき，「$P \to Q$」を直接証明する方

法を直接証明といい，それに対し「$P \to Q$」と同値な別の命題が真であることについて証明する方法を間接証明という．直接証明としては，三段論法，間接証明としては，$P \to Q$ の代わりに，$\overline{Q} \to \overline{P}$ を証明する対偶法，$P \wedge \overline{Q}$ を仮定して矛盾を導く背理法等がある．

なお，論証を学ぶには次のような図書を参考にするとよい．
・三浦俊彦 (2004) 論理学がわかる事典．日本実業出版社
・前原昭二 (2005) 記号論理入門．日本評論社

5.2.3 空間幾何

空間幾何では，直線，平面の位置関係が重要となる．その中でも，面と面の位置関係「二面角」，直線と平面の位置関係「三垂線の定理」を述べる．

〈二面角〉

2 平面 α, β の交線を ℓ とする．この平面 α, β のなす角を二面角という．（図 5.5 の場合は内側の二面角である．）

二面角の角度は，ℓ 上の 1 点を P とすると，平面 α 上で交線 ℓ と P で垂直に交わる直線と，平面 β 上で交線 ℓ と P で垂直に交わる直線のなす平面角の角度である．

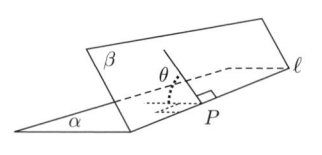

図 5.5

〈三垂線の定理〉

図 5.6 のときに次の (1)(2)(3) が成り立つ．

(1) $OH \perp \alpha$
 $OK \perp \ell \to HK \perp \ell$

(2) $HK \perp \ell$
 $OK \perp \ell$
 $OH \perp HK \to OH \perp \alpha$

(3) $OH \perp \alpha$
 $HK \perp \ell \to OK \perp \ell$

図 5.6

（定理の証明は省略する．）

空間幾何を学ぶには次のような図書がある．

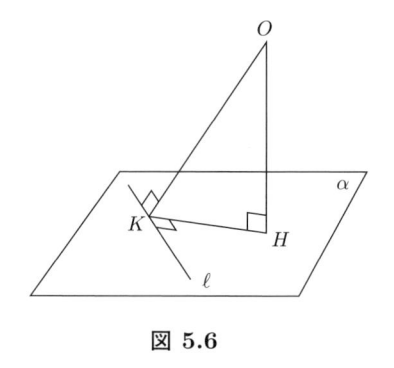

・秋山武太郎 (1966) わかる立体幾何学．日新出版

5.3 幾何教育の指導

5.3.1 幾何の指導

　前述した問題点がある中で，生徒がそれらを理解するには，その苦手とする内容（たとえば，証明や幾何の性質，空間図形）が単に机上の学習やペーパーテストのための学習だけではなく，実際に「役に立つ」ことが体験できることが大切となる．そのためには，教育内容をコンパクトにまとめたものが必要となる．ここでは，たとえば中学校1年（または2年）を想定した，「地球儀の幾何」を紹介する．この内容では，「赤道型日時計」を作成するために，空間図形の学習と論証や図形の性質を活用するというものである．以下，地球儀の幾何の内容を掲げる．学習者は実際に作成しながら，内容を理解することをすすめる．

【地球儀の幾何】
(1) 緯度・経度について
1-1 リンゴで経度・緯度の学習
　緯度・経度の角度を実際に知るためにリンゴを使って学習する．
　（用意する物：リンゴ，ナイフ，たこ糸，マジック，ピン）

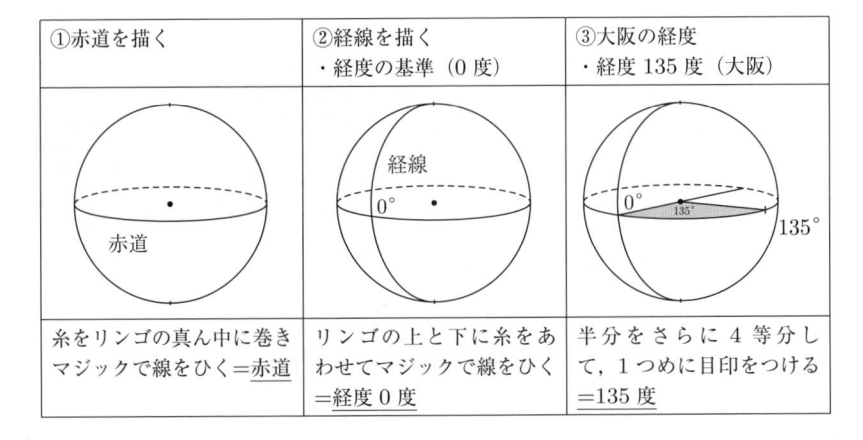

①赤道を描く	②経線を描く ・経度の基準（0度）	③大阪の経度 ・経度135度（大阪）
（赤道の図）	（経線0°の図）	（経度135°の図）
糸をリンゴの真ん中に巻きマジックで線をひく＝<u>赤道</u>	リンゴの上と下に糸をあわせてマジックで線をひく＝<u>経度0度</u>	半分をさらに4等分して，1つめに目印をつける＝<u>135度</u>

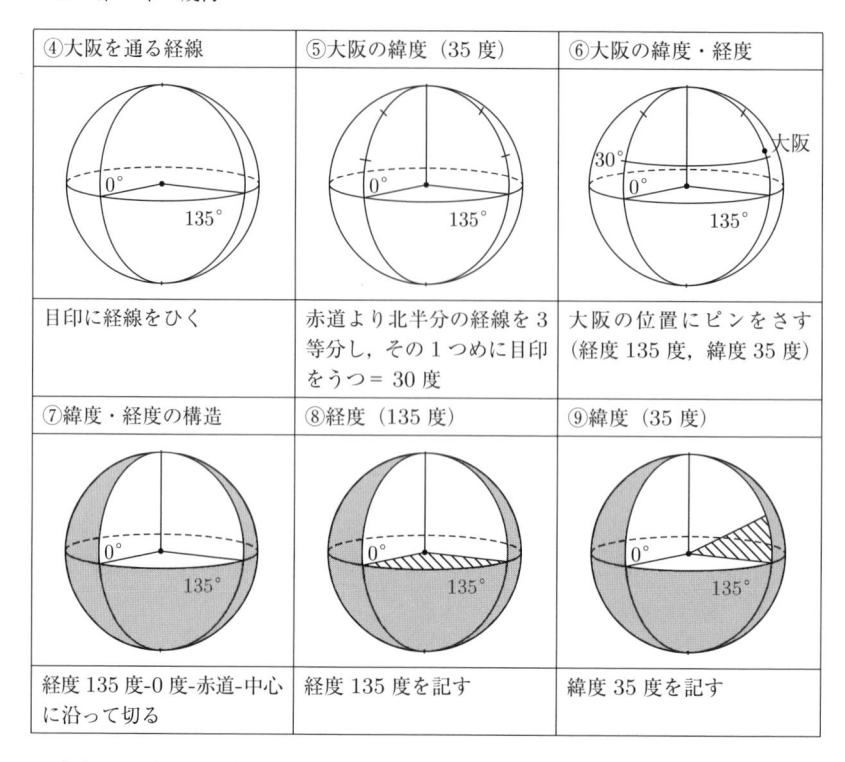

④大阪を通る経線	⑤大阪の緯度（35度）	⑥大阪の緯度・経度
目印に経線をひく	赤道より北半分の経線を3等分し，その1つめに目印をうつ＝30度	大阪の位置にピンをさす（経度135度，緯度35度）
⑦緯度・経度の構造	⑧経度（135度）	⑨緯度（35度）
経度135度-0度-赤道-中心に沿って切る	経度135度を記す	緯度35度を記す

東経・西経，北緯，南緯等については自分で調べること．

1-2 簡易地球儀の作成

リンゴと同様に，今度は，図5.7のように何度も使用できる簡易地球儀（発泡スチロール地球儀）を作成する（なお，東経，西経はそれぞれ15度ずつ，緯度は経線を北緯，南緯それぞれ30度ずつ程度でよい）．

たとえば，自分の行きたい国，イタリアのローマ（東経15度，北緯40度）やイギリスのロンドン，アメリカのニューヨーク等を地図で調べてからピンでさすと，大阪との位置関係がよくわかる．

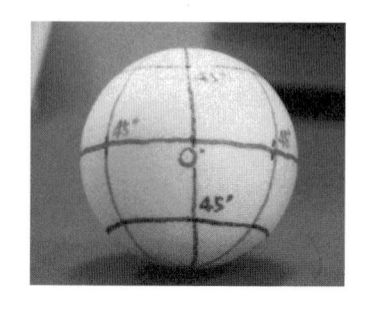

図 5.7

(2) 球面上の2地点間の距離

2-1 最短距離

2つの地点の距離というのは，一番近い道（最短距離）である．すなわち，地球儀での最短距離である（一般的には大円を通る線である）．

図5.8のように，地球儀と地図のそれぞれのローマと大阪の2地点間に糸を張り，同じ所を通っているか等を考察する．そうすると，地図の一直線が実際の最短距離でないことがわかる．

(a) 地球儀　　　　　(b) 地図（メルカトル図）

図 5.8

2-2 実際の距離

たとえば，ある2地点A地点とB地点の実際の距離を考えてみる．地球儀上でこの2地点間をはかった糸の長さが5 cmとわかれば，"比"の考えを使えばよい．赤道の実際の長さは約4万kmであるので，赤道の糸の長さが10 cmであれば，5 cmは何kmを表しているかが次のようにわかる．

比を使うと次のような式が成り立つ．

$$10 : 40000 = 5 : x$$
$$① \quad ② \quad\quad ③ \quad ④$$

比を活用すれば，①→③は1/2倍となっているので，②→④も1/2倍となる．したがって，$x = 40000 \times 1/2 = 20000$ (km) となる．

(3) 時差

時差とは文字どおり，時刻の差という意味である．たとえば，大阪とイタリア（ローマ）では現在の時刻が違う．この違いを地球儀で考える．

図 5.9 のように，地球は自分でまわり，まわる向きも一定である．これを自転といい，1 日 1 回転する．

1 日は 24 時間であるので，1 時間で，15 度，回転することとなる．

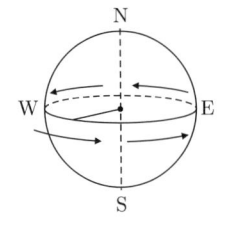

図 5.9

今，大阪（経度 135 度，緯度 35 度）で太陽が真上にくる（南中する）のと，ロンドン（経度 0 度，緯度 52 度）で太陽が真上にくる（南中する）のとには時間的に差がある．これを時差という（図 5.10）．

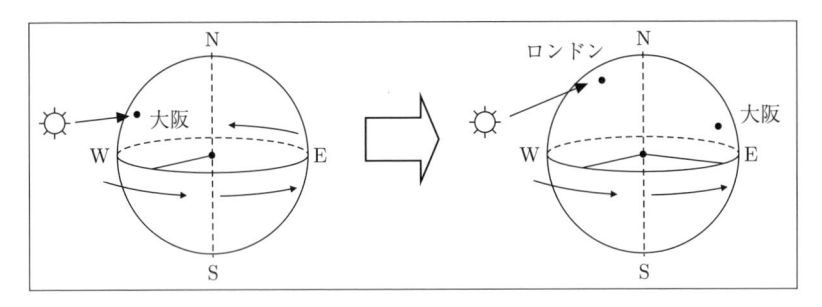

図 5.10

この時差をどのように算出するかについて考える．まず，大阪が南中してから，何時間後にロンドンが南中するかを考える．経度の差が 135 度であるので，9 時間の差があることがわかる（地球の自転の方向により，大阪のほうが先に南中がきて，ロンドンのほうが後であることに注意）．

大阪	→ (9 時間後) →	ロンドン
正午		正午
	∴ 時差 = (9 時間)	

すなわち時差が 9 時間あるといえる．したがって，たとえば大阪が現在正午であれば，ロンドンは 9 時間前であるので，午前 3 時となる．

(4) 地球と太陽の関係—日時計—

日時計は，太陽の動きを利用して，時刻を定めるものである．すなわち，地球と太陽の関係を利用したものといえる．そこで，日時計について考えることから，地球と太陽の関係について考える（図 5.11）．

(a) 龍雲院（宮城県）の日時計　(b) 故宮（中国）の日時計
図 5.11

日時計は，どのような原理で時刻を決めているのだろうか．名前のとおり日（太陽）の動きによって時刻を定めるものである．さて，それでは，そもそも時刻はどうやって決まっているのだろうか．

時刻は動いている．これは，地球が動いているからである．そして太陽の位置が動くからである．

すなわち，太陽の位置が時刻を決めているといっても間違いはない．したがって，昔の人は太陽の位置で時間を判断していた．それが，日時計ではかるようになっていったのである．

そこで，今回はこの時刻の原点，日時計を作成することとする．

日時計の種類はいろいろあるがここでは，図 5.12 のような日時計（赤道型日時計）作成が最終目標である．日時計であるので，太陽と地球の関係を知ることが必要である．

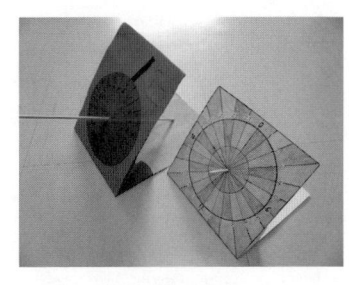

図 5.12

まず，地球から見ると太陽はどのように動いているように見えるのだろうか．

大まかに書くと図 5.13 のようになる．

地球の上に立っているとき，見渡せる面を接平面（地面に接している面だから）と呼ぶこととする（図 5.14）．これは建物等がないときに，見渡せる地面を表す．

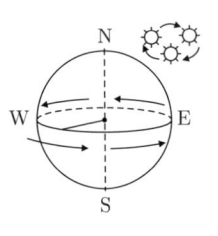

図 5.13

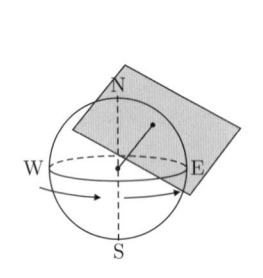

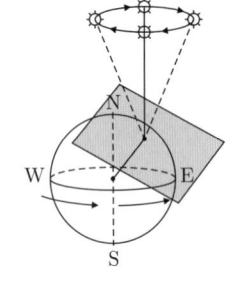

図 5.14

ここで，地球儀を使って考える．図 5.15 のように，立っている位置にピンを，糸とビー玉をくっつけて太陽に見立てる．

接平面を画用紙で見立て，ビー玉（太陽）を時計まわりにまわそう．どうなるか．ビー玉が見えなくなる場所，出てくる場所がある．これが，「日の出」，「日の入り」である．

(5) 日時計の文字盤

日時計には，時刻の目盛りがうってある文字盤が必要である．そこで日時計の文字盤（時計の針が指す数字の盤）を考えることにする．文字盤は太陽の動きによって決めなければならない（図 5.16）．では，どのように決まっているのだろうか．

太陽が 1 周するのにはどれだけかかるか？ 1 周で 24 時間である．そして，1 日で 1 周するのだから，24 時間時計を作ればよいことがわかる．もし，この太陽の動きが一定であれば，文字盤の目盛りは一定でよい．そこで，一定の場合の文字盤を考えてみる（図 5.17）．24 時間で 1 周なので，

図 5.15　　　　図 5.16　　　　図 5.17

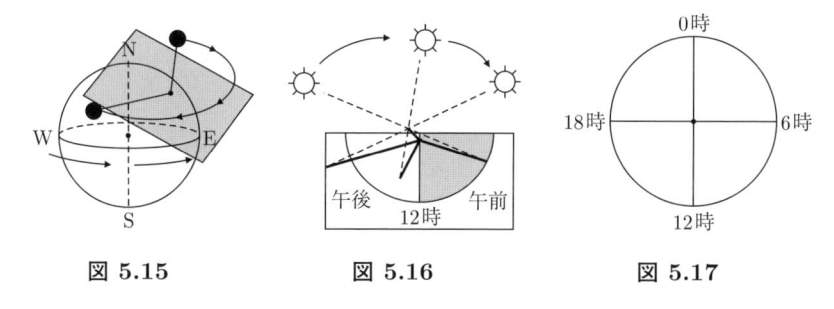

1 時間 15 度で目盛りを作成すればよい．

(6) 公理と証明から日時計の骨格（傾き）を考える
●論証について

「論証」という言葉を聞いたことがあるだろうか．古代ギリシャの数学者ユークリッドによって確立されたものであり，正しいか，真実かを経験や勘によって判断するのではなく，正しい論理の積み重ねによって結論に到達する筋道である．すなわち，正しいことを誰にでも納得させる説明ともいえるとても重要な内容である．

以下，日時計作成に必要な平行線の性質についての論証を考える．

●定義について

まず，長方形について知っていることを考えてみよう．考えた中で，必ず長方形にしかならないものはあるだろうか．それが長方形の定義である．ある図形を作る出発点となる条件をその図形の定義といい「○○を□□という」の形で表す．ここでは「4 つの内角が全て 90° である四角形（4 つの直線で囲まれた図形）を長方形という」のように定義する．すなわち，それ以外は長方形の特徴といえる．

さらに『直角は直線を 2 等分した角であり，大きさは 90°』，『平角は一直線となった角であり，大きさは 180° である』を定義する．

●公理について

長方形 $ABCD$ について，対角線 BD によって 2 つの直角三角形に分割すると，この 2 つの三角形は完全に一致する．この場合，合同であるという．これは疑う余地のない真実として，これからいろいろな証拠だててい

く場合の，基本的な根拠にする．これを公理という．

【公理 1】 長方形を対角線で分割した 2 つの直角三角形は合同である．

●証明について

　直角三角形の内角の和は何度となるか．知っているように，180° である．では，それは正しいであろうか．2 分割した直角三角形の内角の和は，長方形は定義より $90° \times 4 = 360°$ であり，公理 1 より 2 つの直角三角形は合同であるので，$360° \div 2 = 180°$ となる．

　このように，ある事柄が正しいことを根拠だてる記述を証明という．

●定理について

　証明では，すでに正しいと認められた事柄を根拠に，正しい道筋に従って，証明する．また証明した事柄のうち，さらに次の証明に用いる根拠となるものを定理と呼ぶ．先に証明した「直角三角形の内角の和は 180° である」は定理である．

〈定理 1〉 直角三角形の内角の和は 180° である．

※「三角形の内角の和が 180° である」こと証明してみよう（定理 1 を使用）〈解答略〉

　証明ができれば，「三角形の内角の和が 180° である」を **〈定理 2〉** とすることができる．

　このように，公理，定義，定理の積み重ねとなっていくわけである．

　ここで，平行線について考えてみよう．

　平行線の定義はどのようであろう．

★平行線の定義

　直線 ℓ に対して 2 直線，m, n がともに垂直であるとき，2 直線 m, n は平行になる．これを $m // n$ と記号で表す．また図 5.18 のように同じ→をつけて表現する．

●対頂角・同位角・錯角の定義

　2 直線が交わると，4 つの角ができる．たとえば図 5.19 のように直線 ℓ と直線 o に対して角 a, b, c, d ができ，直線 ℓ と直線 p では角 e, f, g, h ができる．このとき，向かい合う角同士を対頂角という．

　交点に対して，同じ位置にある角同士を同位角という（角 a と角 e 等）．ま

た，同位角の対頂角（食い違う位置）の角同士を錯角という（角 a と角 h 等）．

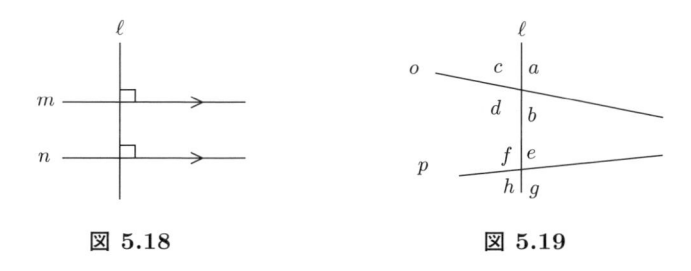

図 5.18

図 5.19

★対頂角，同位角，錯角をそれぞれ考えてみよう．

さて，図 5.19 をみると，対頂角は等しいように見える（見えるだけであることに注意．これはまだ証明されていないので勘である．証明すれば定理として使える）．では，本当に等しいだろうか．証明してみよう．
（練習）角 f と角 g が等しいことを証明せよ．〈解答略〉

〈定理 3〉対頂角は等しい

図 5.20 のように，$m // n$ の直線に直線 ℓ' を交わらせた．このときできる角を $\angle i, j, k, p, q, r, s, t$ とする．直線 ℓ' と直線 m, n について考える．この際，対頂角，錯角，同位角について，何か気づくことはないだろうか．

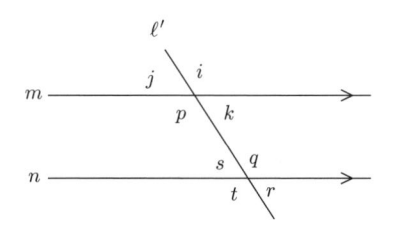

図 5.20

まず，対頂角は等しいことはすでに使用してもよい（定理となっている）．続いて，対頂角・錯角が等しそうだ（←ここが大切）に気づいただろうか．間違って「等しい」と答えた人はいないだろうか．

なぜ，等しいといってはいけないかは，もうわかるだろう．まだ，証明していないからである．

では見たとおり，平行線における錯角・対頂角は等しいのであろうか．証明してみよう．

★同位角が等しい証明

$m // n$ であるから，平行線の定義より，m, n の両方に垂直な直線 ℓ が存在する．

直線 ℓ と直線 ℓ' の交点を B, なす角を w とする. またそれぞれの交点を C, D, E, F とし, C, E のまわりにできる角を $\angle a, b, c, d, e, f, g, h$ とする. 今, $\angle j$ と $\angle s$ について調べる.

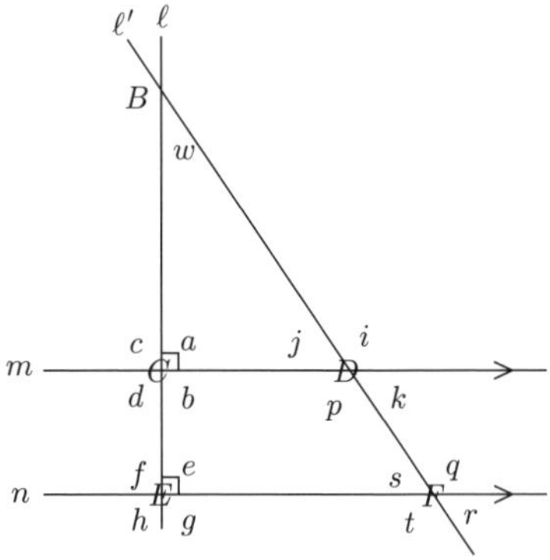

$m // n$ より $\angle a, b, c, d, e, f, g, h = 90°$

$\triangle BCD$ で, $\angle a = 90°$ より
$\angle w + \angle j = 90°$ $\cdots$ ① (定理1より)
$\triangle BEF$ で, $\angle e = 90°$ より
$\angle w + \angle s = 90°$ $\cdots$ ② (定理1より)
①②より $\angle j = \angle s$

図 5.21

したがって, 2直線が平行ならば, 同位角は等しい〈**定理 4**〉.

★**錯角が等しい証明**

$\angle j$ と $\angle r$ についてみる. 定理4より $\angle j = \angle s$, また定理3より $\angle r = \angle s$. これらより, $\angle j = \angle r$. したがって, 2直線が平行ならば, 錯角は等しい〈**定理 5**〉.

今までの定義や定理を証明すると図5.22のような角度はすぐ求まるだろう.

このように平行線の性質（錯角が等しい等）について, 演繹的な証明の中身の学習が大切となる.

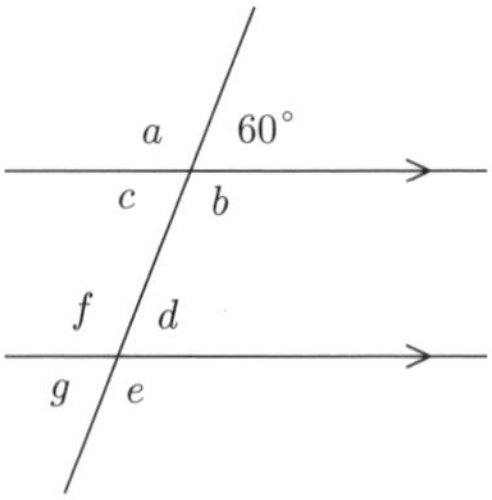

図 5.22

●**日時計の骨格・文字盤について**

いよいよ本題である. 日時計の骨格について考える. 人間が立っている面と, 太陽の動き（回転面）とは平行でない. そこで, 太陽の動きと平行な面を作る（これを文字盤とする, 図5.23）. 平行にすると太陽の動きが一定となり目盛りが一定となるので便利である. こうした日時計を赤道型日時計という.

今立っている場所 T を北緯 $a°$ とする. この緯度を示す半径 OT の延長

図 5.23

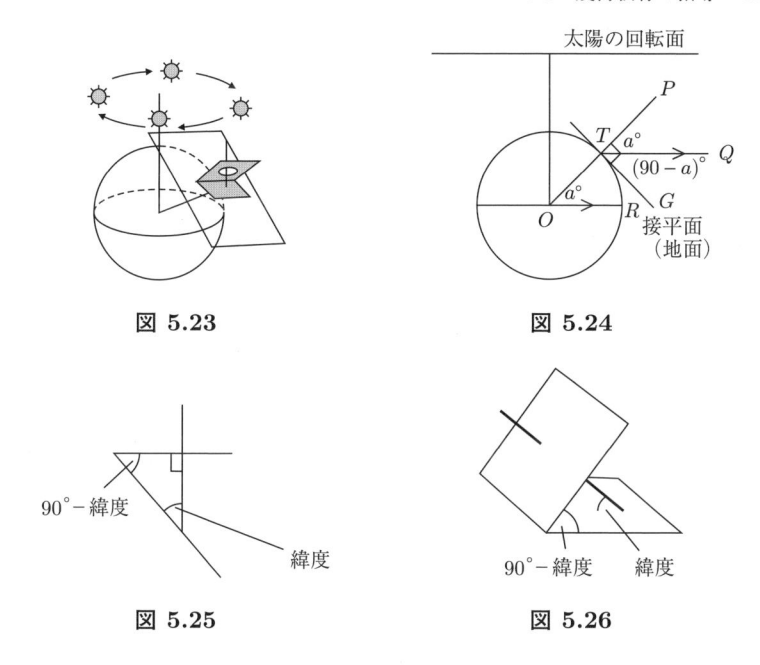

図 5.24

図 5.25

図 5.26

上の点を P とする.

文字盤の向き TQ を，赤道面 OR と平行に保つためには，地面，すなわち接平面 TG との角を何度にすればよいかを考える（図 5.24）．

1) $TQ // OR$ であるから $\angle PTQ = \angle POR = a°$（同位角）である.
2) 地点 T における重力方向 TO と地面 TG とは垂直であるから, $\angle PTG = 90°$
3) したがって地面と文字盤とのなす角は, $\angle GTQ = \angle GTP - \angle QTP = 90° - a°$, すなわち（$90°$ − 緯度）で計算される（図 5.25）.
4) また，地面とノーモン（太陽の影を作る針）のなす角を考えると，図 5.26 のように緯度となる.
5) この原理によって，日時計をイメージすると次のようになる．すなわち, <u>90 度 − 緯度 = 日時計と地面の傾き</u> になる.
   これは，証明を行った定理のおかげからくるのである.
   次に文字盤を作成するのだが注意点が 2 つある.

図 5.27

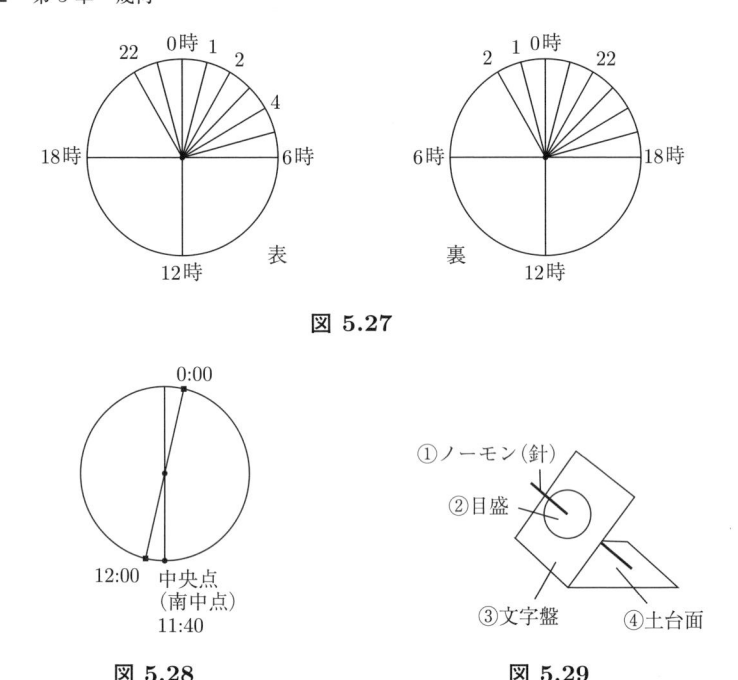

図 5.28 　　　図 5.29

まず太陽の動きと日時計を考えると，太陽が文字盤の後ろにいく場合もあり，文字盤の後ろにも目盛がいる．その目盛は，太陽の動きから図 5.27 のようになる．

もう一つ注意することがある．南中時刻は経度によって違うので，南中時刻を知る必要がある．日本の時刻は東経 135 度に基準があっている．時差は，1 度で 4 分違う．西側ほど遅く南中し，東側ほど早く南中する．したがって，たとえば東経 140 度なら 135 度より東側なので，20 分早く南中する（すなわち南中するのは 11 : 40 ということになる）．

この場合，普通の時計の 6 時の目盛の位置（以下，中央点）に 11 : 40 をあわせればよいのである（図 5.28）．

これらの内容を使って，実際に日時計を作成してみよう．

(7) 日時計の作成

赤道型日時計の各部の名前（図 5.29）．

①はノーモン（太陽の影を作る針）
②は目盛
③は日時計の文字盤
④は土台面

　では実際に日時計の作成をしてみよう．それぞれ（　　　）については自分で考えてみよう．
①目盛を作る
　　1時間＝（　　　）度　　　1周＝（　　　）時間
②文字盤と土台面の角を求める．
　　作成する地点の緯度＝（　　　）度
　　文字盤と土台面の角度＝（　　　）度
③ノーモンを文字盤と垂直にたてる（三垂線の定理を利用すること！）．
④目盛のズレを考える．
　　作成する地点の経度＝（　　　）度
　　日本の時刻の基準は東経135度
　　すなわち，時差＝（　　　）分
　　よって，（　　　）の目盛が中央点にくるように合わせる．

(8) 日時計の設置

　日時計の設置には，まず南北線の決定が必要である．コンパス（方位磁石）で測ってもよいが，若干のずれがある．そこで，南中の影の位置がわかれば，南北線がひける．南中の影を考えるのは困難なため，その代替案を考えてみよう（代替案を考えることができるだろうか？　まず一度，自分で考えてみること）．
　1つの方法は次のようである（図5.30）．
①午前中に鉛直におろした紐の影を描く．
②紐と地面との接点を中心，影の長さを半径として，円を描く．
③何度か観察をし，もう一度，影の先が円周上にのる影を探す．
④2本の影がなす角の二等分線が南北線となる．ある時間を決めれば，次

に円周上に影の先がくるのは，南中から，ある時間から南中までの時間と同時間後である．したがって，角の二等分線が南中となるのである．

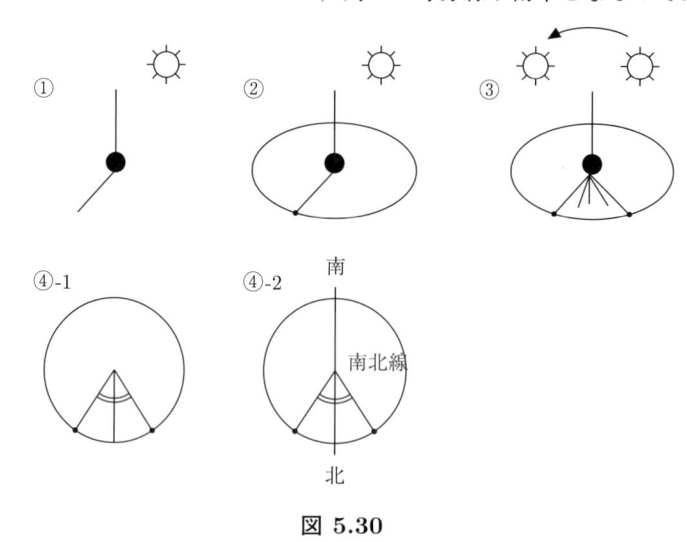

図 5.30

(9) 日時計の移動

南北線がひけたら，日時計を南北線にあわせ設置すればよい．また，その南北線を平行移動すれば，複数個の日時計が設置できる．そこで，南北線の平行移動を考えてみよう．ただし，昔の人が行ったように紐と石（印をつける物）だけでの移動を考えてみよう．ここでは平行四辺形の性質を利用すれば容易にひくことが可能である（考えることができるか？ まずは一度自分で考えてみること）．

1つの方法は次のようである（図5.31）．
①まず南北線をひく．
②南北線に任意の2点 A, B をとる．
③南北線以外に任意の1点 C をとる．
④ AC の中点を M とする（紐を半分に折る）．
⑤ BM と同じ長さを BM 上で M から延長し，D をとる（BM を紐を折り返してはかり，B から M を通るようにして，伸ばす）．

⑥ $ABCD$ を結ぶと平行四辺形となる．
⑦ 直線 CD が南北線の平行線である．

すなわち，平行四辺形で，「対角線はそれぞれの中点で交わる」の性質を活用したものである．

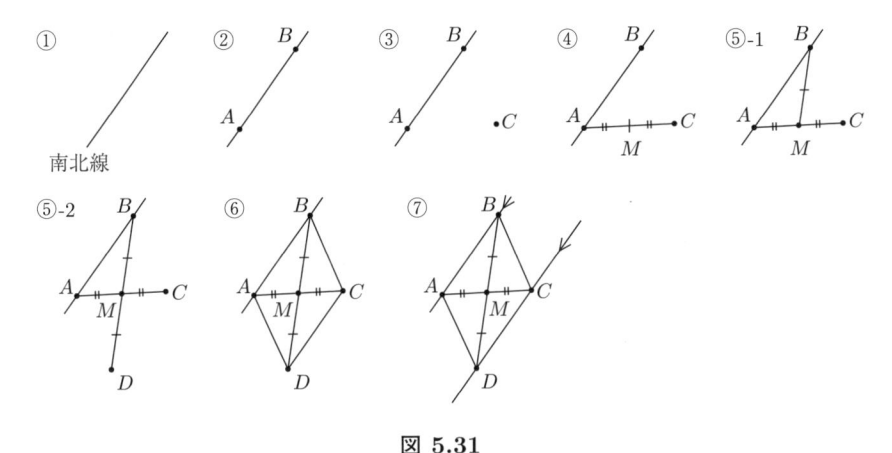

図 5.31

このように，「赤道型日時計」を作成するのに，様々な"図形"の学習が必要となる．また，作成することにより，実際に机上だけではなく，学習内容を確認することも可能となる．こうした実際の活動によりようやく生徒が学習内容を体得できるのである．

現在幾何（空間，性質，証明）を苦手とする生徒は多い．これらの生徒はその数学的な意味がわからず，日常への応用もできない．それはそのほとんどを机上で学習しているからである．

したがって，こうした問題点を打開するには，実際に自分で作成できる，そして，その作成に「数学を役立てる」教育内容が大切となるのである．

研究課題

1. 小学校から高等学校までの幾何教育の内容の概略と，その系統性について記すとともに，幾何教育における問題点（指導が困難な点）について記しなさい．

2. 三垂線の定理を証明しなさい．
3. 証明（論証）の意味とその指導の留意点について説明しなさい．

引用・参考文献

D. ヒルベルト (2005) 幾何学基礎論．中村幸四郎訳，ちくま学芸文庫，東京：15–58

亀谷俊司，横地清編 (1965) 集合と論理．国土社，東京，84–112

国立教育政策研究所 (2003) 平成 13 年度 小中学校教育課程実施状況調査報告書 中学校 数学．ぎょうせい，東京

文部省 (1999a) 小学校学習指導要領解説 算数編．東洋館出版，東京

文部省 (1999b) 中学校学習指導要領解説 数学編．大阪書籍，大阪

文部省 (1999c) 高等学校学習指導要領解説 数学編 理数編．実教出版，東京

守屋誠司，丹洋一 (2001) 幾何の公理と証明．横地清監修，第二学年の「選択数学」，明治図書，東京：56–77

守屋誠司，渡邉伸樹 (2004) 算数・数学の基礎学力とは？．小・中学校における学力と基礎・基本に関する研究（京都教育大学教科教育共同研究）：11–12

中村幸四郎，寺坂英孝，伊東俊太郎，池田美恵訳・解説 (1996) ユークリッド原論 縮刷版．共立出版，東京

鈴木正彦 (1994) 1. 新しい図形教育をめざして．横地清監修，21 世紀への学校数学の展望，誠文堂新光社，東京：215–232

渡邉伸樹 (2005) 地球の幾何学．横地清監修，中学校数学 発展学習教科書 第 1 巻，明治図書，東京：117–144

渡邉伸樹 (2005) 地球儀の数学・赤道型日時計．横地清監修，算数科発展学習教科書第 3 巻，明治図書，東京：118–136

渡邉伸樹 (2006) 描画にみる空間概念の形成過程．神戸大学 博士論文

横地清 (1963) 数学科教育法．誠文堂新光社，東京：188–223

横地清 (1964) 幾何．大矢真一，鈴木正毅，山岸雄策，横地清編，科学科をめざす数学教育・中学校，誠文堂新光社，東京：131–188

横地清 (1971a) 図形．亀谷俊司，田島一郎，横地清編，算数・数学授業の事典，岩波書店，東京：235

横地清 (1971b) 幾何．亀谷俊司，田島一郎，横地清編，算数・数学授業の事典，岩波書店，東京：249

横地清 (1973) 算数・数学科教育法．誠文堂新光社，東京：98–109

横地清 (2000) 選択数学の意義と内容．横地清，菊池乙夫，「選択数学」の考え方と展開，明治図書，東京：8–52

第6章　解析

本章では，解析教育のあり方について検討する．第1節は解析の歴史，および解析教育の問題点と目標，第2節は関数・微分・積分に関する数学的背景，第3節は解析に関する教育内容について扱う．

6.1 解析教育の今日的課題

6.1.1 解析と教育の歴史

ここでは，最初に関数の歴史について簡単に触れ，その後，微分・積分学の歴史を概観する．こうした数学の歴史を学ぶことは，教育内容を教える意義や意味に関わることであり，数学を単なる知識として教えないようにするためにも重要である．最後に，解析教育の歴史についても触れておいたので，よく理解して教育に当たるべきである．

(1) 関数の歴史

数学史の中で「関数 (functio)」という用語が使われたのは，17世紀の哲学者ライプニッツ (G. W. Leibniz, 1646–1716) によるとされている．17世紀は，ニュートン (I. Newton, 1642–1727) とライプニッツによって微積分が発見された時代である．この当時，関数は変動する量として捉えられていたが，2つの変量が対応するという捉え方は明確にされていなかったようである．

現在，一般的に使用されている関数記号 $f(x)$ は，18世紀の数学者オイ

ラー (L. Euler, 1707–1783) によるとされている．彼は，式で表現された対応関係が関数であると見なし，関数を解析的な式として捉えている．

19 世紀に入って数学は各方面にわたり急速な進歩を遂げた．その中で，解析学の基礎についての批判的考察，物理学を中心とする他の諸科学と数学との交渉によって，関数はより一般的な概念へと発展した．ディリクレ (P. G. L. Dirichlet, 1805–1859) は，式表現に依存しなくても関数を定義できるとし，関数を対応として捉えるようになった．

20 世紀に入って，ディリクレによる「対応」の概念は，さらに一般性をもつ方向へと発展し，関数は 2 つの集合間の一意対応として捉えられるようになる．つまり，写像としての関数である．

(2) 微分・積分の歴史

微分・積分学は，多少のずれはあるがニュートンとライプニッツによって同時期に独立して作り上げられたものである．ニュートンは 1665 年から 66 年にかけて微積分の着想を持ち，1671 年に「流率法と無限級数」という論文を書いたが，用心深さ故に公表したのは 1736 年であった．

一方，ライプニッツは 1675 年に求積に関する論文を書き，その中で現在広く使用されている微積分の記号「$\int$ は和，d は差」を使っている．この論文は雑誌『ライプチヒ学報』に 1684 年と 86 年に発表された．彼は大陸（ドイツ・フランス・スイス等）に住んだため，彼の記号が広く普及したといえる．ニュートンとライプニッツは，家庭環境，研究領域等でかなり異なっているが，二人とも生涯独身であったことは共通している．

彼らが微積分法を発見するに至るまでには，科学の進歩があった．コペルニクス (N. Coppernicus, 1473–1543) は地動説を唱え，望遠鏡の発明は無限の彼方の世界を身近に引き寄せ，顕微鏡の発明は微小の世界を顕在化させてくれた．ガリレイ (G. Galilei, 1564–1642) は図形を切り取り，重さを測ることによって面積を求めているし，ケプラー (J. Kepler, 1571–1630) は立体を薄い小片に分割し，それを合算する方法を用いている．ガリレイの弟子であるカバリエリ (F. B. Cavalieri, 1593–1647) は不可分量 indivisible を考え，それが等しければ全体は等しいと主張した．こ

のカバリエリの原理は有名である．

　ガリレイは落体の実験を行い，落下距離は時間の2乗に比例することを求め，さらに，速度は時間とともに加速されるため，瞬間速度の概念までも得ている．微分法は，接線，極値および速度の問題として発生している．求積問題が接線問題の逆の問題であること，つまり積分が微分の逆であることに気づいたのは，ガリレイの弟子トリチェリ (E. Torricelli, 1608–1647) であったという．

(3) 解析教育の歴史

　ヨーロッパにおいて中等学校が成立したのは1830年代で，そのころの数学教育の内容は代数（方程式中心）と幾何（ユークリッド幾何学）が主たるものであった．そのころは，形式陶冶に基づく分科主義の教育観の時代で，関数を取り扱うことはなかった．やがて，ヘルバルト (J. F. Herbart, 1776–1841) は形式陶冶説を痛撃し，関数関係の導入を説くようになり，その後，教材に関数，グラフを導入した教科書が現れるようになる．たとえば，ドイツのヘーフレル (1884)，フランスのボッス (1889–91) などである．日本の中等学校の数学教科書にグラフが現れるのは，1890年ごろでフランスの翻訳物であった．

　その後，数学教育が国家統制される時代に入り，1902年の数学教授要目では関数・グラフ教材が排除された．小学校では，黒表紙の国定教科書 (1905) が，分科主義，形式陶冶の思想で編集されている．それから大正の時代となり，数学教育改良運動を経て，1942年の要目で関数概念としての関数，微分積分までが取り上げられている．これは戦時下で科学技術振興の時代であった．

　戦後の生活単元学習の時代には関数教材は軽視されていたが，1958年の系統学習の学習指導要領になって，伴って変わる量としての関数，解析幾何としての関数が指導されるようになった．1969年の数学教育現代化時代の指導要領では，集合，剰余群などの新教材とともに，対応としての関数（1対1，多対1），変化の割合などの指導が行われた．その後の指導要領では，現代化の反省のもと，対応としての関数の見方は後退し，現在の

ような扱いに至っている．

6.1.2 解析に関わる生徒の認識

ここでは，解析の教育内容に関わった生徒の認識やつまずき箇所について述べる．生徒の理解が困難とされる事項を中心に論じる．

(1) 関数に関する認識

一般的に，中学生の関数に対する理解は，数式や図形に比べてよくないものといえる．それは，事象現象にひそむ変化や対応を捉えるということの難しさと，表現手段として表，式，グラフなどが複合的に用いられることの難解さに起因している．さらに，生徒たちは関数といえば式とグラフと答えるように，関数指導の実態は，式表現とグラフの読みかきに重点が置かれ，受験数学の影響を受けた内容に制約されたものになっている．

松宮ら (1986) によると，中学 3 年生 4 月の関数に対する認識は次のようになっている．日常生活において関数は必要ないと考えている生徒が半数以上おり，たいへん必要であると答えるものはほとんどいない．式やグラフと現実との関わりについても，ほぼ同様の認識である．「高いところからボールを落としました．落としてから 1 秒後に 5m 落ちました．では，3 秒後にはどれだけ落ちると思いますか．ア 15m，イ 30m，ウ 45m，エ 125m」という問いには，アと答えた生徒が 69％で，ほとんどの生徒が比例の規則性で答えてしまい，坂道などで物はだんだん速く落ちていくという実体験と数学が結びつかない状況となっている．

また，図 6.1 のような斜面 $ABCD$ に玉をころがすときの運動のようすを表すグラフを，図 6.2 の⑦〜㋖より選ばせると，㋑，㋗を選ぶ生徒が 77％であった．これも，AB 間，BC 間，CD 間でそれぞれ運動のようすが変わることを考慮に入れていても，正比例の捉え方から脱皮できていないことがわかる．この正解は，横と縦の軸に，時間と距離を取った場合には㋔，時間と速さをとった場合には㋗となるが，そのように正しく答えた生徒は

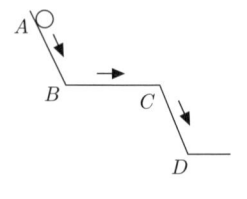

図 6.1

図 6.2

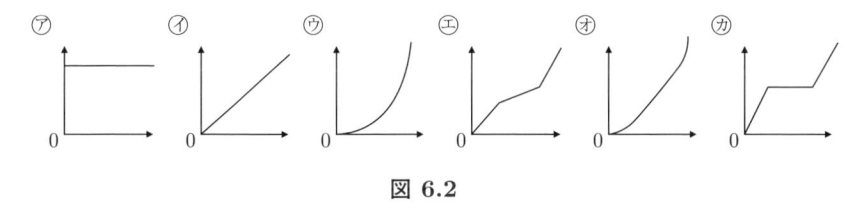

全体の 7% であった．

このように，グラフについての理解は生徒たちにとって容易でないことが窺える．グラフが変化している現象を表現しており，その形状によって変化の特徴が読み取れることを生徒たちに学び取らせていくことが，関数教育において重要である．

(2) 微分・積分に関する認識

一般的に，高校数学に選択性が導入されてから，文系の生徒は数学Iレベルまでにとどまり，微分積分にまで到達する高校生は少なくなっているといえる．理系の生徒は微分積分を学ぶが，数学IIIまでしっかり学ぶ生徒は減り，大学で再教育しなければならないという現状もある．微積を学んだ生徒でも，その概念や理論的意味が十分理解されずに終わっている傾向も見られる．公式を覚え，類型に応じた計算をするというテクニックは鍛えられているものの，真の意味を物理現象との関わりで理解できていないことが問題点である．これも大学受験数学の影響といえよう．

6.1.3 解析教育の目標と内容

ここでは，解析教育の目標について論じる．解析の教育内容の中で，生徒の認識や発展過程を踏まえ，本来，解析教育ではどのような目標と内容を持つべきであるのかについて論じる．

(1) 解析教育の目標

上記の解析教育の問題点を踏まえ，関数，微分，積分などを扱う解析教育の目標を考えると，大きくは次の3つとなる．

A. 関数においては，現象の変化を解析することにある．つまり，変化する現象から伴って変わる2変量を抽出し，その対応関係を捉えられることである．その手段として，表を書いて変化や対応を捉えること，規則性を見つけること，グラフを描いてその形状から変化の特徴を捉えること，式に表現することができるようにすることである．

B. 微分においては，変化のようすを微小区間で捉えていくことにある．定められた区間における変化の割合（区間変化率）について理解し，その区間を狭めていったときの極限値として微分係数が存在することを知り，それがグラフにおける接線の傾きを意味することを理解することである．

C. 積分においては，速度を足していくと距離になるように，変化していく値を合計していくことによって生じる概念を捉えることである．区分求積，定積分について知り，それらをグラフにおける面積として視覚的に捉え，不定積分の概念をつかむことである．そして，積分は微分の逆演算になっていることを理解することである．

(2) 解析教育の内容

　解析が本格的に扱われるのは中学校段階以降であり，小学校段階では，現在，比例が表，グラフ，言葉の式で扱われているにとどまっている．学校完全五日制になる2002年より前は，比例と反比例の文字式表現までが小学校で扱われていた．数量の変わり方のきまりなど，小学校段階から解析的な内容をしっかりと把握し，指導に役立てていく必要がある．そこで，以下では，小学校段階から高等学校段階までの解析の大まかな内容を列記する．なお，小学校段階の内容については，ここで具体的な扱いに際して留意すべき点についても触れておく．中学校・高等学校段階の内容については，次節以降で詳しく論じる．

A. 小学校中学年：2つの数量の依存関係とそのグラフ，表や折れ線グラフでの表現とその読み，公式の多面的な見方（以上4年）

　小学校4年生では，気温の変わり方を表すグラフとして，温度計を並べた図から折れ線グラフを教え，不足している日本人のカルシウム摂取量，

ある小学校の残菜・残飯の月平均量の推移，W 杯放送中の東京都の配水量，細菌別に見た食中毒の発生件数，教育の移り変わりなどの事例が示されている（啓林館教科書の場合，以下同様）．

また，変わり方という単元では，1 辺が 1 cm の正方形を並べて階段を作っていくとき，段の数□とまわりの長さ○の関係を表や式に表す内容が指導されている（図 6.3）．□ × 4 = ○ となる．

B. 小学校高学年：言葉の式や，□，△などを用いた式で数量関係を表すこと，簡単な式で表されている 2 つの数量関係の考察（以上 5 年），表やグラフを用いて比例の特徴を調べること，比例関係を問題の解決に利用すること（以上 6 年）

小学校 5 年生では，図 6.4 のように長方形を縦に 2 つ折りにする作業を繰り返していくときに，折った回数と開いたときにできている長方形の数の関係を扱っている．さらに，同じ長さのひごを使って，図 6.3 のような正方形を並べた階段を作るとき，段の数とひごの数を調べる問題も取り上げ，変わり方のきまりについて学習している．

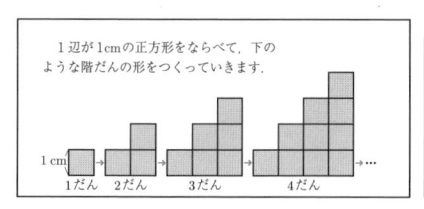

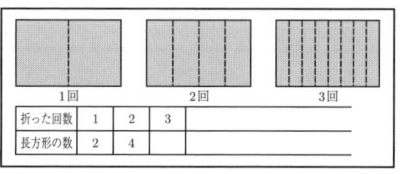

図 6.3

図 6.4

小学校 6 年生では，水そうに水を入れたときの時間と水の深さ，バケツに水を入れたときの水のかさと全体の重さ，くぎを増やしたときのくぎの本数と重さ，ろうそくを燃やしたときの時間とろうそくの長さ，のような事例が示されて，表やグラフ，言葉の式を学習している．

C. 中学校第 1 学年：比例と反比例
D. 中学校第 2 学年：一次関数とそのグラフ，一次関数の式を求めること，方程式とグラフ，一次関数の利用
E. 中学校第 3 学年：関数 $y = ax^2$ とそのグラフ，の値の変化の割合

F. 高等学校第1学年：二次関数とグラフ，二次関数の値の変化（最大・最小，二次不等式）

G. 高等学校第2学年：三角関数，指数関数，対数関数，微分係数と導関数，導関数の応用（接線，増減），積分の考え（不定積分，定積分，面積）

H. 高等学校第3学年：数列の極限，関数の極限，導関数，導関数の応用，不定積分と定積分，積分の応用（面積・体積），二次曲線，媒介変数表示と極座標

学習指導要領にはないが，関数と日常生活との関わりの中で，多変数関数も重要な教材といえる．そのことは過去から何人かの研究者が指摘しているところである．簡単な例では，円柱の体積は底面の半径と高さの2変数の関数であるといえる．山本育央 (2006) は，この円柱の事例を用いて，実際に高校1年生に多変数関数の指導を試み，指導の意義と可能性について手応えを感じ取っている．

(3) 解析におけるコンピュータの活用

近年，電卓やコンピュータの急速な普及に伴い，解析教育においてもこれらの情報通信機器の活用が徐々に図られてきている．表計算ソフト「Excel」を用いて表やグラフで関数関係を考察したり，グラフ作成ソフト「Grapes」（友田勝久によるフリーソフトウェア）を用いて関数のグラフを描いたり微積分を行ったりということが授業に取り入れられるようになってきている．しかし，その普及はというと，一部の熱心な教師によって優れた実践が試みられてはいるが，一般にどの学校でも活用されているとはいえない．

その最大の理由は，日本の数学教育が受験数学の域から脱却できないでいることにある．学習指導要領における内容の取り扱いで，コンピュータ等の機器の有効な利用を促してはいるが，教育現場での使用の義務はなく，授業時間数が少ないこともあって，受験対策ともなる数学内容の基礎基本を教えることで精一杯というのが一般的な実情である．これは，課題学習がほとんど宙に浮いて指導されていない現状とも合致している．

また，日本の数学教育は，輸入翻訳されて受容してきたという歴史から見ても，本来の科学教育の一環として捉えることよりも，暗記物，公式を暗記して使う教科，実験とは縁のないもの，机上の紙の上で問題解きをするもの，といった認識が一般的である．つまり，教員自身が実験などによる考察を行いたがらず，細切れの数学知識の伝達と解法技能の習熟に指導の重点が置かれている．これも数学の授業でコンピュータが活用されない一因といえる．

一方，コンピュータが自由に使える環境となれば，解析教材の系統性は大きく変容することになる．関数で考えれば，技巧的な式変形ができなくても，様々な整式の関数を早い段階から扱うことが可能となる．たとえば，中学生が一般の二次関数，三次関数，等を扱うことも容易になる．さらに，現実的な事象や細かな数値データを授業で取り扱うことも容易になり，授業で扱う教材をより実在に近い内容にすることも可能となる．

6.2 関数・微分・積分

6.2.1 関数

ここでは，まず，関数を実在の現象との関わりから捉え，変化と対応について取り上げ，数学的にどのように定義するのかを考える．そして，関数概念をどのように養えばよいのかについて具体例をもとに述べる．

(1) 現象と関数

実在の現象の中には多くの関数を見出すことができる．しかし，多くの子どもたちは，それらを関数として見ることが苦手である．実在の現象の中から関数を取り出す目を養うために，どのような具体例から考えるとよいだろうか．

自動車に乗って走っている状態を想像してみよう．そこにはどのような関数があるだろうか．時間と走行距離，時間と速度，走行距離と目的地までの残距離，走行距離とそこまでにあった

図 6.5

信号の数，走行時間とそれまでにすれ違った対向車の数，スタートからの時間と速度，走行時間とガソリンの残量，タイヤの回転数と走行距離，等といった関数がいろいろ考えられる．しかし，子どもたちはそれらのいずれにも容易には気づかない．自動車が動いている，自動車が走っている，景色が変わっているといった程度の捉え方にとどまっている．

中学校の教科書どおりに関数を教えていても，実在の関数をこのようにしか見ない原因は，伴って変わる2変量の抽出ができないことと，関数の意味がわかっていないことにある．上の例では，時間という変数の存在に気づくことが難しく，それと他の変量とを対応関係で捉える見方ができないということである．

そこで，次のような直方体の菓子箱を，滑らないように机上を回転させていく場面を取り上げる（図6.6）．この運動は，ふつうに見ていれば，「箱が転がっていく」「箱が横へ進む」という

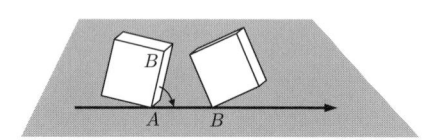

図 6.6　お菓子の箱の移動

印象にとどまる．この印象は，質的なものであって，これを量化して初めて，変量としての関数の世界に入るといえる．

それには，変化を分析的に捉えて，量化の工夫をしなければならない．この場合には，箱の頂点 $A, B, \cdots$ に着目して，これらの頂点を支点にして箱が転がるたびに，それを1回として数え，その回数に着目する．こうすれば，箱が転がっていくという質的変化は，$1, 2, 3, \cdots$ という整数値に量化することができる．

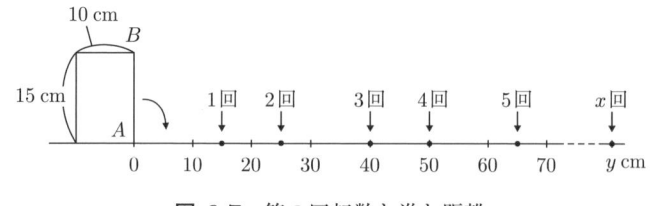

図 6.7　箱の回転数と進む距離

お菓子の箱の横が 10 cm，縦が 15 cm とすると，箱が横へ進むという質的な印象は，進む直線上に座標を取って，頂点がこの直線上でどのような値を取って進むかということに置き換えられる（図 6.7）．つまり，$15, 25, 40, 50, \cdots$ という値を取って進むことになる．

このように量化すると，「箱が転がっていく」は，回転数という変量 x となり，その取る値は，集合 $X = \{1, 2, 3, \cdots\}$ の要素となる．他方，「箱が横へ進む」は，位置という変量 y となり，その取る値は，集合 $Y = \{15, 25, 40, 50, \cdots\}$ の要素となる．ここまでくれば関数まで後一歩で，この運動から，集合 X, Y の要素間の対応を見ればよいことになる．

つまり，

$$
\begin{array}{ccccc}
x \text{ の値} & 1 & 2 & 3 & 4 & \cdots \\
\downarrow & \downarrow & \downarrow & \downarrow & \downarrow \\
y \text{ の値} & 15 & 25 & 40 & 50 & \cdots
\end{array}
$$

という対応が，この場合の関数を示すことになり，このような表記が関数を表す一つの手段である下のような表へとつながっていく．

x (回)	1	2	3	4	$\cdots$
y (cm)	15	25	40	50	$\cdots$

また，この関数を式に表すと，

$$
y = \begin{cases} 25 \times \dfrac{x}{2} & (x \text{ が偶数のとき}) \\ 15 + 25 \times \dfrac{x-1}{2} & (x \text{ が奇数のとき}) \end{cases}
$$

となる．

さらに，右のように y の値を長さに持つ線分を順に縦に並べていき，それぞれの線分の上端に点・を打ったものがグラフへとつながっていく（図 6.8）．

座標平面上の点の集まりとして関数のグラフを認識できるようになるまでには，このような経験的体験の積み重ねとかなりの時間を要する．

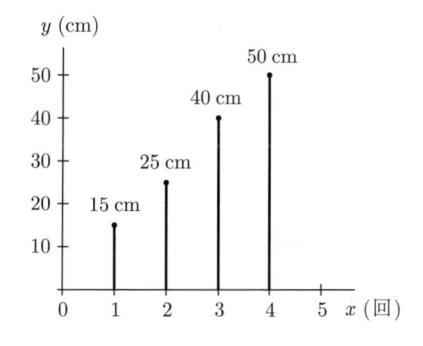

図 6.8 グラフ表現へ

(2) 対応による関数の定義

関数の概念は，変われば変わる，決まれば決まる，といわれているように，伴って変わる2つの変量を見出すことにある．しかし，これでは数学的に厳密に定義されたことにはならない．厳密に数学的に関数を定義すると，「2つの集合 X, Y があって，X のどの要素にも，Y の要素がただ1つ定まるような対応のしかたがあるとき，この対応のしかたを X から Y への関数という」ということになる．これは，本来は写像の定義であるが，中学生には関数として扱えばよい．

このような関数の定義を理解させるために，次のような具体例が効果的である．等間隔に糸で巻かれたハムの固まりがある（図 6.9）．左側からの距離 x に対応して，巻かれた糸の長さ y が定まっている．もちろん，巻かれた糸は1つの平面上にあり，それらはすべて平行になっているものと考える．

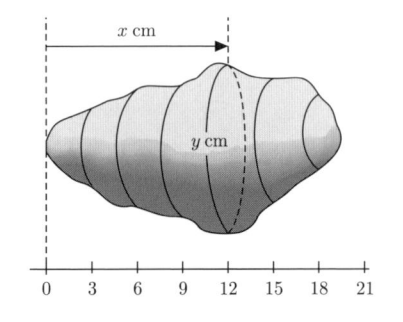

図 6.9 ハムを巻く糸の長さ

この場合の関数を，集合 X から集合 Y への要素間の対応に表す（図 6.10）．集合 X が変数 x の変域で定義域，集合 Y が変数 y の変域で値域ということになる．今3 cm 間隔で糸が巻かれていれば，$X = \{3, 6, 9, 12, 15, 18\}$ ということになる．

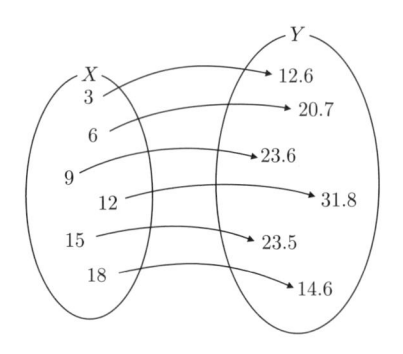

図 6.10 ハムの糸の長さ

ふつう，このような変化は，子どもには変化として認められにくいが，関数は一意対応を示すものであることをしっかり印象づけるようにしたい．

ここで，各 y の値を長さに持つ糸を順に縦に並べていき，それぞれの糸の上端に点・を打ったものがグラフということになる（図 6.11）．

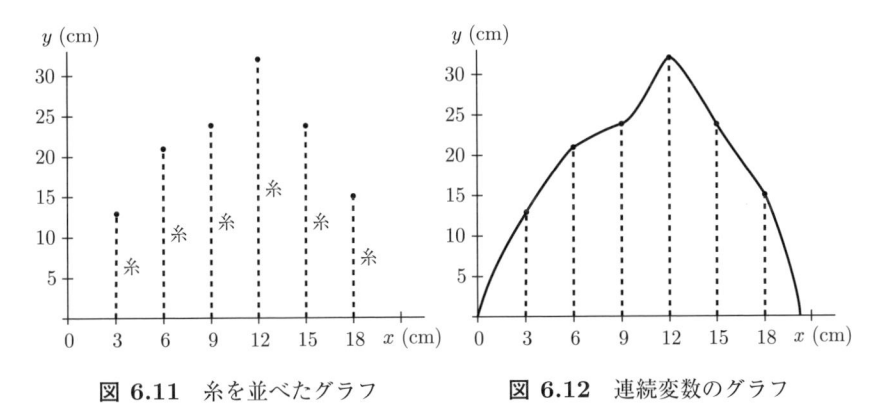

図 **6.11** 糸を並べたグラフ　　図 **6.12** 連続変数のグラフ

　さらに，この関数の定義を拡張して，ハムを左側から x cm のところで切ったときの切り口の周の長さを y cm とすると，x の変域は $0 \leqq x \leqq 20$ の実数となり，変量が離散量から連続量へと広がることになる．そして，グラフは連続的な曲線となる（図 6.12）．

(3) 変化をみる関数概念

　関数を，実在の現象の変化を捉えるものと考えるとき，どのような具体例から導入したらよいのであろうか．また，変化をどのように数学化すればよいのかについて考えてみたい．

　子どもが実在の現象から関数を見抜けない理由に，実在の現象の中から伴って変わる 2 変量の抽出ができないことが挙げられる．そこで，次のような実験を行ってみる．

　やかんに水を入れてお湯を沸かすとき，時間と温度の変化を測ってみる．その結果，下のような測定値が得られた．

図 **6.13**

時間 x（分）	0	2	4	6	8	⋯	16	18	20
温度 y（度）	29.0	36.8	44.1	51.3	57.0	⋯	73.7	76.0	77.8

　お湯を沸かすとき，やかんの水が次第に熱くなることは，誰にでもわかる．しかし，この現象について，水の温度と，ある瞬間からの時間経過と

いう 2 つの変量を抽出し，しかも，各量の値を対応づけてみるということは，そう簡単ではない．このようなことを可能にするには，何といっても，まず，実際の現象について，こうした体験をさせてみることである．この例でいえば，ストップウォッチと温度計とを持ち出して，測定してみることである．さらに，測定した結果について分析し，この現象の特徴を探ってみることである．

表の温度の変化を見てみると，温度の上昇は，始めのうちは割合に速いが，終わりのほうは遅くなることがわかる．変化の割合を調べてみると，

2 分後から 4 分後まで：$(44.1 - 36.8)/(4 - 2) = 3.65$ 度/分 の上昇

18 分後から 20 分後まで：$(77.8 - 76.0)/(20 - 18) = 0.9$ 度/分 の上昇

ということになっており，かなりの違いであることがわかる．

実際にグラフを描くと，その温度上昇の違いがグラフの傾き具合よりはっきりとわかる（図 6.14）．

このような，時間の変化と温度の変化を結びつけた分析は，2 つの変量を対応づけて考えたからこそ可能になったのである．ある現象について，2 つの変量を抽出し，それらの量の値を対応づけて測定値を求めていき，さらに，その結果から 2 変量の変化を対応づけ現象の特徴を調べる．このような体験を通して，次のことを知らせることが重要である．

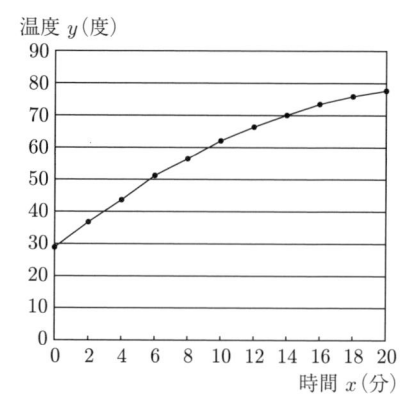

図 6.14 やかんの水の温度変化

(a) 実在の現象に見られる変化に目をつけ，その質的な変化を量化して捉えるようにする．

(b) 時刻，原因，操作なども考えて，目立つ変量と関連しあうもう 1 つの変量を抽出する．

(c) 2 変量が変わっていくようすを対応づけて測定する．

(d) 主たる変量の値の変化に伴って，従となる変量の値の変化がどのよう

になるかを調べ，現象の特徴をつかむようにする．
　このような体験によって，子どもたちは実在の現象から関数を見出すようになっていく．

6.2.2 微分・積分

　ここでは，前述の関数概念から，微分・積分の概念へとどのように拡張していけばよいかについて述べ，微分・積分の持つ数学的な意味について具体的に解説する．

(1) 微分

　前述の微積分の歴史で述べたように，微分法は，接線，極値および速度の問題として発生している．したがって，微分の概念は，変化の割合から区間変化率，その極限として瞬間変化率へと導くのが一般的である．速さの問題でいえば，ある区間の平均の速さから，その極限として瞬間の速さを考えることになる．

　前述のやかんに水を入れてお湯を沸かす事例では，温度の変化の割合を求めた．この場合の関数の式を，$y = f(x)$ と考えると，2分後から4分後の変化の割合は，

$$\frac{f(4) - f(2)}{4 - 2} \quad \cdots\cdots\cdots 区間変化率$$

と表せるが，この4分後を b 分後とし，b をどんどん2に近づけていくとき，この区間変化率の極限値

$$\lim_{b \to 2} \frac{f(b) - f(2)}{b - 2} \quad \cdots\cdots\cdots 瞬間変化率$$

が瞬間温度変化の割合といえる．これが関数 $y = f(x)$ の $x = 2$ における微係数 $f'(2)$ である（図6.15）．

　一般的に導関数は，

$$f(x) = \lim_{h \to 0} \frac{f(x+h) - f(x)}{h} \quad \cdots\cdots\cdots 微分係数$$

と定義されるが，この湯沸かしの現象では，x 分後の瞬間温度変化の割合を示している（図6.16）．

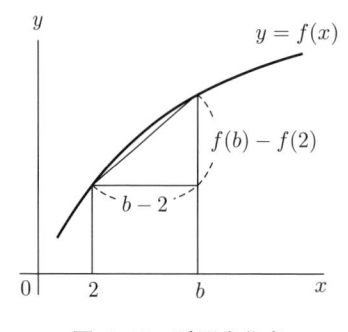

図 6.15　瞬間変化率

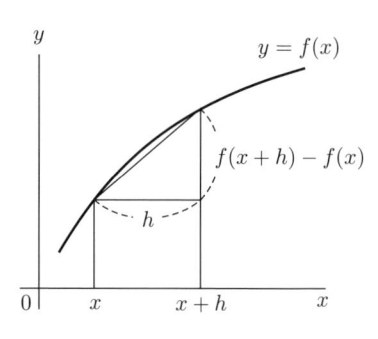

図 6.16　導関数

この湯沸かしの実験で，Excel を用いて，測定値のグラフから二次の回帰曲線（二次関数の放物線に近似する）を求めると，

$$y = -0.0882x^2 + 4.2073x + 28.897$$

となる（図 6.17）.

この導関数は，

$$y' = -0.1764x + 4.2073$$

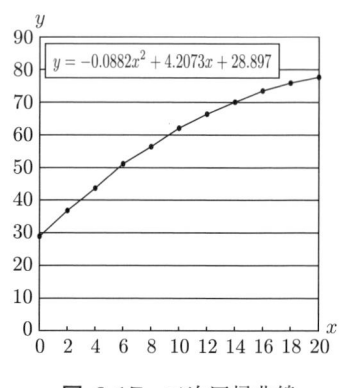

図 6.17　二次回帰曲線

となるから，$x = 2$ における微分係数は，

$$y' = -0.1764 \times 2 + 4.2073 = 3.8545$$

となり，2 分後の瞬間の温度変化率は約 4.56 度/分という計算になる．もちろん，これはグラフの $x = 2$ における接線の傾きである．

(2) 積分

積分の概念は，微分の逆として捉えられるが，どのような具体例から導入し抽象化すればよいだろうか．最初は，簡単な関数で，たとえば一次関数 $f(x) = 0.4x + 5$ について考えてみよう．今，$f(0) + f(1) + f(2) + f(3) +$

$f(4) + f(5) + f(6)$ という $f(x)$ の値の合計を計算してみる. グラフでは, 柱状グラフの長方形を積み重ねた部分の面積の和となる (図 6.18).

そこで, 一般に, 関数 $y = f(x)$ のグラフと x 軸, y 軸と直線 $x = a$ で囲まれた部分の面積を $F(a)$ と表すことにする (図 6.19).

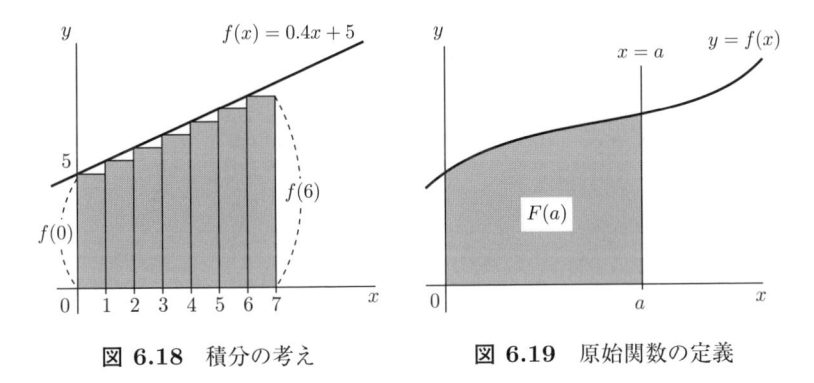

図 6.18 積分の考え

図 6.19 原始関数の定義

ここで, 積分記号を使えば,

$$F(x) = \int f(x)\,dx$$

と表現することになる. さらに, この $F(x)$ を微分すると,

$$F'(x) = \lim_{h \to 0} \frac{F(x+h) - F(x)}{h}$$

となるが, この値はグラフの図から $f(x)$ になることがわかる (図 6.20). つまり, $F'(x) = f(x)$ となる.

ここで, 図 6.9 で示したハムの具体例をもとに積分を考えてみる. この場合の糸の長さを合計していくということ, つまり, 切り口の周の長さ y を x について積分するということは, 結局, このハムの表面積を求めていることになる (図 6.21).

今, Excel を用いて, x の変域が $0 \leqq x \leqq 9$ の範囲で二次回帰曲線を求めると,

$$y = -0.2694x^2 + 5.055x - 0.035$$

となる (図 6.22).

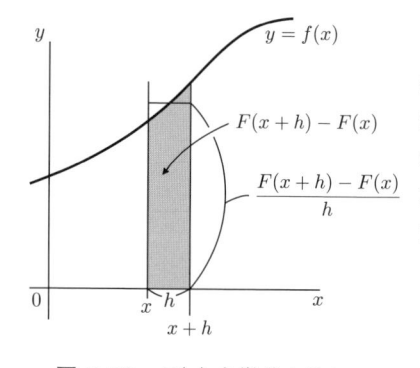

図 6.20 $F(x)$ を微分すると…

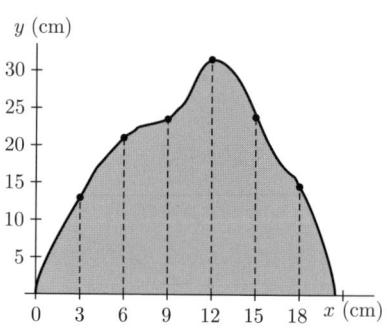

図 6.21 ハムの糸の積分

これを定積分すると，

$$\int_0^9 (-0.2694x^2 + 5.055x - 0.035)dx$$
$$= \left[-0.0898x^3 + 2.5275x^2 - 0.035x\right]_0^9$$
$$= 138.9483$$

となる．したがって，このハムの左から 9 cm までの表面積は約 138.9 cm^2 ということになる．同様に残り部分も近似して求めることができる．

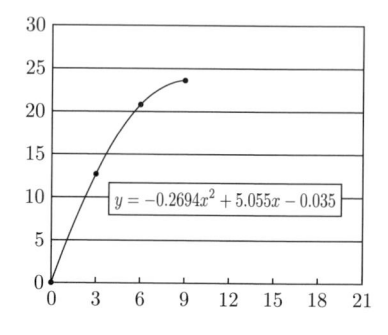

図 6.22 二次近似 $(0 \leqq x \leqq 9)$

今，ハムの周の長さを y として積分によって表面積を求めたが，ハムの切り口の面積を y とした関数を考えれば，当然，それを x について積分すると，ハムの体積が求められることになる．

積分で求められるのは表面積や体積だけではない．距離を時間の関数として微分すれば，速さが求まるのだから，速さが時間の関数であるとき，これを積分すれば，当然，距離が求まることになる．

6.3 解析の教育内容・指導法

6.3.1 現象をみる科学として

ここでは，自然現象や社会事象を数学的に解明するものとして解析学を捉え，そのいくつかの指導事例を紹介する．もちろん，関数の式やグラフについての理解や数学的処理能力をつける指導も重要であるが，これらが現在の日本の数学教育で最も欠落している部分であると考えるからである．

(1) 関数 $y = ax^2$ の導入

関数 $y=ax^2$ を実際の現象と関連づけて指導する場合，たとえば，自然落下の現象を解析するとき，どのように指導すればよいか考えてみよう．

ビルの屋上からボールを落とすと，何秒後に地面に落ちるだろうか．このような問いかけの導入から，物を落としてからの時間と距離の関係がわかれば解決できることに気づかせ，実際にその実験を教室で行うことにする．以前なら物にテープをつけ，それを記録タイマーに通しながら落とす実験を行っていたが，今は，グラフ電卓の CBL システム距離センサーを用いることによって，容易にデータを取ることができる（図 6.23, 6.24）．

生徒による実験データは，だいたい次のような結果になる（表 6.1）．

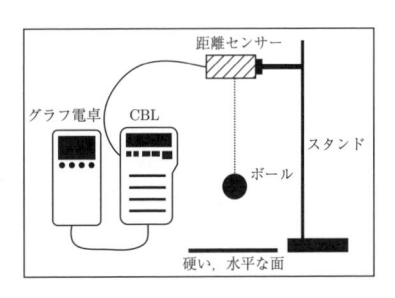

図 6.23 実験装置の説明 (TT)　　図 6.24 距離センサーの設置

表 6.1 生徒による実験結果の一例

x (秒)	0.00	0.04	0.08	0.12	0.16	0.20	0.24	028	0.32	0.36	0.40
y(m)	0.00	0.01	0.03	0.07	0.12	0.19	0.28	0.38	0.49	0.61	0.76
y/x^2	–	6.3	4.7	4.9	4.7	4.8	4.9	4.8	4.8	4.7	4.8

測定値はすべて小数第 2 位まで（cm 単位）に近似し，まず，表の x, y までの測定値をもとに，その関係を考察する．y は x に比例しているのか．y は x の一次関数になっているのか．表の中で，x の値が 2 倍，3 倍になっているところを見ると，y の値は同じように変化していないことから，まず，比例の関係ではないことがわかる．また，x の値が 0.04 ずつ増えているにもかかわらず，y の値は同じ数ずつ増えていない（変化の割合が一定でない）ことから，一次関数の関係ではないこともわかる．そこで，x の値が 2 倍，3 倍になっているときに，y の値が何倍になっているかを調べると，それらが約 4 倍，約 9 倍になっていることに気づかせ，y/x^2 の割合を求め，表の最下行を追加することにする．y/x^2 の値は小数第 1 位までに近似する．以上の結果から，より正確な実験をすれば，

図 6.25 実験結果の考察

図 6.26 結果をまとめる生徒

この比例定数の値はおよそ 4.9 になることを知らせ，関係式 $y/x^2 = 4.9$ から，この関数の式を $y = 4.9x^2$ と表すように導く．こうして，落体の現象から $y = 4.9x^2$ という式への数学的モデル化が行われる（図 6.25, 6.26）．

この実験で得られたデータに対して信頼できると捉えた生徒は 65％で，信頼が持てないと捉えた生徒がかなりいたということは，この種の実験の難しさを窺わせる．10 班に分かれてそれぞれ実験データを得たが，中にはかなり比例定数が 4.9 の値からずれた班も出てしまったことにも起因している．やはり，より正確なデータを得られるように，予備実験を重ねて適切な指導を行わなければならないだろう．日ごろ実験をほとんど行わない数学教師にとって，その指導は容易なことといえないかもしれない．

(2) 指数関数の応用

指数関数の応用問題として，放射能の問題を扱った事例を示す．これは海外での興味深い実践事例で，放射性物質の半減期について，生徒たちが実験によって体験できる内容となっている．

オーストラリア教育課程協会によるホームページ Mathematics 300 には「Radioactivity」という指導案が紹介されている．まず，放射能について，次のような説明を与え，基本的な理解を持たせる．

「あなたたち 1 人 1 人がウラニウム原子で，屋外の広い空間にいると想像してください．なぜ，これらのウラニウム原子が人々に危険なのでしょうか．それは，その 1 つ 1 つが自然に代わるがわる崩壊するからです．崩壊のときに，α 線，β 線，γ 線などの有害な放射線を発射し，それが人に当たると損傷を受けることになるのです．だから，崩壊するまでの原子は，だれも傷つけず，ただ潜在的危険性を持っているに過ぎないのです．崩壊後の原子は安全で，鉛のような他の物質に変わってしまい，もう放射能を発射しなくなります．この崩壊は無作為に起こります．科学者たちも，どの特定の原子が崩壊を引き起こすのかを決めることはできませんが，1 年間で原子のどれだけの割合が崩壊するのかを予測することはできます．」

次に，全ての生徒がサイコロを 1 つずつ持ち，先生も 1 つのサイコロを準備する（できれば生徒からも見えるような大きいものがよい）．全ての生徒を起立させ，簡単な実験を行う．

「あなたたちは，皆がウラニウム原子です．皆が潜在的に危険性を持っています．ただ，それは崩壊して有害な放射線を発射するときのみです．1 年当たりの崩壊する確率は 6 分の 1 と仮定しましょう．」

そして，0 年目の原子（生徒）の数を示す表を黒板に書く（表 6.2）．

「それでは，あなたが崩壊する年かどうか見てみましょう．」

表 6.2 0 年目の原子の数
（生徒数が 40 と仮定する）

年	原子の数
0	40

全ての生徒が自分のサイコロを振り，1〜6 のいずれかの数を出す．それから，「先生の振るサイコロが "キラーダイス" で，その出た目と同じ数の人が崩壊する」と宣言し，先生がサイコ

ロを振る．このことによって，生徒の中から無作為に6分の1の確率で崩壊するウラニウム原子を選ぶことができる．今，先生の出た目の数が4であったと仮定しよう．

「自分のサイコロの目が4の人は，全て放射線を放射して座りなさい．なぜなら，あなたたちはもう安全で放射能を持っていないから．まだ立っている人は，なお潜在的な危険性を持っています．」

表 6.3　原子崩壊実験結果

年	原子の数
0	40
1	34
2	27
3	20

生徒が座るときに，放射線を放出する意味で，近くの人を（やさしく）たたいてもよいと告げてもよい（ユーモラスな行為として）．もし，4の目を出していた生徒が6人だったとすると，6個の原子が崩壊し，1年後の残りのウラン原子は34個ということになる．この数を黒板の表に記入する（表6.3）．続けて同様に2～3年後までの実験を行う．その結果は表のようになる．そこで，生徒の約半数が座っている状況になるのを教師は慎重に待つ．

「今，クラスの約半数の人が座っています．半分の原子が崩壊するのに3年かかりました．すべての原子が崩壊し，この中を歩いても安全になるまでに何年かかると思いますか．」

放射能の"半減期"を定義するために，この機会を見逃さず，生徒に放射能がなくなるまでの年数を予測させるのである．生徒の予測値は，黒板の表の下に記録しておく．これは後の考察のときに有効である．多くの生徒は「半分になるのに3年かかったから，全てなくなるのは6年か7年だろうと予測する」だろう．

それから，すべての原子が崩壊してなくなってしまうまで，実験を継続して行い，その記録を取り，何年かかったかを確認する．実験結果と生徒の予測とを比較する．思ったよりも長くかかること，ほとんどの生徒の予測よりも長いことに生徒はしばしば驚きを示す．そこで，半減期という概念を定義し，全ての放射性物質は半減期によって説明されることを強調する．上の表で，半減期が約3年の場合の数の変わり方を確認する．

「3年後に原子の半分が崩壊し，次の3年後に残りの原子の半分が崩壊

し，またその次の3年後に残りの原子の半分が崩壊する，…というようにして最後の原子が崩壊するまで続いていくとき，この3年のことをその原子の半減期といいます.」

　生徒たちが自分たちの体を使って実際にシミュレーション実験したことが，この半減期の概念をより明確に理解することにつながっている．ウクライナのチェルノブイリ大惨事での主要な汚染物質はセシウム30 (Caesium-30) であり，その半減期は30年であるという実際の事実を生徒たちに紹介する．

「1986年のチェルノブイリ大惨事の30年後には，まだ半分の放射能があり，60年後にはさらにその半分が存在し，90年後には…というようになります．これは，汚染物質が少なくとも200年後まで存在し続けることを意味しています.」

　このようなシミュレーション実験をして求めた半減期等について，グラフ電卓を使って指数関数による計算で求めることにする．

　まず，100個の原子で崩壊確率が6分の1の場合について，n年後の原子の数を計算で求める式を考えると，

　　　　1年後　　$100 \times (5/6)$個
　　　　2年後　　$100 \times (5/6) \times (5/6) = 100 \times (5/6)^2$個
　　　　3年後　　$100 \times (5/6) \times (5/6) \times (5/6) = 100 \times (5/6)^3$個
　　　　……　　……
　　　　n年後　　$100 \times (5/6) = 100 \times (5/6)^n$個

となるから，n年後の原子の数y個は次の式で求められる．

$$y = 100 \times (5/6)^n$$

　一般に，はじめの原子の数をp個，原子の崩壊確率をqとすると

$$y = p \times (1-q)^n$$

という式になる．

　そこで，この指数関数の式を使って，グラフ電卓で半減期を求める．まず，チェルノブイリ事故のCaesium-30の崩壊確率を求める．はじめの原

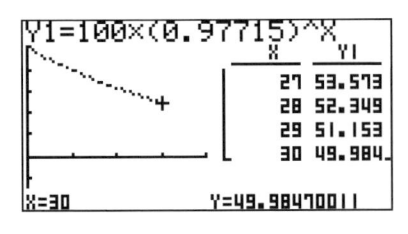

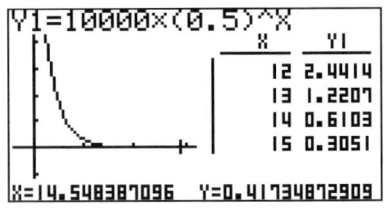

図 6.27 半減期 30 年の崩壊確率　　**図 6.28** ラジウム 226 の原子数

子の個数 $p = 100$ とし，いろいろな崩壊確率 q の値を入れて，試行錯誤の計算をしてみる．その結果，崩壊確率が 0.02285 のとき，30 年後に原子は約 50 個になることがわかる（図 6.27）．

さらに，ラジウム 226 の半減期は 1590 年であることを示して，10,000 個のラジウム 226 が何年後になくなるかを求めてみる．1,590 年を 1 期間として，n 期間後になくなると考えて，

$$y = 10{,}000 \times (1/2)^n$$

の計算をすると，およそ 15 期間後に原子の数は 0 になることがわかる（図 6.28）．だから，

$$1{,}590 \times 15 = 23{,}850$$

と計算して，約 23,850 年後にラジウム 226 原子がなくなることになる．

6.3.2　テクノロジーの活用

ここでは，上記で電卓やグラフ電卓を使用したことに引き続き，関数教材として現実的な問題を扱うときにテクノロジーが欠かせないことを示す事例について，さらにいくつかを紹介する．人間が紙の上の手計算で処理できる量には限界があり，多くの数値計算やグラフ作成などは，手軽に使えるグラフ電卓やノートパソコン等のテクノロジーを活用することが学校教育でも求められている．

(1) 一次関数の利用

一次関数の利用問題として陸上競技 100 m 走の優勝記録を扱う．優勝記

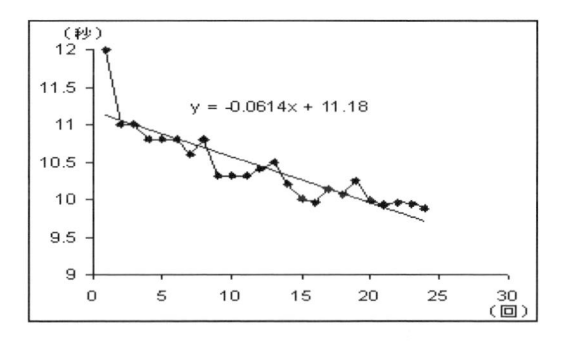

図 6.29　男子 100 m 走の優勝記録

録はどのように更新されていくか，また，男女の優勝記録の差は，どのようになっていくかということが授業のテーマとなる．

陸上競技の男子 100 m 走は，近代オリンピックが始まった 1896 年から同時に始まった種目で，長い歴史を持っている．この男子 100 m 走の優勝記録について，1896 年から 2000 年のオリンピックを，その開催された回数によって数値 1 から 24 で示し，それぞれの優勝記録を対応させた表を，Excel のシートに入力する．そして，その折れ線グラフを描き，さらに近似直線の式を求める（図 6.29）．

この式で，第 25 回の記録を予測すると，$x = 25$ を代入し，

$$y = -(0.0614) \times 25 + 11.18 = -1.11 + 11.18 = 10.07$$

となる．しかし，実際の 2004 年アテネオリンピックで優勝したのは，アメリカのジャスティン・ガトリン (Justin Gatlin) 選手で，その優勝記録は 9.85 秒と，この計算予測よりはるかに速かったことがわかる．

次に，男女の優勝記録を比較してみることにする．この種目の女子が始まったのは 1928 年からなので，男女とも 1928 年から始まるようにそろえることにする．そのためには 1928 年第 1 回から 2000 年第 17 回までとし，その優勝記録の表を Excel シートに入力し，そのグラフと近似直線を求める（図 6.30）．

2 つのグラフを見ていると，女子の優勝記録がいずれ男子の優勝記録に

ほとんど等しくなるかどうかという疑問を持つことができる．

この2つの近似直線の式を使って，電卓やExcel等で計算していけばよい．今，仮に$x=27$（2040年オリンピックに対応する）としてみよう．$x=27$を男女の近似直線の式に代入すると，男子には9.44秒という優勝記録を予測し，女子には9.80秒という優勝記録を予測することになり，男女の記録はより近づいていくことがわかる．生徒たちは，これは道理にかなった予測であると考えるだろうか．

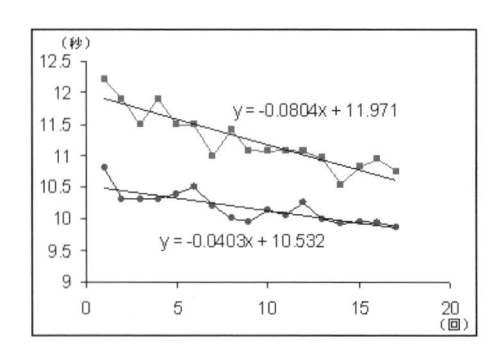

図 6.30　男女100mの優勝記録

(2) 微分の利用

$24\,\mathrm{cm}\times 30\,\mathrm{cm}$の長方形のボール紙がある．この四隅から合同な正方形を切り取って，フタのない箱を作る．箱の容積を最大にするには，どのように作ればよいかという問題場面を考えてみる．

切り取る正方形の一辺の長さを$x\,\mathrm{cm}$，できる箱の容積を$y\,\mathrm{cm}^3$とすると，$y=(24-2x)(30-2x)x$となるから，この関数のグラフの概形を描き，$0\leqq x\leqq 12$の範囲でyの最大値を求めればよい．友田勝久による関数グラフソフトGRAPESを使うと，グラフの変化のようすを容易に見ることができる（図6.31）．グラフ

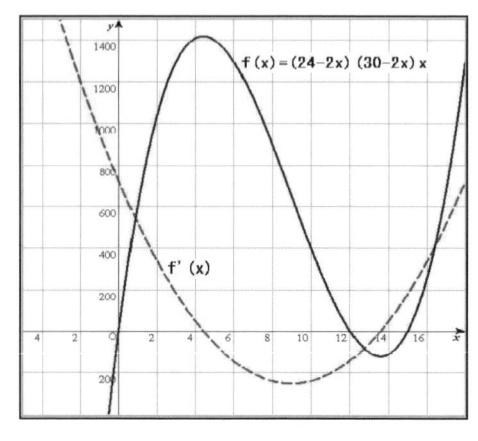

図 6.31　箱の容積yと導関数y'のグラフ

と座標軸の目盛りから，x の値が 4.3 のあたりで y の最大値が 1420 ぐらいになることが読み取れる．式は，

$$y = 4x^3 + 108x^2 + 720x$$
$$y' = 12x^2 + 216x + 720$$

となり，導関数 y' が 0 になるときが極値なので，方程式 $12x^2+216x+720=0$ を解くと，$x = 9 \pm \sqrt{21}$ となる．$x \leqq 12$ より $x = 9 - \sqrt{21}$ となり，これは約 4.42 という値であることがわかる．したがって，ボール紙の四隅から 1 辺 4.42 cm の合同な正方形を切り取って，フタのない箱を作ればよいことになる．

(3) 積分の利用

円錐型と半球型のワイングラスがある．円錐は底面の半径 5 cm 高さ 5 cm で，半球は半径 5 cm である．それぞれ同じ深さまでワインを入れたとき，それぞれに入っているワインの量はどのようになるだろうか．また，一

図 6.32

方が他方の 4 倍になるのは，深さ何 cm まで注いだときだろうかという問題場面を考えてみよう．

グラスに満ちるまで入れたときの量については，中学生でも容易に比較できるだろう．円錐は円柱の 1/3，球は円柱の 2/3 だから，半球型が円錐型の 2 倍になる．問題は，途中まで注いだときの量の比較である．

深さ x cm まで入れたとき，円錐型，半球型それぞれのワイン面の面積を $f(x), g(x)$ とすると，

$$f(x) = \pi x^2$$
$$g(x) = \pi(5^2 - (5-x)^2)$$

となる．体積は積分で求まるから，それぞれの不定積分で，

$$F(x) = \int_0^x f(t)\,dt$$
$$G(x) = \int_0^x g(t)\,dt$$

を計算すればよい．

GRAPES を使って，これらのグラフの変化のようすを調べてみる（図 6.33）．

グラフを見ると，$x=5$ のとき，$f(x)=g(x)$ となり，$F(x)$ の 2 倍が $G(x)$ になっていることが確認できる．

さらに，割合 $G(x)/F(x)$ のグラフと $y=4$ のグラフを描いてみる（図 6.34）．

このグラフから見ると，深さ 3 cm あたりで，ワインの量が 4 倍になることが窺える．正確な値は実際に方程式を立てて計算してみる必要があるだろう．

計算は読者に委ねたい．

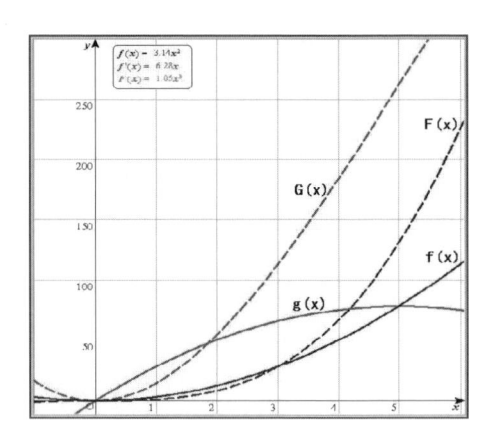

図 **6.33** $f(x), g(x), F(x), G(x)$ のグラフ

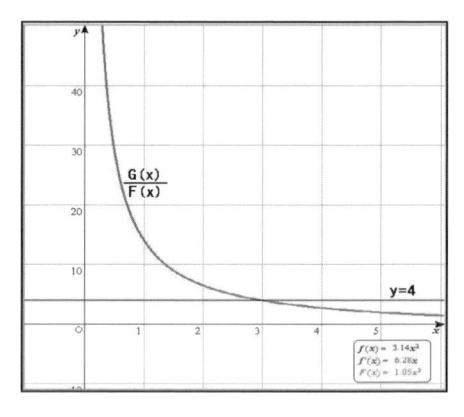

図 **6.34** $G(x)/F(x)$ と $y=4$ のグラフ

研究課題

1. 解析学の歴史において，関数および微分積分が確立されてきた過程について説明しなさい．
2. 解析教育の目標について，具体的な教育内容と関連させて，まとめなさい．また，小学校から高等学校までの解析教育の内容の概略と，その系統性について説明しなさい．
3. 関数を含む実在の現象について，実際に実験を行ってみなさい．また測定値をもとに，その関数について考察しなさい．

4. 何かの現象を科学的に解明する解析教材を開発してみなさい．

引用・参考文献

阿部浩一 (1980) 算数・数学科教育の理論と展開．第一法規，東京
片野善一郎 (1997) エピソードでつづる数学者物語．明治図書，東京
Lovitt, C. & Lowe, I. (1993) Chance & Data Investigations Volume I. Curriculum Corporation, Melbourne
松宮哲夫，柳本哲，桝田尚之，吉野谷成史，工藤満也 (1986) 中学校における二次関数の導入について―手作業とパーソナル・コンピュータの併用を通して―．大阪教育大学数学教室編 数学教育研究，16：23–43
松宮哲夫 (1990) 高等小学校におけるグラフ・函数教授について．大阪教育大学数学教室編 数学教育研究，20：103–113
岡森博和編 (1983) 算数・数学科教育の研究と実践．第一法規，東京
田村三郎編著 (1988) 数学教育概論．梓出版社，千葉
友田勝久 (2003) GRAPES パーフェクトガイド，文英堂，東京
友田勝久，堀部和経 (2003) パソコンらくらく高校数学 微分・積分．講談社，東京
山本育央 (2006) 中等教育段階における関数指導についての一考察―多変数関数の導入の試み―．数学教育学会誌，47(3・4)：33–44
柳本哲 (1997) グラフ電卓を用いた落体実験の可能性―CBLシステムによる実践授業と生徒の反応―．大阪教育大学数学教室編 数学教育研究，27：93–103
柳本哲，M. Stephens (2001) 総合学習に生きる数学教育．明治図書，東京
横地清 (1973) 算数・数学科教育法．誠文堂新光社，東京

第7章　確率・統計

　本章では，確率・統計教育のあり方について検討する．第1節は確率・統計教育の問題点と生徒の実態，第2節は確率・統計に関する数学内容，第3節は確率・統計教育の指導の具体例について扱う．

7.1　確率・統計教育の今日的課題

7.1.1　確率・統計教育の問題点

〈知っているつもりで知らない確率・統計〉

　明日の大阪の降水確率は60％という言葉は聞いたことがあるだろう．では，この60％という確率はどういう意味であろうか．たとえば，明日雨が降るか降らないかは五分五分なので雨が降る確率は50％とはいえないのであろうか．同様に宇宙人がいる確率はどうであろうか．いるかいないかなので50％なのであろうか．

　図7.1のグラフを見てほしい．よくある塾の宣伝広告である．どちらの塾も合格者数が年々増加していることを示しているのだが，ここにトリックが隠されている．何かわかるであろうか？

　このように，確率・統計は身近にはよくあ

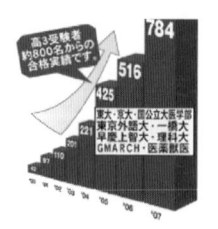

図 7.1　広告のグラフ

るのだが，その本質的な使い方を理解できていないことが多い．情報社会の中で，確率・統計をしっかり理解しておかなければ，よりよく生きることが困難である．そこで，子どもたちは，小・中・高校でしっかりと，社会に活かせる確率・統計を身につけておく必要がある．

(1) 現在の確率・統計教育

現在の確率・統計教育の実態を見る．学習指導要領（文部省 1999a, 1999b, 1999c）から見ると次のようになる．

●小学校

【確率】なし

【統計】2年：事項を簡単な表やグラフに表したりそれをよんだりする，3年：簡単な事象の分類と整理，棒グラフのよみ方とそのかき方，4年：二つの事柄に関して起こる場合を調べたり落ちや重なりを検討したりする，折れ線グラフとそのよみ，5年：資料の分類整理と円グラフ・帯グラフ，百分率，6年：平均

●中学校

【確率】2年：具体的な事象についての観察や実験を通して，確率について理解する

【統計】なし

●高等学校

【確率】数学A：場合の数と確率，数学C：確率分布

【統計】数学基礎：身近な統計，数学B：統計とコンピュータ，数学C：統計処理

これらを見ると，高校でようやく，確率・統計を行っているように見えるのだが，実際はそうともいい切れない．たとえば，文部科学省の行った「平成14年度高等学校教育課程実施状況調査」[1]の結果では，数学Aでは74.5％の履修率であるが，数学Bでは47.1％，数学Cでは20.0％にとど

---

[1] 文部科学省「平成14年度高等学校教育課程実施状況調査の結果概要について」，http://www.mext.go.jp/b_menu/shingi/chukyo/chukyo3/siryo/004/04012701.htm

まっている．さらに，数学 B，数学 C は 4 項目の中から 2 項目を選択するのであるが，数学 B では，「数列」，「ベクトル」の選択がほとんどで，「統計とコンピュータ」の選択は少ない．数学 C でも「行列とその応用」と「式と曲線」が多く，「確率分布」，「統計処理」は少ない．したがって，高校生の多くもかろうじて数学 A の「場合の数と確率」に接しているだけであると考えられる．このことは，センター試験において，数学 B の統計を選択する受験生が数％しかいないことからもわかる[2]．

これらのことから，多くの大学生は小学校で統計，中学校で確率，高校で確率の学習を受けるだけで大学に進学しているのが実情といえるであろう．

(2) 生徒の学力

実際，子どもの学力はどのようなものであるのかを見てみる．確率について，国立教育研究所 (2003) による，平成 13 年度小中学校教育課程実施状況調査報告書での「確率の意味の理解」の調認識査（図 7.2）では，次のような結果が見られる．

---

1 の目が出る確率が 1/6 であるさいころがあります．このさいころを投げるとき，どのようなことがいえますか．下のア〜オの中から最も適切なものを 1 つ選んで，その記号を□の中に書きなさい．
ア 5 回投げて，1 の目が 1 回も出なかったとすれば，次に投げると必ず 1 の目が出る．
イ 6 回投げるとき，そのうち 1 回は必ず 1 の目が出る．
ウ 6 回投げるとき，1 から 6 までの目が必ず 1 回ずつ出る．
エ 30 回投げるとき，そのうち 1 つの目は必ず 5 回出る．
オ 3000 回投げると，1 の目はおよそ 500 回出る．

図 7.2 調査問題（中学校 3 年）

解答のうちアが 2.1％，イが 25.6％，ウが 5.7％，エが 8.9％，オが 54.4％，これ以外が 0.2％，無回答が 3.0％である．これらの結果から，確率がどのように決定されているのかがわかっていない生徒が多いことがわかる．学校教育では，実験・実測の重視ではなく，数計算に重きが置かれているこ

---

[2] 大学入試センター「数学 B 問題作成部会の見解」，
http://www.dnc.ac.jp/old_data/exam_repo/18/pdf/18hyouka29.pdf

とがこの要因であろう．

一方，統計についてOECD（経済協力開発機構）による，2003年度に実施された「生徒の学習到達度調査」(PISA)での統計に関わる認識調査（図7.3）の結果は次のようである（国立教育政策研究所編 2004）．

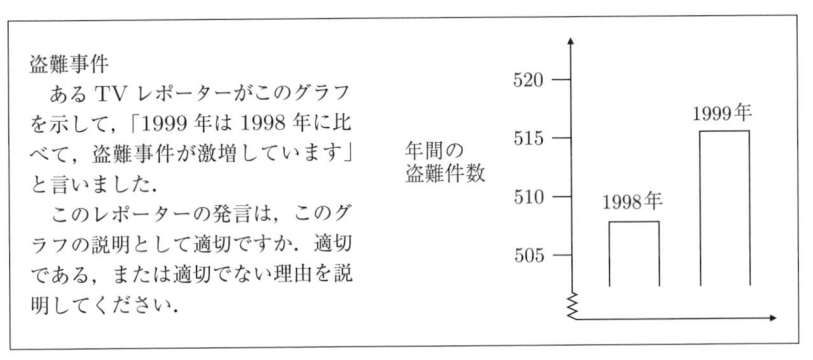

```
盗難事件
　あるTVレポーターがこのグラフを示して，「1999年は1998年に比べて，盗難事件が激増しています」と言いました．
　このレポーターの発言は，このグラフの説明として適切ですか．適切である，または適切でない理由を説明してください．
```

図 7.3 調査問題（高等学校1年）

完全正答が11.4％，部分正答が35.4％，誤答が38.8％，無答が14.4％であった．完全正答がOECDの平均は15.4％，フィンランド26.5％，イタリア23.3％と比べて低いことがわかる．これは小学校で学習する最も基本的な棒グラフの問題ではあるが，その本質的な意味が高等学校1年生でもわからないことを示しているといえる．この要因として，中学校で統計をまったく学習しないことが挙げられる．

このように，確率についても，統計についても本質的な内容が理解できていない状況がわかる．

7.1.2　確率・統計教育の内容

確率・統計はそれぞれ，確率論，統計学として数学の学問として存在するが，比較的新しい（歴史については各自是非調べてほしい）．しかしながら，人間社会に役に立つ学問としても知られている．したがって，数学の目標の1つである，日常生活に役立てるといった目標からすれば，非常に役に立てやすいのが確率・統計の学習であるといえる．しかしながら，前述したように，その学習内容はかなり少ない．本来どのようなものを指導

しておくとよいかを以下に挙げる（詳しくは次の文献等を参照されたい，亀谷ほか 1966, 亀谷ほか 1971, 町田 1972, 横地 1973, 横地 2005, 横地 2006).

(1) 確率の教育内容

小学校の確率では，帰納的な大数の法則を利用しながら，確率空間の構成をする必要がある．もちろん，その際，試行，事象，根元事象等の確率の基礎知識の指導が必要となる．中学校に入りさらに確率を拡張するために，確率空間を確率変数と結びつけながら指導する必要が出てくる．統計的確率，数学的確率といった定義の違いについても指導する必要がある．確率の基本性質や余事象の定理，条件付き確率，事象の独立・従属，独立試行も必要である．高等学校ではこれらを理論的に指導するとともに，二項分布，正規分布の指導も大切となる．

(2) 統計の教育内容

小・中学校では，記述統計の基礎を指導する必要がある．度数分布（ヒストグラム）や代表値（平均値，中央値，最頻値），散布度（分散・標準偏差），確率分布まで行うとよい．高等学校で，推測統計を中心として，二項分布，正規分布（t 分布）などの推定・検定を行う必要がある．

7.2 確率・統計の数学的背景

確率論は，確率的な予言しかできない偶然事象に対して，数学的なモデルを与え，解析する学問である．この確率論は，16 世紀ジロラモ・カルダーノ (Girolamo Cardano, 1501–1576) やその後のガリレオ・ガリレイ (Galileo Galilei, 1564–1642) に始まるとされ，本格的には，ピエール・ド・フェルマー (Pierre de Fermat, 1607–1665) とブレーズ・パスカル (Blaise Pascal, 1623–1662) の文通が始まりとされる．現代では，アンドレイ・コルモゴロフ (Andrey Nikolaevich Kolmogorov, 1903–1987) の確率論がある．これらの確率論は現在いろいろな分野で用いられて

いる.

一方,統計学は,最初は資料を整理することによって,ある集団の特徴を記述することを目指す,**記述統計** (descriptive statistics) であった.これは,19世紀末〜20世紀にかけ発展するが,カール・ピアソン (Karl Pearson, 1857–1936) らがその発展に多大に貢献した.それ以後,確率論をもととし,統計を推測する**推測統計** (inductive statistics) がロナルド・フィッシャー (Sir Ronald Aylmer Fisher, 1890–1962) らによって開拓された.そして現在ではいろいろな学問へ応用されている.

なお,最近統計では,SPSSやExcel等のPCソフトが活用され,それに見合った説明書も数多く出版されている.

7.2.1 確率

確率 (Probability) とは,ある事柄(事象)の起こる度合い(起こりやすさ)を表す数値である.一般的には蓋然性ということもある.

(1) 確率の定義

確率を使う場合として,1個の正しいサイコロを振るとき偶数の目が出る確率はとか,くじ引きで当たる確率等がある.

この場合,同じ条件のもとで繰り返し行うことができ,その結果が偶然に支配される実験や観察を**試行** (trial) という.また,試行の結果として起こる事柄を**事象** (event) という.起こりうる結果の全体を,その試行の**標本空間** (sample space) と呼ぶ.その標本空間で,それ以上分けることのできない事象を**根元事象** (elementary event) と呼ぶ.

一般に,標本空間全体で表される事象を**全事象** (whole event) と呼び U で表す.また空集合で表される事象を**空事象** (empty event) といい ϕ で表す.また,「事象 A または B が起こる」事象を A と B の**和事象** (sum event) といい,$A \cup B$ で表す.「事象 A と B の両方が起こる」事象を A と B の**積事象** (product event) といい,$A \cap B$ で表す.

ある試行において,2つの事象 A, B の一方が起こると,他方は起こらないとき,事象 A と事象 B は互いに**排反** (exclusiveness) といい,A と B

は**排反事象** (exclusive event) であるという．このとき $A \cap B = \phi$ が成り立つ．

⟨**数学的確率（古典的確率，先験的確率）**⟩

この確率はラプラス (Pierre-Simon Laplace, 1749–1827) によって，定義されたものである．

> ある試行で，起こりうる根元事象の総数を N とする．どの根元事象も同程度の確からしさで起こるものとする．このとき，ある事象 A が n 個の根元事象からなるならば，その事象 A の起こる確率 $P(A)$ は次のようになる．$P(A) = n/N$.

⟨**統計的確率（経験的確率）**⟩

数学的確率で問題となるのが，「同程度に確からしい」である．このことが保証されず，この困難点を克服するために次のような統計的確率が考え出された．

> 同一条件のもとで，N 回の試行を行った結果，ある事象 A が n 回起こったとする．その試行回数 N を十分大きくしたとき，n/N がほぼ一定の値 $P(A)$ に近い場合，$P(A)$ を事象 A の確率とする．

⟨**公理的確率**⟩

さらに，確率論が公理的に構成されるようになり，コルモゴロフによる公理的確率が定義される．

> 有限加法族 F に対して次の 3 つの公理より定義する．
> 公理 1：F に属する任意の事象 A に対して，負でない実数 $P(A)$ が定められるとき，この実数を事象 A の確率という．
> 公理 2：$P(\Omega) = 1$
> 公理 3：(有限加法性の公理) 事象 $A_1, A_2, A_3, \cdots, A_n \in F$ が互いに排反であるならば，$P(A_1 \cup A_2 \cup \cdots \cup A_n) = P(A_1) + P(A_2) + \cdots + P(A_n)$ が成立する．
> ※有限加法族：(1) F はその 1 つの元として集合 Ω（標本空間）含む．(2) Ω の部分集合 A，B が F に属するならば，集合 $A \cup B$，$A \cap B$，A^c，B^c が F に属する．

(2) 大数の法則

ある独立な試行において，事象 A の起こる確率を p とする．この試行を N 回繰り返すときに A の起こった回数を n とすると，相対度数 n/N は，N が大きくなるに従って一定の値 p に近づく．この性質を大数の法則 (law of large numbers) と呼ぶ．すなわち，統計的確率と数学的確率が一致するということを示す法則といえる．

【Ex】サイコロを振り，1 の目の出る確率を回数ごとにグラフ化してみよう．

→グラフ化すれば，たとえば図 7.4 のようになる．最初のうち確率は一定にならないものの，試行回数を大きくすれば，どんどん 1/6 に近づくことがわかる．

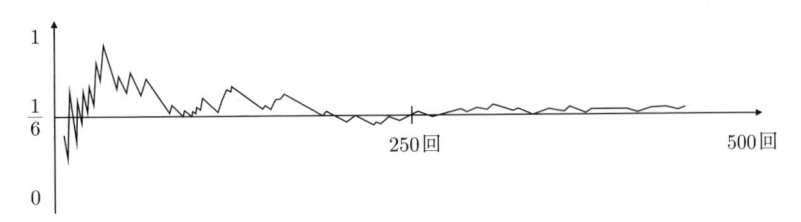

図 7.4 サイコロ 1 の目の出る確率

(3) 確率の基本性質

全事象 U の根元事象のうち，どれが起こることも同じ程度に期待できる（同様に確からしい）場合に，任意の事象 A について，A の起こる確率 $P(A)$ を

$$P(A) = \frac{\text{事象 } A \text{ の根元事象の個数}}{\text{全事象 } U \text{ の根元事象の個数}} = \frac{n(A)}{n(U)}$$

とする．

【Ex】1つのサイコロを投げるとき，偶数の目の出る確率 $P(A)$ はどうなるだろう？

→全事象 $U = \{1, 2, 3, 4, 5, 6\}$ であり $n(U) = 6$，事象 A（偶数の目が出る）$= \{2, 4, 6\}$ であり，$n(A) = 3$ となる．したがって $P(A) = 3/6 = 1/2$ となる．

この定義から次の基本性質が導かれる．

〈基本性質〉

(1) $0 \leqq P(A) \leqq 1$

(2) $P(\phi) = 0$, $P(U) = 1$

(3) $A \cap B = \phi$（事象 A と事象 B が排反）ならば $P(A \cup B) = P(A) + P(B)$

【Ex】1個のサイコロを投げるとき，1または2が出る確率 $P(A \cup B)$ はどうだろう？

→事象 A（1が出る）と事象 B（2が出る）は排反である．$P(A)$ は $1/6$，$P(B)$ も $1/6$ である．このとき，$P(A \cup B) = 1/6 + 1/6 = 2/6$ となる．もちろん，実際も $n(A \cup B) = 2, n(U) = 6$ であるから，$P(A \cup B)$ は $2/6$ である．

〈余事象の定理〉

ある試行で，事象 A に対して，A が起こらないという事象を A の**余事象** (complementary event) といい $\overline{A}$ で表す．このとき $P(A) + P(\overline{A}) = 1$ が成り立つことから，次の定理が成り立つ．

$$P(\overline{A}) = 1 - P(A)$$

【Ex】1個のサイコロを投げるとき，1の目が出ない確率 $P(\overline{A})$ はどうだろう？

→事象 A は1の目が出ることであり，$P(A) = 1/6$ となる．したがって $P(\overline{A}) = 1 - 1/6 = 5/6$ となる．実際，事象 $\overline{A}$ は 2, 3, 4, 5, 6 の目が出ることであり，$P(\overline{A})$ は 5/6 である．

(4) 条件付き確率

事象 A が起こったときに，事象 B が起こる確率を，A が起こったときの B の**条件付き確率** (conditional probability) といい，$P_A(B)$ と表す．

このとき，$P_A(B) = n(A \cap B)/n(A) = P(A \cap B)/P(A)$ である．

【Ex】1個のサイコロを投げる．偶数の目が出たときに，3の倍数が出る確率はどうだろう？

→事象 A を偶数が出る，事象 B を 3 の倍数が出るとする．$A = \{2, 4, 6\}$，$B\{3, 6\}$，$A \cap B = \{6\}$ である．したがって，$n(A) = 3, n(A \cap B) = 1$ となり，$P_A(B) = (1/6)/(3/6) = 1/3$.

さらに前述の式より，次の定理（**乗法定理**）が成り立つ．

$$P(A \cap B) = P(A)P_A(B)$$

【Ex】上の [Ex] の場合で乗法定理を確かめてみよう．

→ $P(A) = 3/6$，$P_A(B)$ は偶数が出たとき，3 の倍数である確率より，1/3 である．また，$P(A \cap B) = 1/6$ である．したがって $P(A)P_A(B) = 1/2 \times 1/3 = 1/6 = P(A \cap B)$ となる．

(5) 事象の独立・従属

2つの事象 A, B があって，一方の事象の起こることが他の事象に影響を及ぼさないとき $(P_A(B) = P(B), P_B(A) = P(A))$，事象 A と事象 B は**独立** (independence) であるという．独立でない事象の場合は**従属** (dependence) という．

事象 A, B が独立の場合，次のことがいえる．

$$\text{事象 } A, B \text{ が独立} \iff P(A \cap B) = P(A)P(B)$$

【Ex】1個のサイコロを投げるとき，事象 A を奇数の目が出る，事象 B を

3 の倍数の目が出る，事象 C を 3 以下の目が出るとする．A, B, C の独立，従属関係を考えてみよう．

→ $A = \{1, 3, 5\}, \quad B = \{3, 6\}, \quad C = \{1, 2, 3\}$
$(A \cap B) = \{3\}, \quad (A \cap C) = \{1, 3\}, \quad (B \cap C) = \{3\}$ である．

$$P(A) = 1/2, \quad P(B) = 1/3, \quad P(C) = 1/2,$$
$$P_A(B) = P(A \cap B)/P(A) = (1/6)/(1/2) = (1/3) = P(B)$$
$$P_A(C) = P(A \cap C)/P(A) = (1/3)/(1/2) = (2/3) \neq P(C)$$
$$P_B(C) = P(B \cap C)/P(B) = (1/6)/(1/3) = (1/2) = P(C)$$

となり，A と B，B と C は独立，A と C は従属である．

(6) 独立試行

いくつかの試行 $T_1, T_2, T_3, \cdots$ において，どの試行の結果も，残りの試行の結果に影響されないとき，これらの試行は**独立**といい，これらの試行を**独立試行** (independent trials) と呼ぶ．

たとえば，サイコロを一定の回数だけ投げる試行は，独立試行である．

7.2.2 統計（記述統計）

(1) 記述統計

収集したデータの代表値や散らばり具合などを算出し，データの示す傾向や特徴を把握するものである．その資料の整理に使用するのが，度数分布，代表値，散布度等である．

(2) 度数分布

集めた資料全体の様子を見るために，度数分布表やヒストグラムがある．

ある集団の個々のものの特性を表す数量を**変量** (variable) という．時間や長さなどの連続的な値の変量を**連続変量** (continuous variable)，物の個数や人数などのとびとびの値しか取らない変量を**離散変量** (discrete variable) という．

DISK1	DISK2	DISK3	DISK4	DISK5	DISK6
167	152	322	258	220	361
219	132	352	312	268	265
200	298	207	399	254	344
213	395	228	171	192	224
392	127	326	279	380	294
211	349	332	321	230	227
199	234	290	204	403	316
264	237	124	410	229	206
278	267	269	171	283	306
266	405	473	277	307	310
201	283	325	294	234	219
505	261	292	167	461	183
253	235	195	193	302	399
109	284	401	243	137	263
171	411	297	258	401	197
154	185	250	237		176
170	175		225		243
488					

図 **7.5** 収録曲の長さ（秒）

集めた資料を変量の値によって区分した表を**度数分布表** (frequency table) という．この分布表の各区間を**階級** (class) といい，この階級の中央の値を**階級値** (class mark) という．

また，度数分布表を柱状のグラフで表したものを**ヒストグラム** (histogram) という．ヒストグラムの各長方形の上の辺の中点を順に結んで得られる折れ線グラフを**度数分布多角形** (frequency distribution polygon) という．

【Ex】図 7.5 のデータは BEST CLASSIC 100（東芝 EMI 2005）に収録されている曲のそれぞれの長さ（秒）である．これを，60 秒以上 120 秒未満の区間から 480 秒以上 540 未満の区間までの 8 つの区間に分け表にまとめたのが図 7.6 である（度数分布表）．

この度数分布表のヒストグラムが図 7.7 であり，度数分布多角形が図 7.8 である．なお，階級の個数は，スタージェスの公式（データの大きさ N に対して，階級の個数 n の目安として，$n = 1 + (\log_{10} N / \log_{10} 2)$ とする）を利用する．たとえば，$N = 50$ なら $n = 7$，$N = 80$ なら $n = 7$，

階級		階級値	度数	累積度数	相対度数
秒以上～秒未満					
60 ~ 120		90	1	1	0.01
120 ~ 180		150	14	15	0.14
180 ~ 240		210	28	43	0.28
240 ~ 300		270	27	70	0.27
300 ~ 360		330	14	84	0.14
360 ~ 420		390	12	96	0.12
420 ~ 480		450	2	98	0.02
480 ~ 540		510	2	100	0.02
計		—	100	—	1.00

図 7.6　度数分布表

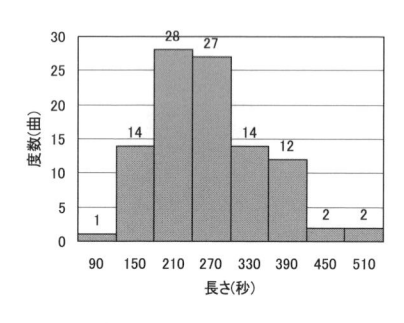

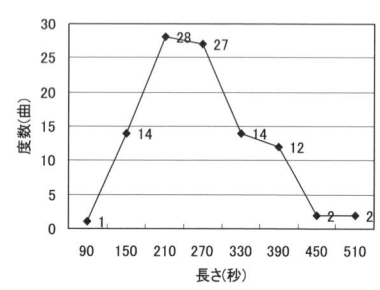

図 7.7　ヒストグラム　　　　図 7.8　度数分布多角形

$N = 100$ なら $n = 8$, $N = 1000$ なら $n = 11$ というようになる．

(3) 代表値 (measure of central tendency)

　その集団の全体の傾向だけではなく，集団の特徴を表すのが代表値である．代表値には**平均値** (average), **中央値** (median), **最頻値** (mode) などがあり，最大値 (max), 最小値 (min) もその一つである．

〈平均値〉

　変量 x の n 個の値を $x_1, x_2, \cdots, x_n$ とすると，これらの値の総和を n でわったものを変量 x の**平均値**といい，$\overline{x}$ と表す．

　すなわち $\overline{x} = \dfrac{1}{n} \sum_{i=1}^{n} x_i$ である．

〈中央値〉

資料の大きさを順に並べたとき，その中央の順位にくる値を**中央値**という．中央がない場合（データが偶数の場合）は，その前後の平均となる．

〈最頻値〉

資料の度数分布表において，度数が最大である階級の階級値を**最頻値**という．

【Ex】先の BEST CLASSIC 100 での平均値，中央値，最頻値を求めてみよう．

→平均値は 268.3 秒となる．中央値は 50 番目が 258 秒，51 番目が 261 秒となり，その間の 259.5 秒となる．最頻値は，210 秒となる．すなわち，4 分 28 秒が平均値，4 分 20 秒が中央値，3 分 30 秒が最頻値となる．

(4) 散布度

資料の集団の特徴を表す際，代表値だけでは十分でない場合が多い．そのとき考慮する必要があるのが**散布度（散らばり）** (degree of scattering) である．散布度には，分散，標準偏差，変動係数，四分偏差，範囲などがある．

〈分散・標準偏差〉

変量の値から平均値 $\bar{x}$ を引いた差 $x_i - \bar{x}$ を x_i と x の**偏差** (deviation) という．この偏差の 2 乗の平均（各値と平均との差の 2 乗の平均）を**分散** (variance) という．

すなわち σ^2 を分散とすると，$\sigma^2 = \dfrac{1}{n}\sum_{i=1}^{n}(x_i - \bar{x})^2$ で表される．

この分散の正の平方根を**標準偏差** (standard deviation; SD) といい，σ で表す．

【Ex】BEST CLASSIC 100 の場合の分散，標準偏差を求めよ．

→分散は 7381.4 (秒^2)，標準偏差は 85.9 (秒) となる．標準偏差が小さければ散らばりも小さく，大きければ散らばりも大きいといえる．

7.2.3 確率分布
(1) 確率変数と確率分布

ある試行において，それぞれの根元事象に応じて決まった値をとる変数を**確率変数** (random variable) という．この確率変数 X がとる値に，その値をとる確率を対応させたとき，この対応を X の**確率分布** (probability distribution) という．

確率変数 X のとりうる全ての値を $x_1, x_2, \cdots, x_n$ に対応する確率を，$p_1, p_2, \cdots, p_n$ とするとき，$p_1 + p_2 + \cdots + p_n = 1$ である．

X	x_1	x_2	$\cdots$	x_n	計
p	p_1	p_2	$\cdots$	p_n	1

【Ex】2つのサイコロを振るとき目の最大値を X とする (X が確率変数である)．このとき，$X = \{1, 2, 3, 4, 5, 6\}$ である．$x_1 = 1, x_2 = 2, \cdots, x_6 = 6$ とすると，$P(x_1) = 1/36, P(x_2) = 3/36, P(x_3) = 5/36, P(x_4) = 7/36, P(x_5) = 9/36, P(x_6) = 11/36$ となる ($P(x_1) + P(x_2) + \cdots + P(x_6) = 1$)．この対応を確率分布という．

(2) 確率変数の平均値（期待値）

X	x_1	x_2	$\cdots$	x_n	計
p	p_1	p_2	$\cdots$	p_n	1

確率変数 X が上の表に示された分布に従うとき，$x_1 p_1 + x_2 p_2 + \cdots + x_n p_n$，すなわち $\sum_{i=1}^{n} x_i p_i$ を確率変数 X の**平均**または**期待値** (expectation) といい，$E(X)$ で表す．

2つの確率変数 X, Y について $Y = aX + b$ ならば $E(Y) = aE(X) + b$ が成り立つ．

【Ex】2つのサイコロを振るときの最大値 X の期待値を求めよ．

→期待値 $E(X)$ は，$E(X) = 1 \times 1/36 + 2 \times 3/36 + 3 \times 5/36 + 4 \times 7/36 + 5 \times 9/36 + 6 \times 11/36 = 161/36 = 4.47$ となる．

(3) 確率変数の標準偏差

$E(X) = \mu$ とおく．このとき確率変数 X の平均値 μ から偏差の平方

$Y = (X-\mu)^2$ もまた確率変数となる．この Y の平均値 $E(Y)$ を X の**分散**といい $V(X)$ で表す $(V(X) = E((X-\mu)^2))$．また，分散の正の平方根を X の**標準偏差**といい $\sigma(X)$ で表す $(\sigma(X) = \sqrt{V(X)})$．

【Ex】2つのサイコロを振るときの出る目の最大値 X の分散と標準偏差を求めよ．

→ $E(X) = 161/36$ である．このことから $V(X), \sigma(X)$ は次のようになる．

$$V(X) = (1 - 161/36)^2 \times 1/36 + (2 - 161/36)^2 \times 3/36 + \cdots$$
$$+ (6 - 161/36)^2 \times 11/36$$
$$= 91980/46656 = 1.97$$
$$\sigma(X) = \sqrt{1.97} = 1.40$$

(4) 平均と標準偏差の性質

〈**期待値の性質**〉

X, Y がある試行の結果により値の定まる確率変数で，X のとる任意の値 a と Y のとる任意の値 b について，$P(X = a, Y = b) = P(X = a)P(Y = b)$ が成り立つとき，X と Y は**独立**であるという．

●期待値の加法定理

確率変数 X, Y に対して，$E(X + Y) = E(X) + E(Y)$ が成り立つ．

●期待値の乗法定理

確率変数 X, Y が独立ならば，$E(XY) = E(X)E(Y)$ が成り立つ．

〈**分散の性質**〉

●分散の加法定理

確率変数 X, Y が独立ならば，$V(X + Y) = V(X) + V(Y)$ が成り立つ．

(5) 二項分布

ある事象 A の起こる確率 $P(A) = p$ とするとき，n 回の独立試行を行って，A が起こる回数を X とすると，X の確率分布は次のようになる．ただし $q = 1 - p$ である．

B(3, 1/6)

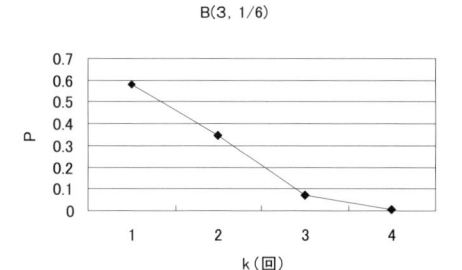

図 **7.9** $B(3, 1/6)$ のグラフ

X	0	1	$\cdots$	k	$\cdots$	n	計
P	${}_nC_0 q^n$	${}_nC_1 pq^{n-1}$	$\cdots$	${}_nC_k p^k q^{n-k}$	$\cdots$	${}_nC_n p^n$	1

X がとるそれぞれの値の確率が，二項定理

$$(q+p)^n = {}_nC_0 q^n + {}_nC_1 pq^{n-1} + \cdots + {}_nC_k p^k q^{n-k} + \cdots + {}_nC_n p^n$$

の右辺の各項に等しいため，この確率分布を**二項分布** (Binomial Distribution) といい，$B(n,p)$ や $Bin(n,p)$ で表す．

二項分布 $B(n,p)$ は

$$P(X=k) = {}_nC_k p^k q^{n-k} \quad (q=1-p)$$

となる．このとき平均 $E(X) = np$，分散 $V(X) = npq$ となる．

【Ex】 1個のサイコロを3回投げて1の目が出る回数を X とし，確率分布を求めよ．また，70回投げて1の目が出る期待値，分散を求めよ．

→ X は二項分布 $B(3, 1/6)$ に従い，$P(X=k) = {}_3C_k (1/6)^k (5/6)^{3-k}$ $(k=0,1,2,3)$ となる．このとき，X の確率分布は

X	0	1	2	3	計
P	125/216	75/216	15/216	1/216	1

となる．これをグラフ化すれば図 7.9 のようになる．

ここで試行回数を増やすことを考える，すなわち $B(10, 1/6)$, $B(30, 1/6)$, $B(50, 1/6)$, $B(70, 1/6)$，これらのグラフは図 7.10 のようになる．

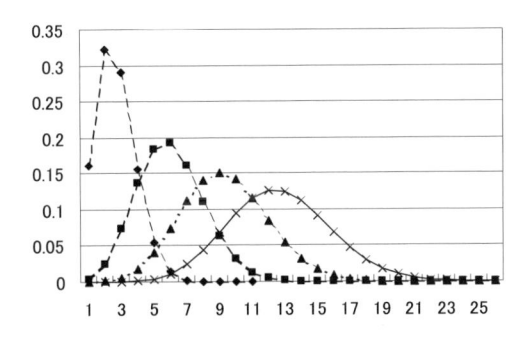

図 7.10 $Bin(n, 1/6)(n = 10, 30, 50, 70)$ のグラフ

実際 1 つのサイコロを 70 回投げたとき，1 の目が出る回数の期待値，分散は次のようになる．1 の目の出る回数 X は $Bin(70, 1/6)$ に従う．したがって，$E(X) = np = 70 \times 1/6 = 11.7, V(X) = npq = 70 \times 1/6 \times 5/6 = 9.72$ となる．

(6) 正規分布

〈連続的確率変数・離散的確率変数〉

確率変数 X が，ものの起こった回数など離散的な値をとる場合，**離散的確率変数**といい，小学生の身長など連続的な値をとる場合，**連続的確率変数**という．

〈分布曲線〉

度数分布表をヒストグラムで表し，さらに測定数を増やし，階級幅を狭くすると，ヒストグラムに対応する度数分布多角形が，次第に一定の曲線に近づく．この曲線を**分布曲線** (distribution curve) という．

【Ex】 BEST CLASSIC 100 を相対度数をもとにヒストグラムを作成（図 7.11）する．階級幅を狭めると，一定の曲線に近づく（図 7.12）．

図 7.11 ヒストグラムでの面積は 1 となる．したがって，図 7.12 の曲線と X 軸 ($60 \leqq X \leqq 540$) で囲まれる面積は 1 となることがわかる．

このとき，階級値 210 ($180 \leqq X \leqq 240$) は 0.28 であることから，$180 \leqq X \leqq 240$ の面積は 0.28 となる．すなわち $P(180 \leqq X \leqq 240) = 0.28$ と

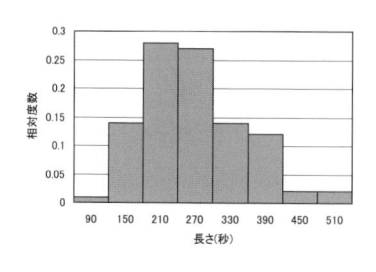

図 7.11 ヒストグラム

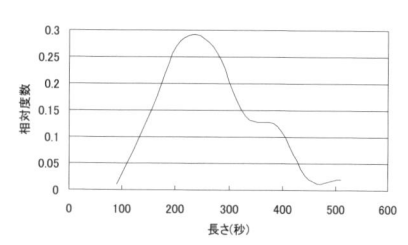

図 7.12 分布曲線

なる（図 7.13, 7.14）．

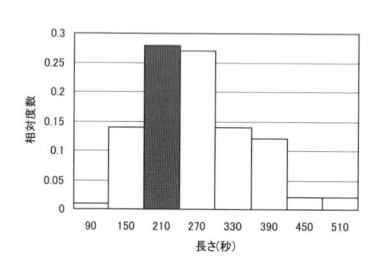

図 7.13 階級値 210 ($180 \leq X \leq 240$) の相対度数

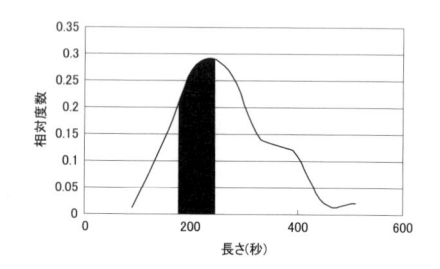

図 7.14 階級値 210 ($180 \leq X \leq 240$) の面積

〈正規分布〉

身長などの測定値をはじめ，自然現象，社会現象の中で観測される変量の分布曲線は左右対称の山形の曲線となることが多い．こうした近似曲線（X が連続的な確率変数でその確率密度関数を $f(x)$ とする）は，

$$f(x) = \frac{1}{\sqrt{2\pi}\sigma} e^{-(x-m)^2/2\sigma^2}$$

で表され（m は X の平均値，σ は X の標準偏差），**正規分布曲線** (normal distribution curve) という（図 7.15）．

一般に，連続的確率関数 X の分布曲線が正規分布曲線であるとき，X は**正規分布** (normal distribution) に従う

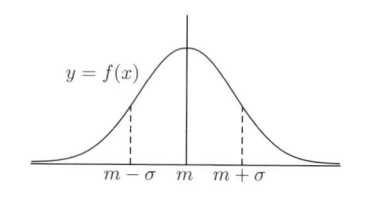

図 7.15 正規分布曲線

という．また，平均値 m，標準偏差 σ の正規分布を $N(m, \sigma^2)$ と表す．

$P(X)$ が (m, σ^2) に従うとき，次のことが成り立つ．

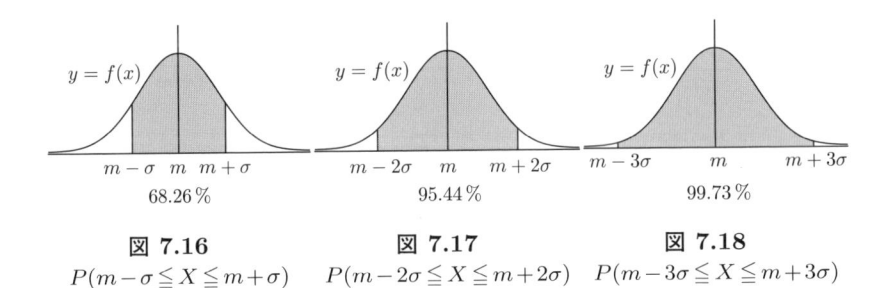

$$P(m - \sigma \leqq X \leqq m + \sigma) = 0.683 \quad \cdots\cdots\cdots 図 7.16$$

$$P(m - 2\sigma \leqq X \leqq m + 2\sigma) = 0.954 \quad \cdots\cdots\cdots 図 7.17$$

$$P(m - 3\sigma \leqq X \leqq m + 3\sigma) = 0.997 \quad \cdots\cdots\cdots 図 7.18$$

図 7.16
$P(m-\sigma \leqq X \leqq m+\sigma)$
68.26%

図 7.17
$P(m-2\sigma \leqq X \leqq m+2\sigma)$
95.44%

図 7.18
$P(m-3\sigma \leqq X \leqq m+3\sigma)$
99.73%

ただし，推定・検定等でその範囲を 95%，99% にするが，その場合は次のようになる．

$$P(m - 1.96\sigma \leq X \leq m + 1.96\sigma) = 0.95$$

$$P(m - 2.58\sigma \leq X \leq m + 2.58\sigma) = 0.99$$

【Ex】 日本の高校 3 年生の男子の身長が $N(170.8\,\text{cm}, (5.8)^2)$ に従うとすれば，どのようなことがいえるか．

→ $P(170.8 - 5.8 \leqq X \leqq 170.8 + 5.8) = 0.683$, $P(170.8 - 5.8 \times 2 \leqq X \leqq 170.8 + 5.8 \times 2) = 0.954$, $P(170.8 - 5.8 \times 3 \leqq X \leqq 170.8 + 5.8 \times 3) = 0.997$ が成り立つ．

すなわち，$165.0 \leqq X \leqq 176.2$ の男子がいる確率は 68.3%，$159.2 \leqq X \leqq 182.4$ の男子がいる確率が 95.4%，$153.4 \leqq X \leqq 187.2$ の男子がいる確率が 99.7% となる．

〈**標準正規分布**〉

分布 $N(0, 1)$ を**標準正規分布** (standard normal distribution) という．

確率変数 X が正規分布 $N(m, \sigma^2)$ に従うとき，$U = (X - m)/\sigma$ とおけば U は標準正規分布 $N(0, 1)$ に従う．

図 7.20 の黒部分の面積 $P(0 \leqq Z \leqq u)$ を示すのが正規分布表（図 7.21）である．

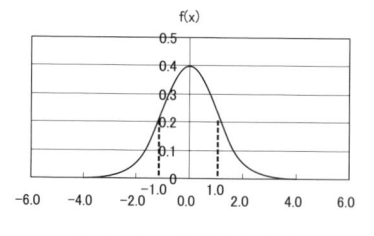

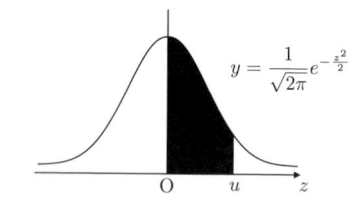

図 7.19 標準正規分布　　**図 7.20** $P(0 \leqq Z \leqq u)$ を示す正規分布

〈正規分布の標準化〉

任意の正規分布 $N(m, \sigma^2)$ に従う確率変数 X を，標準正規分布 $N(0, 1)$ に従う Z に移行させることを正規分布の標準化という．X は $N(m, \sigma^2)$ に従う $\Leftrightarrow Z$ は $N(0, 1)$ に従う．

$$\begin{aligned} P(a \leqq X \leqq b) &= P(a - m \leqq X - m \leqq b - m) \\ &= P\left(\frac{a - m}{\sigma} \leqq \frac{X - m}{\sigma} \leqq \frac{b - m}{\sigma}\right) \\ &= P\left(\frac{a - m}{\sigma} \leqq Z \leqq \frac{b - m}{\sigma}\right) \end{aligned}$$

【Ex】2006 年度大学入試センター試験，数学 I・A の受験者 326674 人の得点は，平均点 69.4 点，標準偏差 23.0 点である．このとき，70 点から 90 点の受験者は何人であろうか？

→ $N(69.4, (23.0)^2)$ は正規分布に従うと考えられる．$Z = (X - 69.4)/23.0$ とおくと，Z は $N(0, 1)$ に従う．そこで，70 点から 90 点の受験者を考えると，$P(70 \leqq X \leqq 90) = P(0.03 \leqq Z \leqq 0.90)$ となる．

正規分布表から $0.3159 - 0.0120 = 0.3039$ となる．したがって，$326674 \times 0.3039 = 99276$ （人）となる．

〈二項分布と正規分布〉

n が十分大きいとき，$Bin(n, p)$ は正規分布 $N(np, npq)$ と同じとみなし

u	0	0.01	0.02	0.03	0.04	0.05	0.06	0.07	0.08	0.09
0	0.0000	0.0040	0.0080	0.0120	0.0160	0.0199	0.0239	0.0279	0.0319	0.0359
0.1	0.0398	0.0438	0.0478	0.0517	0.0557	0.0596	0.0636	0.0675	0.0714	0.0753
0.2	0.0793	0.0832	0.0871	0.0910	0.0948	0.0987	0.1026	0.1064	0.1103	0.1141
0.3	0.1179	0.1217	0.1255	0.1293	0.1331	0.1368	0.1406	0.1443	0.1480	0.1517
0.4	0.1554	0.1591	0.1628	0.1664	0.1700	0.1736	0.1772	0.1808	0.1844	0.1879
0.5	0.1915	0.1950	0.1985	0.2019	0.2054	0.2088	0.2123	0.2157	0.2190	0.2224
0.6	0.2257	0.2291	0.2324	0.2357	0.2389	0.2422	0.2454	0.2486	0.2517	0.2549
0.7	0.2580	0.2611	0.2642	0.2673	0.2704	0.2734	0.2764	0.2794	0.2823	0.2852
0.8	0.2881	0.2910	0.2939	0.2967	0.2995	0.3023	0.3051	0.3078	0.3106	0.3133
0.9	0.3159	0.3186	0.3212	0.3238	0.3264	0.3289	0.3315	0.3340	0.3365	0.3389
1	0.3413	0.3438	0.3461	0.3485	0.3508	0.3531	0.3554	0.3577	0.3599	0.3621
1.1	0.3643	0.3665	0.3686	0.3708	0.3729	0.3749	0.3770	0.3790	0.3810	0.3830
1.2	0.3849	0.3869	0.3888	0.3907	0.3925	0.3944	0.3962	0.3980	0.3997	0.4015
1.3	0.4032	0.4049	0.4066	0.4082	0.4099	0.4115	0.4131	0.4147	0.4162	0.4177
1.4	0.4192	0.4207	0.4222	0.4236	0.4251	0.4265	0.4279	0.4292	0.4306	0.4319
1.5	0.4332	0.4345	0.4357	0.4370	0.4382	0.4394	0.4406	0.4418	0.4429	0.4441
1.6	0.4452	0.4463	0.4474	0.4484	0.4495	0.4505	0.4515	0.4525	0.4535	0.4545
1.7	0.4554	0.4564	0.4573	0.4582	0.4591	0.4599	0.4608	0.4616	0.4625	0.4633
1.8	0.4641	0.4649	0.4656	0.4664	0.4671	0.4678	0.4686	0.4693	0.4699	0.4706
1.9	0.4713	0.4719	0.4726	0.4732	0.4738	0.4744	0.4750	0.4756	0.4761	0.4767
2	0.4772	0.4778	0.4783	0.4788	0.4793	0.4798	0.4803	0.4808	0.4812	0.4817
2.1	0.4821	0.4826	0.4830	0.4834	0.4838	0.4842	0.4846	0.4850	0.4854	0.4857
2.2	0.4861	0.4864	0.4868	0.4871	0.4875	0.4878	0.4881	0.4884	0.4887	0.4890
2.3	0.4893	0.4896	0.4898	0.4901	0.4904	0.4906	0.4909	0.4911	0.4913	0.4916
2.4	0.4918	0.4920	0.4922	0.4925	0.4927	0.4929	0.4931	0.4932	0.4934	0.4936
2.5	0.4938	0.4940	0.4941	0.4943	0.4945	0.4946	0.4948	0.4949	0.4951	0.4952
2.6	0.4953	0.4955	0.4956	0.4957	0.4959	0.4960	0.4961	0.4962	0.4963	0.4964
2.7	0.4965	0.4966	0.4967	0.4968	0.4969	0.4970	0.4971	0.4972	0.4973	0.4974
2.8	0.4974	0.4975	0.4976	0.4977	0.4977	0.4978	0.4979	0.4979	0.4980	0.4981
2.9	0.4981	0.4982	0.4982	0.4983	0.4984	0.4984	0.4985	0.4985	0.4986	0.4986
3	0.4987	0.4987	0.4987	0.4988	0.4988	0.4989	0.4989	0.4989	0.4990	0.4990
3.1	0.4990	0.4991	0.4991	0.4991	0.4992	0.4992	0.4992	0.4992	0.4993	0.4993
3.2	0.4993	0.4993	0.4994	0.4994	0.4994	0.4994	0.4994	0.4995	0.4995	0.4995
3.3	0.4995	0.4995	0.4995	0.4996	0.4996	0.4996	0.4996	0.4996	0.4996	0.4997
3.4	0.4997	0.4997	0.4997	0.4997	0.4997	0.4997	0.4997	0.4997	0.4997	0.4998

図 **7.21** 正規分布表

てよいことになっている（図 7.10 参照）．

7.2.4 統計的推測（推測統計）
(1) 母集団と標本

統計的な調査には，国勢調査のように，調査対象全体をもれなく調べる，**全数調査** (total inspection) と，世論調査のように，集団の一部を抜き出して，全体を推測しようとする**標本調査** (sampling inspection) がある．

標本調査では，調査の対象となる全体を**母集団** (population) といい，調査のために母集団から抜き出された一部分を**標本** (sample) という．標本を抜き出すことを**抽出** (sampling) といい，母集団，標本の要素の個数をそれぞれ，母集団，標本の**大きさ** (size) という．

標本を抽出する場合，標本ができるだけ母集団の性質をそのまま引き継いでいるほうが望ましい．そのため，母集団のどの要素も標本として抽出される確率が等しくなるようにする．このような抽出方法を**無作為抽出（任意抽出）** (optimal sampling) といい，無作為抽出によって抽出された標本を**任意標本（ランダムサンプル）** (random sample) という．

(2) 母集団分布と標本平均

母集団の変量 X の確率分布を**母集団分布**といい，X の平均，分散，標準偏差をそれぞれ，**母平均，母分散，母標準偏差**といい，普通 m, σ, σ^2 で表す．

母集団から復元抽出（抽出した標本を 1 回ずつもとに戻す抽出）で，無作為に取り出された大きさ n の標本 $(X_1, X_2, \cdots, X_n)$ の平均を $\overline{X}$ とする．$\overline{X}$ を**標本平均**といい，$X_1, X_2, \cdots, X_n$ によって定まる分散を**標本分散**といい，その正の平方根を**標本標準偏差**という．

〈**標本平均の平均値と標準偏差**〉

母平均 m，母標準偏差 σ の母集団から大きさ n の標本を抽出するとき，その標本平均 $\overline{X}$ の平均と標準偏差は，

$$E(\overline{X}) = m, \quad \sigma(\overline{X}) = \sigma/\sqrt{n}$$

となる.

〈標本平均の確率分布〉

母平均 m, 母標準偏差 σ の母集団から大きさ n の標本を抽出するとき, その標本平均 $\overline{X}$ の分布は, n が大きければ正規分布 $N(m, \sigma^2/n)$ に近い.

特に, 母集団分布が正規分布のときは, n の値に関係なく, $\overline{X}$ の分布は正規分布 $N(m, \sigma^2/n)$ になる.

(3) 推定 (estimation)

〈母平均の推定〉

ある母集団において, 母平均の値 m が未知のとき, これを標本調査から推定を行うことができる. これを**母平均の推定**という.

母集団が既知の場合は, 標本の大きさ n が大きいとき, 母平均 m は 95％の確率で次の範囲に含まれることが推定できる ($\overline{X}$ は標本平均, σ は母標準偏差). $\overline{X} - 1.96\sigma/\sqrt{n} \leq m \leq \overline{X} + 1.96\sigma/\sqrt{n}$.

母分散が未知の場合, 標本サイズが大きいときは実用上, 標本分散を代用してもかまわないが, 小さい場合は他の推定 (t 分布による推定) を行う必要がある.

【Ex】 (母分散既知の場合)

ある農園のりんご100個を無作為抽出したら, 重さの平均は359.3gで, 母集団の標準偏差が15gであることがわかっている. このとき, この農園のリンゴの重さの平均 (母平均) を信頼度95％で推定せよ.

→信頼度95％の信頼区間 $[\overline{X} - 1.96\sigma/\sqrt{n}, \overline{X} + 1.96\sigma/\sqrt{n}]$ に, $n = 100$, $\overline{X} = 359.3$, $\sigma = 15$ を代入すればよい. 結果は $[356.4, 372.2]$ となる.

〈母比率の推定〉

母集団において, ある性質を考えるとき, その性質のもつ比率を**母比率** (population ration) という. この母比率は標本調査から推定を行うことができ, これを**母比率の推定**という.

標本の大きさ n が大きいときには, 母比率 p に対する信頼度95％の信頼区間は, 標本比率を R とすれば次のようになる.

$$R - 1.96\sqrt{R(1-R)/n} \leqq p \leqq R + 1.96\sqrt{R(1-R)/n}$$

【Ex】ある市で，小学生の虫歯を調べたところ，1000 人中 500 人が虫歯であった．この市の小学生の虫歯である率 p を 95％の信頼度で推定せよ．

→ $R = 500/1000 = 0.5$, $n = 1000$ より，

$$0.5 - 1.96\sqrt{0.5(1-0.5)/1000} \leqq p \leqq 0.5 + 1.96\sqrt{0.5(1-0.5)/1000}$$

となり，$0.47 \leqq p \leqq 0.53$ となる．

(4) 検定

一般に，母集団についてある仮定をおき，それが正しいか否かを判定する統計的方法を**検定** (test) といい，はじめの仮定を**仮説** (hypothesis) という．

A, B 2 人が Video ゲーム「闘争拳」の試合を 8 ゲーム行ったところ，A の 7 勝 1 敗に終わった．この結果から 2 人の実力に差があるかを考える（検定）．

今，A, B の実力は等しい，すなわち A の勝つ確率 p が $1/2$ と仮定する（仮説）．k 試合目で A が勝てば $X_k = 1$，負ければ $X_k = 0$ とする．

8 試合中 A が勝つ回数を Z とすると，$Z = X_1 + X_2 + \cdots + X_8$ となる．したがって，Z は二項分布 $B(8, 1/2)$ に従う確率変数となる．

このとき，Z の確率分布は次のようになる．

Z	0	1	2	3	4	5	6	7	8	計
P	0.0039	0.0313	0.1094	0.2187	0.2734	0.2187	0.1094	0.0313	0.0039	1

したがって，A が 7 回以上勝つのは，$P(Z \geqq 7) = 0.0352$ となり，きわめて小さい．すなわち実力差があることがわかる．

さて，このような検定をするとき，あらかじめある確率 p を定めておき，それを基準にして，確率 p 以下のことが起これば，めったにないことが起こったとして，仮説が正しくないと判断する．このような基準となる確率 p を百分率で表し，**有意水準** (level of significance) という．一般に，5％または 1％をとるのがふつうである．また，有意水準に照らして，仮説

が正しくないと判断することを，仮説を**棄却**する (reject) といい，仮説が棄却されるような確率変数の値の範囲を**棄却域** (range of rejection) という．なお，棄却域を片側にとる場合を**片側検定** (one-sided test)（図 7.22），両方にとる場合を**両側検定** (two-sided test)（図 7.23）という．

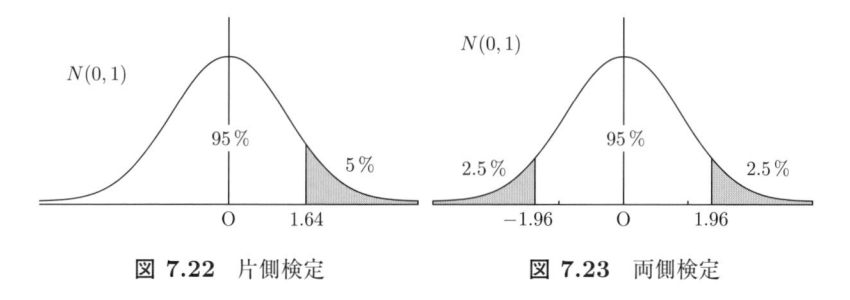

図 7.22 片側検定　　**図 7.23** 両側検定

【Ex】あるサイコロを 180 回振ったら，6 の目が 40 回出た．このサイコロは 6 の目が出やすいと判断してよいか，有意水準 5％で判断せよ．

→このとき, 6 の目が 40 回以上出ると目が出やすいと考える．そこで, 6 の目が正しく出るとすると，目の出る回数 X は二項分布 $B(180, 1/6)$ に従う．したがって，$E(X) = 180 \times 1/6 = 30$, $\sigma(X) = \sqrt{180 \times 1/6 \times 5/6} = 5$, n は十分に大きいから，X は正規分布 $N(30, 5^2)$ に従うとみなしてよい．

$U = (X - 30)/5$ は $N(0, 1)$ に従う．このとき，5％の棄却域は大きい側に注目し，$U = (X - 30)/5 \geqq 1.64$ となり，$X \geqq 38.2$ となる（片側検定）．

すなわち，$X = 40$ は棄却域に入るため，仮説の「正しい」は棄却され，このサイコロは 6 の目が出やすいといえる．

〈母平均の検定〉

母平均の検定のときは，推定のときと同様に，母分散がわかっていることが重要となる（母分散が未知の場合，標本サイズが小さい場合は他の分布を利用する（t 分布））．

【Ex】ある工場のボルトは直径 7 mm で作成されている．普段は平均 7 mm, 標準偏差 0.4 mm に正規分布しているという．ある日ボルトを 100 個無作為抽出すると，平均が 7.08 mm であった．この日は機械が正常に動いているかを考えよ．

→普段と変わらないと考えると,母平均 $\overline{X} = 7$,母標準偏差 $\sigma = 0.4$ の母集団から大きさ $n = 100$ の標本をとったことになる.したがって標本平均 m は $N(\overline{X}, \sigma^2/n)$ に従う.

すると,$|m - \overline{X}| \geqq 1.96\sigma/\sqrt{n}$,有意水準 5％の棄却域となる.$|m - 7| \geqq 1.96 \times 0.4/\sqrt{100} = 0.0784$ であり,すなわち $m \leqq 6.9216$,$m \geqq 7.0784$ より,7.08 は棄却域に入る.したがって,正常に動いているとはいえないことがわかる.

〈母比率の検定〉

母比率の検定は推定のときと同様に,二項分布を正規分布で近似してこれを利用する.

【Ex】 ある都市で無作為に 400 人抽出して,ある事項について賛否を調べたところ,賛成者は 303 人であった.この事項についての賛成率は 8 割であるといえるか.有意水準 5％で検定せよ.

→賛成率 8 割とすると,400 人中の賛成者 X は二項分布 $B(400, 0.8)$ に従う.この二項分布を正規分布に近似すると,平均値 $m(400 \times 0.8)$,標準偏差 $\sigma(\sqrt{400 \times 0.8 \times 0.2})$ となり,

$$P(m - 1.96\sigma \leqq X \leqq m + 1.96\sigma) = 0.95$$
$$P(304.3 \leqq X \leqq 335.7) = 0.95$$

となる.

したがって,棄却域は $304 \geqq X$,$X \geqq 336$ となり,303 は棄却域に入る.したがって,賛成率は 8 割とはいえないことがわかる.

7.3 確率・統計教育の指導

7.3.1 確率の指導

確率指導で,特に重要となるのは,確率の定め方,すなわち統計的確率と数学的確率の指導となる.そのためにはまず帰納的な大数の法則を使った確率空間の構成が必要となる.

(1) 大数の法則から確率空間へ

大数の法則とは「確率 p で起きる事象に関して，試行を n 回行ったとき，その事象の起きる回数が r 回であるとする．このとき，試行回数 n が大きくなるにつれて比率 r/n は p に近づく．」というものである．すなわちサイコロを振ったとき，振れば振るほど 1 の目の出る確率が 1/6 に近づいていくというものである．しかし，これでは，確率と割合の区別がわからなく，大数の法則の意味も理解できない．そこで，次のような授業が望ましい．ここでは，同じ回数の試行であるが，1 試行での個数が異なることが大切である．したがって割合と確率の違いに注目させることができる．

右のようなパチンコ台に，ビー玉を落とす (試行)．落とした玉は 1 等，2 等，3 等のどれかに入る．このとき 1 等に入る確率を求める．
1) 玉 10 個ずつ入りの袋 10 袋
2) 玉 100 個ずつ入りの袋 10 袋
3) 玉 500 個ずつ入りの袋 10 袋
をそれぞれ台に流し，1 等に入る割合を調べる．

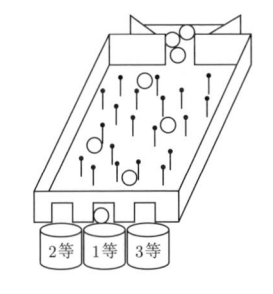

図 7.24 パチンコ台

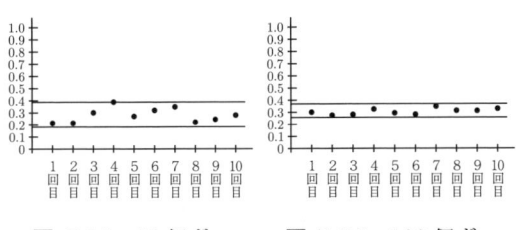

図 7.25 10 個ずつ　　**図 7.26** 100 個ずつ　　**図 7.27** 500 個ずつ

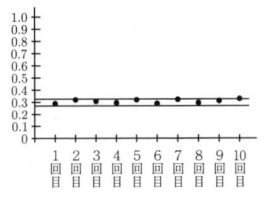

このように，その数値は回数を増やせばある一定の値 0.3 (確率) に近づくことがわかる．この結果，割合と確率の違いがはっきりとわかる．

また，右のような歪な六面体のサイコロと，普通のサイコロを振り，特定の目の出る確率を，100 回，500 回，1000 回の試行で試すことが確率の意味の理解には必要となる．

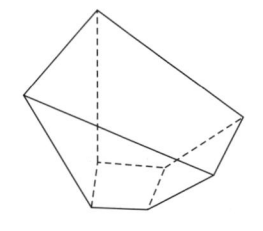

図 7.28 歪みサイコロ

さらに、「試行」の意味を広く捉えることが大切となる．サイコロを投げたり，硬貨を投げるなど手先で何かをするというのが一般的な捉えであるが，統計まで見通すと，たとえばある時間帯で，ある国道の 1 地点で通る車の種類などを考える必要も出てくる．

そして前述のパチンコ台においては，根元事象は 1 等，2 等，3 等となり，それぞれの根元事象に確率が与えられる．たとえば，0.3, 0.3, 0.4 とすると，全てを足せば 1 となることが大切となる．そして，同じパチンコ台であっても，釘の位置を変えれば，その根元事象の確率が変化することにも気づかせる必要がある．このような確率空間の設定が確率指導では大切となる．

(2) 確率変数

さらに，確率変数も押さえることが必要となる．宝くじの広告には，確率変数の一部が大々的に載っている．

ただし，他の確率変数は登場してはいない．したがって，ほとんど期待値が 0 に近い宝くじでも買ってしまうことにつながる．そこで，確率変数 1 等 3 億円，2 等 1 億円，3 等 1000 万円，4 等 10 万円，5 等 3000 円，6 等 300 円

図 7.29　宝くじの広告

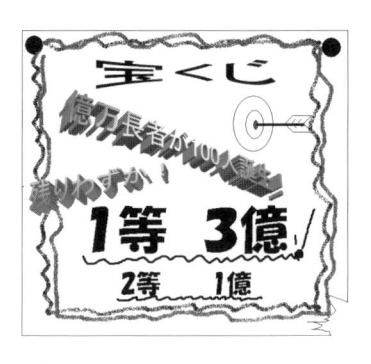

などを知り，期待値につなげて物事を考える必要がある．すなわち，確率変数を探し，さらには，それを活かすことにより，意味のあることとなる．

7.3.2　統計の指導

統計に関しては，特に推測統計が大切となってくる．一般的には，かなり高度な数学を駆使して行い，計算は計算機にまかせてできてしまう．しかし，それではその意味が理解できないことが多くなる．たとえば正規分布の数学的内容は理解が困難である．そこで，高校生でも数学的内容が的確に理解できる二項分布を活かしてしっかりと推測統計の内容を理解させ

る必要がある．もちろん，意味がわかるという前提で，計算や表・グラフ作成についてはコンピュータの活用が望ましい．

たとえば，その1つとして以下のような内容が考えられる．

(1) 二項分布による推定

1回の試行で特定の事象 A の起こる確率が s であるとする．この試行を n 回繰り返したとき（事象は独立），その中で k 回だけ起こる確率 $p(k)$ は，$p(k) = {}_nC_k s^k (1-s)^{n-k}$ で与えられる．

このとき，

$$p(0) = {}_nC_0 s^0 (1-s)^{n-0} = (1-s)^n$$

$$\frac{p(k)}{p(k-1)} = \frac{{}_nC_k s^k (1-s)^{n-k}}{{}_nC_{k-1} s^{k-1} (1-s)^{n-k+1}}$$

$$= \frac{\frac{n!}{k!(n-k)!}}{\frac{n!}{(k-1)!(n-k+1)!}} \times \frac{s}{(1-s)}$$

$$= \frac{n-k+1}{k} \times \frac{s}{1-s}$$

となる．

したがって

$$p(k) = \frac{n-k+1}{k} \times \frac{s}{1-s} \times p(k-1)$$

となる．

さらに，n 回の試行中，事象 A がたかだか k 回（k 回以下）が起こる確率を $q(k)$ とすれば，$q(k) = p(1) + \cdots + p(k) = q(k-1) + p(k)$ となる．

また，少なくとも k 回（k 回以上）が起こる確率を $r(k)$ とすれば $r(k) = 1 - (p(1) + \ldots + p(k-1)) = 1 - q(k) + p(k)$ となる．

【Ex】今，当たる確率が 10％のクジがあったとき，10枚買って3枚当たるのはどんなときだろう．

→まず，$Bin(10, 0.1)$ について，$p(k), q(k), r(k)$ の表（図 7.30）を作成する．このとき，$p(k=3) = 0.05740 = 5.7\%$ であることがわかる．

また，少なくとも3枚当たる確率 $p(k \geqq 3) = r(k) = 0.07019 = 7.0\%$ となり，かなり当たらないのがわかる．

信頼区間を95％とすると，$k = 4, 5, 6, 7, 8, 9, 10$ はまず起こらないことがわかる．

【Ex】ある選挙の出口調査を行ったところ，NOBUKI 党に入れた人数は12人中3人（25％）であった．このとき，支持率はどれぐらいと推測できるだろう？ 95％の信頼区間で考えよ．

k	$p(k)$	$q(k)$	$r(k)$
0	0.34868	0.34868	1.00000
1	0.38742	0.73610	0.65132
2	0.19371	0.92981	0.26390
3	0.05740	0.98720	0.07019
4	0.01116	0.99837	0.01280
5	0.00149	0.99985	0.00163
6	0.00014	0.99999	0.00015
7	0.00001	1.00000	0.00001
8	0.00000	1.00000	0.00000
9	0.00000	1.00000	0.00000
10	0.00000	1.00000	0.00000

図 7.30 $Bin(10, 0.1)$ の $p(k), q(k), r(k)$ の表

→ 12人中 n 人が支持する確率 p の二項分布を考える．このとき12人中3人の支持率が95％の信頼区間で選ばれる範囲を考えればよい．

そこで，まず，$Bin(12, 0.01) \sim Bin(12, 0.99)$ までの表 ($p(k), q(k), r(k)$) を作成する．このとき，信頼区間95％で考えているため，棄却域は 0.05 であり，左側 0.025 すなわち $q(k) \leqq 0.025$，右側 0.025 すなわち $r(k) \leqq 0.025$ を調べる（図 7.31 で網かけした部分がその範囲である）．

k	$p(k)$	$q(k)$	$r(k)$	k	$p(k)$	$q(k)$	$r(k)$	k	$p(k)$	$q(k)$	$r(k)$
0	0.88638	0.88638	1.00000	0	0.00007	0.00007	1.00000	0	0.00000	0.00000	1.00000
1	0.10744	0.99383	0.11362	1	0.00101	0.00108	0.99993	1	0.00000	0.00000	1.00000
2	0.00597	0.99979	0.00617	2	0.00680	0.00788	0.99892	2	0.00000	0.00000	1.00000
3	0.00020	1.00000	0.00021	3	0.02770	0.03557	0.99212	3	0.00000	0.00000	1.00000
4	0.00000	1.00000	0.00000	4	0.07617	0.11174	0.96443	4	0.00000	0.00000	1.00000
5	0.00000	1.00000	0.00000	5	0.14895	0.26069	0.88826	5	0.00000	0.00000	1.00000
6	0.00000	1.00000	0.00000	6	0.21238	0.47307	0.73931	6	0.00000	0.00000	1.00000
7	0.00000	1.00000	0.00000	7	0.22250	0.69557	0.52693	7	0.00000	0.00000	1.00000
8	0.00000	1.00000	0.00000	8	0.16996	0.86553	0.30443	8	0.00000	0.00000	1.00000
9	0.00000	1.00000	0.00000	9	0.09233	0.95786	0.13447	9	0.00020	0.00021	1.00000
10	0.00000	1.00000	0.00000	10	0.03385	0.99171	0.04214	10	0.00597	0.00617	0.99979
11	0.00000	1.00000	0.00000	11	0.00752	0.99923	0.00829	11	0.10744	0.11362	0.99383
12	0.00000	1.00000	0.00000	12	0.00077	1.00000	0.00077	12	0.88638	1.00000	0.88638

図 7.31 左から $Bin(12, 0.01)$，$Bin(12, 0.55)$，$Bin(12, 0.99)$ の表

ここで，95％の信頼区間をとる範囲を探る．たとえば $Bin(12, 0.01)$ であれば $k = 0$，$Bin(12, 0.55)$ では $3 \leqq k \leqq 10$ となる．これらを表にまと

7.3 確率・統計教育の指導　187

めると図 7.32 になる（網かけ部分が信頼区間）．

　表からわかるように，3 が入るのは 0.06〜0.57 となる．すなわち，6％〜57％ の確率であるならば，12 人中 3 人の支持があるということである．言い替えれば，NOBUKI 党の支持率は 6％〜57％の範囲内と推定できる．

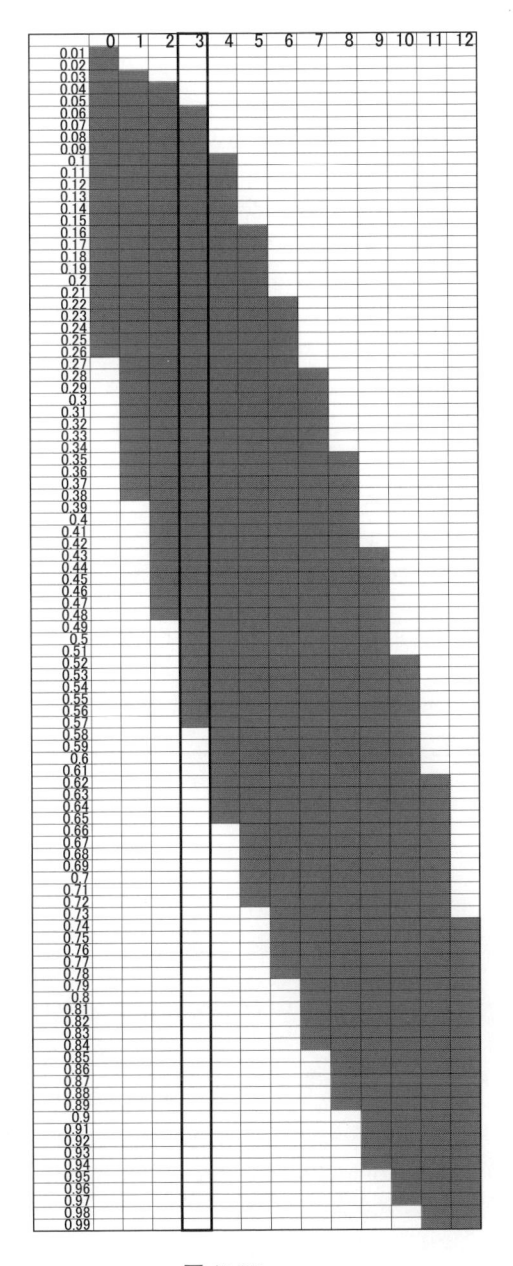

図 7.32

研究課題

1. 小学校から高等学校までの現在の確率教育の内容の概略と，その系統性を記すとともに，確率教育における問題点（指導が困難な点）について記しなさい．
2. 小学校から高等学校までの現在の統計教育の内容の概略と，その系統性を記すとともに，統計教育における問題点（指導が困難な点）について記しなさい．
3. 確率の定義について整理し，それぞれの特徴についてまとめ，指導の注意点を説明しなさい．
4. 記述統計と推測統計の違いについて整理し，それぞれの特徴についてまとめ，指導の注意点を説明しなさい．

引用・参考文献

亀谷俊司，横地清編 (1966) 確率と統計．国土社，東京
亀谷俊司，田島一郎，横地清編 (1971) 算数・数学授業の事典．岩波書店，東京：474–502
国立教育政策研究所 (2003) 平成 13 年度小中学校教育課程実施状況調査報告書 中学校 数学．ぎょうせい，東京
国立教育政策研究所編 (2004) 生きるための知識と技能（OECD 生徒の学習到達度調査 (PISA)2003 年調査国際結果報告書）．ぎょうせい，東京
町田彰一郎 (1972) 中学生の数学⑫ 確率と統計．国土社，東京
文部省 (1999a) 小学校学習指導要領解説 算数編．東洋館出版，東京
文部省 (1999b) 中学校学習指導要領解説—数学編—．大阪書籍，大阪
文部省 (1999c) 高等学校学習指導要領解説 数学編 理数編．実教出版，東京
東芝 EMI (2005) BEST CLASSIC 100．東芝 EMI，東京
横地清 (1973) 算数・数学科教育法．誠文堂新光社，東京：109–128
横地清 (1990) パソコン統計実習．現代数学社，京都
横地清 (2005) 確率．横地清監修，算数科の到達目標と学力保障 第 6 巻，明治図書，東京：83–92
横地清 (2006) 教師は算数授業で勝負する．明治図書，東京：62–72

　確率・統計については下記のような本が出ているので参考にしてほしい．まずは，高校の教科書数学 A, B, C から読むのも一手である．また，それぞれ特徴があるので是非本屋で自分の目で確かめて買うことをお勧めする．

[歴史]
ジョン・ダバク (2005) 確率と統計．青土社，東京

デイビッド・サルツブルグ (2006) 統計学を拓いた異才たち. 日本経済新聞社, 東京

[数学]

武隈良一 (1978) 確率. 培風館, 東京
石村貞夫 (1989) 統計解析のはなし. 東京図書, 東京
石村貞夫 (1993) すぐわかる統計解析. 東京図書, 東京
小寺平治 (2002) ゼロから学ぶ統計解析. 講談社, 東京
小島寛之 (2006) 統計学入門. ダイヤモンド社, 東京
岩原信九郎 (1957) 教育と心理のための推計学. 日本文化科学社, 東京

第8章　情報通信機器を用いた数学教育

本章では，コンピュータやテレビ会議システムを利用した数学の指導方法について検討する．第1節では情報通信機器等を用いた数学教育の歴史と現状，第2節・第3節では具体的な指導事例を紹介する．

8.1　情報通信機器等の利用の歴史と現状

8.1.1　これまでの利用法

コンピュータを教育に利用する動きは1959年にアメリカから始まり，日本でも1963年ごろから研究が行われてきた．1970年台中葉になると，現在使用しているパーソナルコンピュータ(PC)の原型が開発され普及し始める．それに伴って，黒板やOHPの代わりとしてPCを一斉授業で利用するようになってきた．一方で，個人が手軽に使うことを前提として，電卓にプログラミング機能を持たせたプログラミング電卓や液晶画面にグラフ描画機能を持たせたグラフ電卓等も普及してきた．これらの情報機器は，当時の先進的な教師によって学校現場で実験的に使われていた．

横地 (1982) は，BASIC言語等でプログラミングすることを前提とした，PCやプログラム電卓の数学教育での意義を挙げている．まとめると次のようになる．

(1) 数学が実際的なものとなる．数学は，理論体系とそれに必要な証明が中心であったので，かなりの学生が論理から論理への思弁的追求に耐えられず落第した．しかし，実際の数値まで計算することができるよ

うになり，理論の実際的意味を知るようになった．
(2) 数学の応用を容易にする．数学の学習過程で，それまでの内容を使って課題解決ができる．
(3) 数学を創るようになる．既成の数学ではなく，課題に合わせて数学を造り直すことが起こる．
(4) 子どもよりずっと高い立場に立てる．リンゴの体積を教えるのに，球や楕円体として近似するなどの方法を知っていなければならない．
(5) 代数的思考の訓練となる．中学校では，目標のない文字式のあやつりに追われてしまいがちである．しかし，実地の問題の数学的解法手順をプログラムに組む過程で，各種の変数の代数的仕組みをわからなければならないので，文字式の意味や公式の計算手順が理解できる．

　これらのことを円曲線の例で補足しよう．千葉県にある九十九里浜は，実際には何キロメートルあるだろうか．まさか，一里を 4 km として 396 km にはならないであろう．この課題の解決に，九十九里浜を円弧で近似して，近似された弧の長さを測り，縮尺を考慮して，実際のおおよその長さを求める方法がある．

　中学校の授業ならば，弦の垂直二等分線は円の中心を通るという性質を利用して，コンパスと定規を使って図 8.1 のように作図して，中心を求め，分度器を使って中心角を測り，弧の長さを計算させるであろう．教師としては，もっと高いレベルで課題を解決しておきたい．そこで，解析的に解いてみよう．九十九里浜を方眼紙に写し取り，点 p_0 を原点に取り，p_2 を x 軸上に取る．そして，p_1 のグラフ上での実測値 x_1, y_1 を読み取る．同様に，p_2 の x_2 も読みとる．この実測値 x_1, y_1, x_2 を使って，近似円の中心 $O(a, b)$ と半径 r を求め，さらに，これらから中心角と弧の長さを計算すればよい．

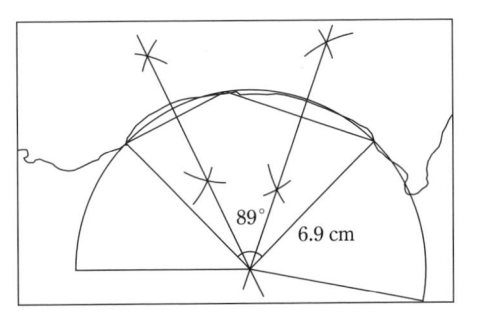

図 8.1 作図による円近似

図 8.2 座標を利用した円近似

図 8.3 Excel による計算例

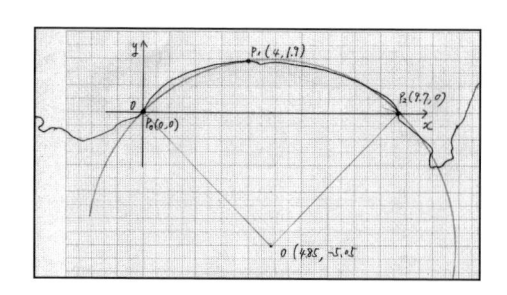

	A	B	C
1	九十九里浜の長さ		
2		x	y
3	p1	4.00	1.90
4	p2	9.70	0.00
5	a=	4.85	
6	b=	-5.05	
7	r=	7.00	
8	θ=	87.69	
9	弧の長さ	10.72	
10	実長	53.58	

中心 $O(a,b)$, 半径 r の円の方程式は,

$$(x-a)^2 + (y-b)^2 = r^2$$

である．この円が，点 $p_0(0,0)$, $p_1(x_1,y_1)$, $p_2(x_2,0)$ を通ることから，

$$a^2 + b^2 = r^2$$
$$(x_1-a)^2 + (y_1-b)^2 = r^2$$
$$(x_2-a)^2 + b^2 = r^2$$

となる．この連立方程式を解くと，

$$a = \frac{x_2}{2}, \quad b = \frac{x_1^2 + y_1^2 - x_1 x_2}{2y_1}$$
$$r = \sqrt{a^2 + b^2}$$

を得る．中心角を θ とすると，余弦定理を使って，

$$\overline{p_0 p_2}^2 = \overline{p_0 O}^2 + \overline{O p_2}^2 - 2 \cdot \overline{p_0 O} \cdot \overline{O p_2} \cdot \cos\theta$$
$$\theta = \cos^{-1} \frac{2r^2 - x_2^2}{2r^2}$$

と，中心角を計算できる．弧 $p_0 p_1 p_2$ は,

$$\text{弧 } p_0 p_1 p_2 = 2r \frac{\theta}{360}$$

となり，縮尺を考慮すると，実際の九十九里浜の長さが求められることになる．

当時は，BASIC のプログラムを作っていたが，現在では，この一連の

計算をExcelで行える．図8.3は，その例である．結果的に九十九里浜の長さは約54kmであることがわかった．

3点の座標の取り方によっては，高校2年生程度の課題にも発展させられ，円の方程式を実在に生かすことができる．一度，計算式ができ，プログラムができると，後はデータを取って入力するだけである．九州の海岸線を円弧で近似して，九州の海岸線の長さも測ることができるのである．

このように1980年台には，学習者が数学の問題解決にコンピュータを利用し，高度な数学とその応用を獲得していくという数学教育が実践研究されていた．しかし，この方法は，時間がかかる，教科書から逸脱する，受験に直接関係しない等の理由で，実践は少なくなった．一方で，黒板やOHPの代わりにコンピュータを使う方法は，Windows3.1の出現やインターネットの普及でその後も様々な使い方がなされて今日に至っている．

8.1.2　インターネット時代の利用方法

この時代の特徴は，授業に必要なソフトウェアを自作する例が減り，代わりにWeb上から，自分の授業に適応するソフトウェアや情報をダウンロードして使う方法が主流になった．また，幾何教育の領域では，シミュレーション的なソフトウェアが開発され，生徒自身がそれ使って探求的に学習するという授業形態が生まれた．さらに，MS-PowerPointでは簡単なアニメーションを短時間で作れるので，それをOHP代わりに使う授業も多くなった．

さて，Webを検索してみると次のように様々なソフトウェアと利用例を見つけられる．

1) Web上のテキストや図等の情報の利用
2) Web上の動画等のコンテンツの利用
3) Dynamic Geometryソフトウェアの利用
    ・Geometric Constructor（愛知教育大学飯島康之氏開発：フリーソフトウェア）
    ・Cabri Geometry II Plus（グレノーブル大学C. Laborde教授ら開発）
    ・シンデレラ（ベルリン工科大学U. H. Kortenkamp教授ら開発）

4) GRAPES の利用（大阪教育大学附属池田高校友田勝久教諭開発：フリーソフトウェア）
5) MS-Excel の利用
6) プログラム言語による自作ソフトウェアの利用
　・(仮称)十進 BASIC（文教大学白石和夫教授開発：フリーソフトウェア）
　・N88 互換 BASIC for Windows95（潮田康夫氏開発：フリーソフトウェア）
　・Microsoft 社製の Visual BASIC 等

　これら以外の ICT (Information and Communication Technology) の利用方法として，近年は e-Learning が盛んになっている．さらに，遠隔にある教室同士の生徒らが，テレビ会議システムを利用して学習や研究発表会を行う遠隔協同学習・研究会といった利用方法もある．次節から，それぞれの利用について説明したい．

8.2　ICT の具体的な利用方法

8.2.1　Web 上のテキストや図等の情報の利用

　Web 上には数学および数学教育関係の情報がたくさんアップされているので，ここではそれらをいちいち説明することは割愛し，一つだけを紹介したい．イギリス St. Andrews 大学の数学・統計校の Web では，科学者の出身地等を調べられるので，大変興味深い．
http://www-groups.dcs.st-and.ac.uk/~history/BirthplaceMaps/
MapIndex.html
数学史・科学史のデータベースとして，また，海外を旅行する際に数学者・科学者の史跡を訪ねたいとき等に利用である．たとえばドイツの Brunswick 市を見ると，この町で生まれた数学者として，デデキント，ガウス，ライデマイスターらがいることがわかる．さらに，詳細なデータがリンクされているので，この Web を参考にして，生誕地等を訪ねることもできた．図 8.7 と図 8.8 はガウスの生家跡とそれを示すパネルで，そこは現在はビルになっていた．図 8.9 はゲッチンゲン市にあるガウスのお墓である．

8.2 ICT の具体的な利用方法　195

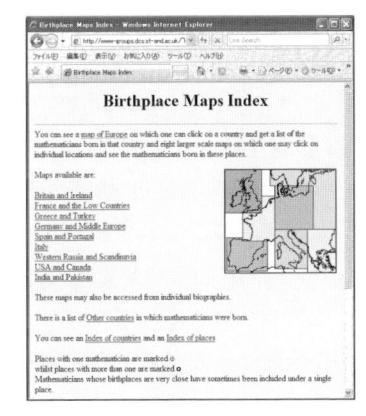

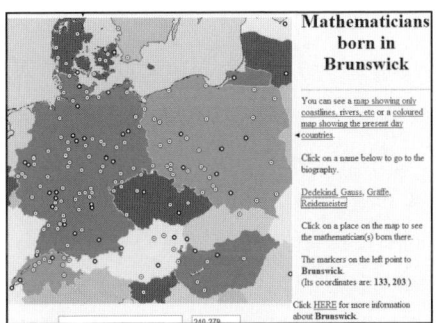

図 8.4　出身地によるデータベース

図 8.5　Brunswick の検索例

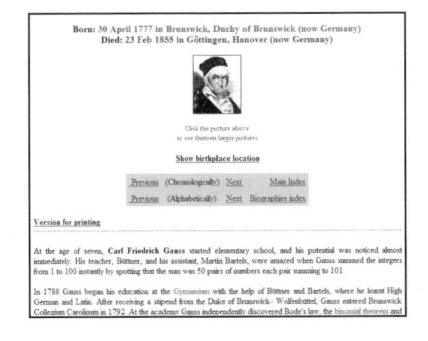

図 8.6　ガウスの検索例

図 8.7　ガウスの生家跡

図 8.8　生家を示すパネル

図 8.9　ガウスのお墓

8.2.2 Web 上の動画等のコンテンツの利用

近年は，インターネット上にそのまま授業で使える多くの素材がアップされているが，その一つの大日本図書「http://www.dainippon-tosho.co.jp/mext/jh.html (2107.9.17 確認)」には動画の素材集（図 8.10）がある．たとえば，中学 2 年生の「多角形の外角」には，約 30 秒ほどのアニメーションがある．それに加えて，図 8.12 のようにこのアニメーションを利用した 1 時間分の学習指導案が掲載され，さらに，この学習指導案に沿った模擬的な授業風景のビデオもある．授業でただ単にこのアニメーションを生徒に見せるのでは，生徒の数学的な発展は望めないが，具体的な利用方法が提示されているので，誰でもこのデジタルコンテンツを有効に利用できるであろう．

一般に，他人が作成したソフトウェアは，自分の授業イメージと食い違うことが多々ある．そのために，ソフトウェアの内容に妥協して自分の授業を合わせてしまいがちである．ソフトウェアを十分に吟味してから使うようにしたい．

図 8.10　動画素材集 HP（大日本図書 HP より）

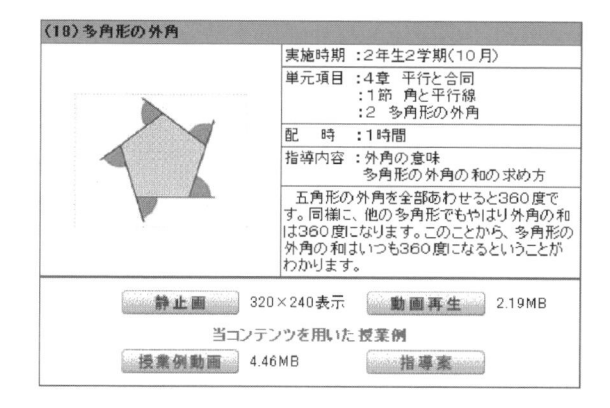

図 8.11　多角形の外角の例（大日本図書 HP より）

図 8.12　指導案例（大日本図書 HP より）

8.2.3 Dynamic Geometry ソフトウェア等の利用

中学校の幾何教育は図形の論証が中心である．従来は，教科書等に書かれていた，静止した図を手がかりに証明方法を考えさせた．しかし，ICTを使うことで，図を動的に捉えることができようになり，証明のためのヒントを得たり，新たな命題を作成したりしながら論証を学習できるようになった．代表的なソフトウェアとして Geometric Constructor（GCと略されることが多い）や Cabri Geometry II Plus，シンデレラが使われている．それぞれに HP があり，具体的な指導例があるので参考にできる．ここでは，高等学校や大学でも使えるシンデレラを使った中学校での授業例を紹介しよう．

長方形の内部に点 P を取り，各頂点と結ぶ．このときに4つの三角形ができる．このとき，それぞれの三角形の面積の間に，$\triangle PAB + \triangle PCD = \triangle PAD + \triangle PCB$ の関係があることを証明させる課題である．長方形が平行四辺形だったらどうだろう．台形ならそのような関係になる点 P は存在するのだろうか．

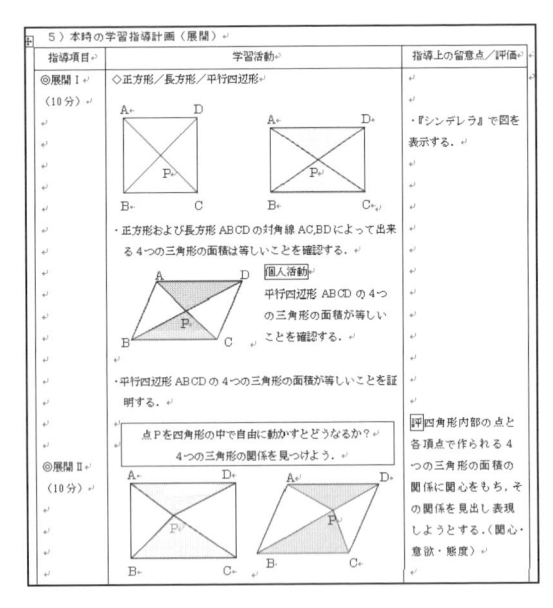

図 8.13 指導案例

一般の四角形の場合はどうだろうと，問題を発展させることができる．台形の場合や一般の四角形の場合は，まずそのような点 P が存在するか否かを，シンデレラでシミュレーションしてみる．そのような点が存在しそうだ，しかもこのあたりにあるだろうという予想のもとに数学的な証明を考えたらよい．

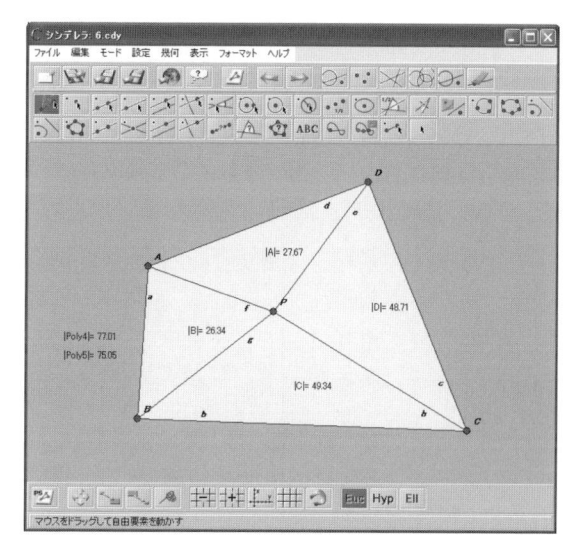

8.2 ICT の具体的な利用方法　199

図 8.14　シンデレラの利用例

　次に，高等学校で多く利用されている GRAPES について簡単に紹介する．このソフトウェアは，http://www.osaka-kyoiku.ac.jp/~tomodak/grapes/ からダウンロードできる．また，多くの HP に指導事例がアップされているので参考にされたい．

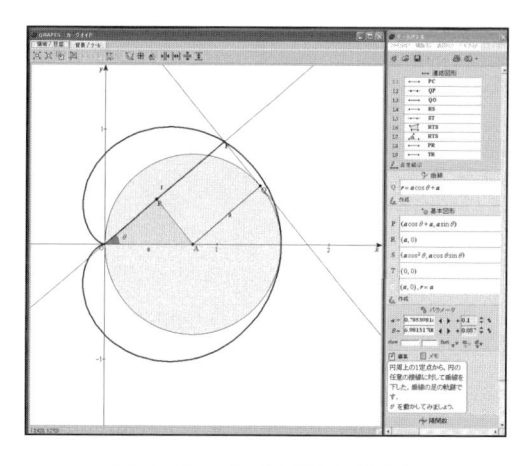

図 8.15　GRAPES の利用例

8.2.4 MS-Excel の利用

Excel は，最も多く普及している表計算用ソフトウェアであり，学校で使われるほとんどの PC にはインストールされているであろう．中学校の技術・家庭科や高校の情報科では，表計算とグラフ作成の入門を指導する．本節ではそれをさらに発展させた，数学の授業での利用を考えてみる．

図 8.16 には，2007 年宝くじの 1000 万枚あたりの当たる本数が書かれている．1000 万枚あたりにおける，1 等からラッキー賞までの当たる確率と期待値を求めるのである．

図 8.17 の E 列で確率を計算する．次に各当選金ごとに 当選金 × 確率 を計算し，その額の総和を求めると期待値になる．ここでは約 142 円となっている．300 円のこの宝くじを買ったら，平均して 142 円もどってくるということを意味している．

図 8.16 宝くじの例

	A	B	C	D	E	F
1	宝くじ					
2	等級	当選金	当たり本数	総額	割合（確率）	
3	1等	200,000,000	1	200,000,000	0.0000001	=B3*E3
4	1等の前後賞	50,000,000	2	100,000,000	0.0000002	10
5	1等の組違い	100,000	99	9,900,000	0.0000099	0.99
6	2等	100,000,000	3	300,000,000	0.0000003	30
7	3等	10,000,000	3	30,000,000	0.0000003	3
8	4等	1,000,000	20	20,000,000	0.000002	2
9	5等	100,000	300	30,000,000	0.00003	3
10	6等	30,000	1,000	30,000,000	0.0001	3
11	7等	3,000	100,000	300,000,000	0.01	30
12	8等	300	1,000,000	300,000,000	0.1	30
13	年末幸運賞	10,000	10,000	100,000,000	0.001	10
14			合計当選額	1,419,900,000	期待値	141.99

図 8.17 Excel による計算例

問いとして，図 8.18 を示して，「1995 年の年末ジャンボ宝くじは 1 枚 300

円であったが，1等は6000万円であった．この表はそれぞれの等級と当選金，1000万枚あたりの当選本数である．期待値を求め，2007年の場合の期待値と比較せよ．」等を出題する．1等の当選額は少なかったが，期待値はほとんど同じであることに気づくであろう．

	A	B	C
1	等級	当選金(円)	本数
2	1等	60,000,000	6
3	1等の前後賞	35,000,000	12
4	1等の組違い	100,000	594
5	2等	10,000,000	4
6	3等	1,000,000	40
7	4等	100,000	300
8	5等	10,000	5,000
9	6等	3,000	40,000
10	7等	300	1,000,000

図 8.18　1995年年末ジャンボ

グラフの応用では，統計を扱うことが多いので，ここでは別の使い方を紹介しよう．

「立方体を斜め上から見たとき，立方体はどのように見えるかを図で示してみよう．」が課題である．

図 8.19 を見よう．目の位置 E から空間にある点 $P(x, y, z)$ を見たとき，それが画面のどの位置に見えるかを調べると次の式で表される．ただし，目の位置 E は地面からの高さ h，画面までの距離 d にあるとする．

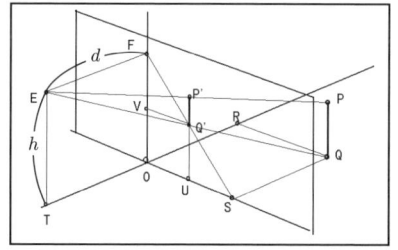

図 8.19　数学的遠近法のモデル図

点 $P(x, y, z)$ と点 $P'(OU, UP')$ の関係は，

$$OU = \frac{dk}{d+y}, \quad UP' = \frac{hy + dz}{d+y} \quad \cdots\cdots\cdots ①$$

である．中学3年生なら相似の応用として式①を証明できる．

さて，図 8.20 のような位置に置かれた，ほぼ立方体の形をした箱 A を，$h = 90$, $d = 40$ の位置からデッサンすると，どのような形に描かれるはずかを調べさせてみる．

点 $Q1$ が映る画面の座標を図 8.21 のように設定する．

$Q1(100, 50, 0)$ の値を式①を利用すると，画面上の $Q1'$ の座標が $(44.4, 50)$ と計算される．箱 A の各頂点ごとに計算して，その結果をグラフ用紙にプロットして作図すると，どのように見えているかの図が描ける．まずこの

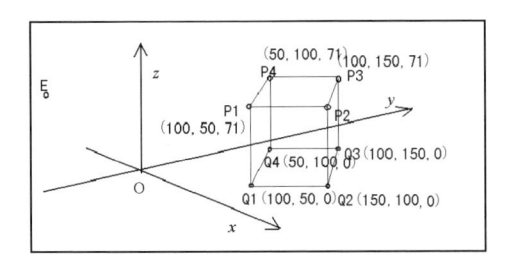

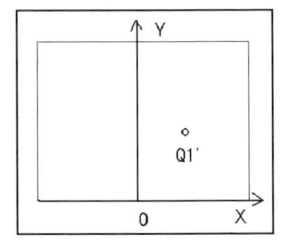

図 8.20 立体 A の位置関係　　**図 8.21** 画面の座標系

手作業を行って，作画のイメージを作る．次に，Excel のグラフ作成を応用して作画させる．Excel を利用すると，目の位置や画面からの距離を変えたときにどのように見えるかの図も簡単に作画できる．

まず，Excel で図 8.22 のような表を作る．列 F と列 G には，式①の計算式を入力する．

図 8.22 Excel の入力例

次に，計算された X 座標と Y 座標の数値を図 8.23 のように入力する．点 $Q1'$ から点 $P1'$ までの入力の順番は，箱 A の各辺を一周するようになっている．

ここまでの準備ができたら，この表をもとにグラフを描く．グラフは図 8.24 の散布図を選び，データを折れ線で結ぶようにする．最後に，グラフの大きさを調節して，グラフ上の x 軸と y 軸の目盛り間隔が同じになるようにする．

目の位置を変えたときに，立体 A がどのように見えるか，いろいろな場合を調べさせてみたらよい．

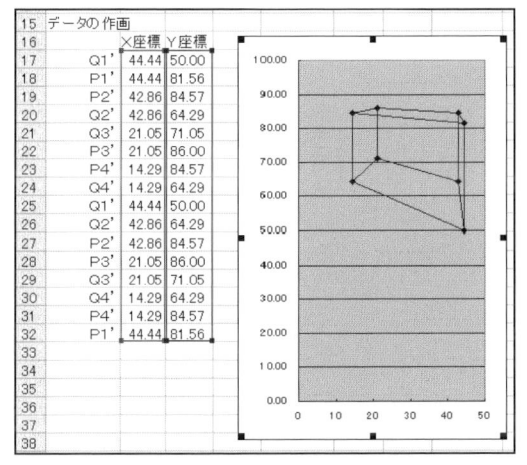

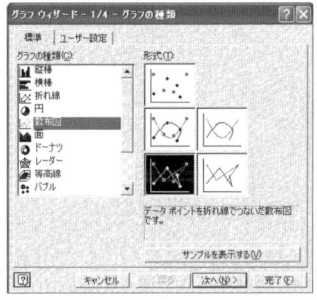

図 8.23　データと作画結果　　　図 8.24　グラフ選択画面

8.2.5　プログラム言語による自作ソフトウェアの利用

　ここではプログラミング言語を使った自作ソフトウェアの利用について説明する．授業者自身が授業用ソフトウェアを作ると，自分の授業計画に合わせたものができる．「N88 互換 BASIC for Windows95」や「(仮称)十進 BASIC」が手軽で扱いやすい．Microsoft 社製の「Visual BASIC」も旧版は Web から無料で手に入る．

　「VisualStudio.net Ver.2003」の Visual BASIC で作ったソフトを使った，フラクタル図形の導入として使えるカオスゲームを紹介しよう．授業では，面積を求めることが最初の目標となる．その後，パターンが現れる仕組みを探求するのが次の目標となる．

猫が 3 匹，一辺が 1m の正三角形の頂点の位置にそれぞれいる．この三角形の中に，ノミが 1 匹いた．ノミは，その場の雰囲気で 3 匹の猫の中から 1 匹を選び，その猫めがけてジャンプしている．ところが，いつも目測を誤るために，目標とする猫までの半分の距離しか跳ねない．でも猫に近づこうと，一所懸命ジャンプを繰り返した．さて，ノミは猫にめでたく到着することができるであろうか．また，ノミが着地することができた場所は三角形のどの部分か，その面積も求めよ．

授業の流れはおおむね次のようになる．
1) 問題の意味を理解して，答えを予想する．
2) 手作業で 50 回くらいジャンプさせた結果から，再度予想をたてる．
3) プログラムを使用してシミュレーションする．
4) 図形の特徴をまとめる．
5) 着地可能な場所の面積を計算する．
6) 最初のノミの位置を変えたり，三角形以外にしたり，飛べる距離を変えたりして問題を発展させ，各自の課題に取り組む．
7) 研究結果を発表する．

図 8.25 は，ノミの着地点に点を打つようにして，10000 回ノミをジャンプさせたときにできる絵柄である．この絵柄はシェルピンスキー・ガスケットといわれている．三角形の中にさらに同じ三角形が見られる．自分自身が自分自身で構成

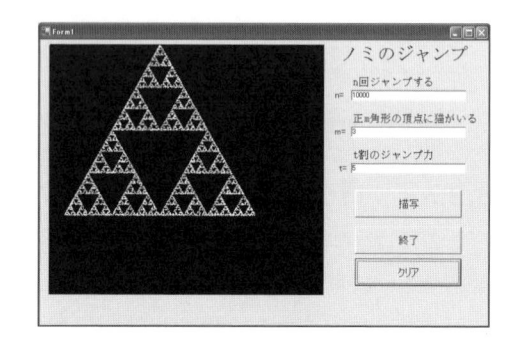

図 8.25 シミュレーション例

されている図形であり，自己相似図形といわれている．一般的にはフラクタル図形といわれる図形である．

さて，いつでもこのような絵柄が出るのだろうか．正三角形を正方形にして，シミュレーションしてみると，今度は絵柄が現れてこない．「なぜだろ

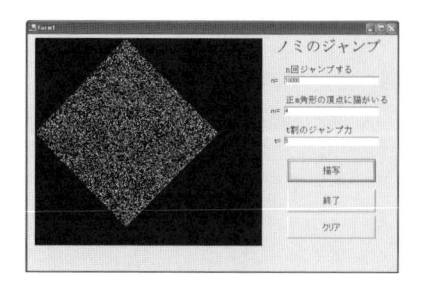

図 8.26 正方形の場合　　　図 8.27 6.67 割のジャンプ力

```
Private Sub Button1_Click(ByVal sender As System.Object, ByVal e As System.EventArgs) Handles Button1.Click
    Dim n, i, j, r, m As Integer
    Dim x(100), y(100), x1, y1, pi, t As Single
    Dim g As Graphics = PictureBox1.CreateGraphics()
    n = Val(TextBox1.Text)
    m = Val(TextBox2.Text)
    t = Val(TextBox3.Text)
    x1 = 0
    y1 = 0
    g.Clear(Color.Black)
    Randomize()
    For j = 1 To m
        x(j) = 200 + 200 * Math.Cos(2 * Math.PI * (j - 1) / m - Math.PI / 2)
        y(j) = 200 + 200 * Math.Sin(2 * Math.PI * (j - 1) / m - Math.PI / 2)
        If j > 1 Then
            g.DrawLine(Pens.Red, x(j), y(j), x(j - 1), y(j - 1))
        End If
    Next j
    g.DrawLine(Pens.Red, x(m), y(m), x(1), y(1))
    For i = 1 To n
        g.DrawEllipse(Pens.White, x1, y1, 1, 1)
        r = Int(Rnd() * m) + 1
        x1 = (x1 * (1 - t / 10) + x(r) * (t / 10))
        y1 = (y1 * (1 - t / 10) + y(r) * (t / 10))
    Next i
End Sub

Private Sub Button2_Click(ByVal sender As System.Object, ByVal e As System.EventArgs) Handles Button2.Click
    End
End Sub

Private Sub Button3_Click(ByVal sender As System.Object, ByVal e As System.EventArgs) Handles Button3.Click
    Dim g As Graphics = PictureBox1.CreateGraphics()
    g.Clear(SystemColors.Control)
End Sub
End Class
```

図 8.28 「VisualBASIC.net Ver.2003」によるプログラム例

う？」この疑問をもって，絵柄ができる秘密を探らせたらよいであろう．正六角形にして，ジャンプの割合を工夫すると図 8.27 のような模様もできる．

8.3 テレビ会議システムを使った遠隔協同学習・研究会

8.3.1 国際遠隔協同学習とは

本節では近年普及してきたテレビ会議システムを利用した数学の授業を紹介する．数学教育の中では 1995 年ごろからテレビ会議システムを利用した遠隔協同学習が始まった．1997 年からは日本と外国との学級同士で国際遠隔協同学習 (International Cooperative Distance Learning: ICDL) が行われている．

ICDL を実施する目的は，レベルの高い数学を実施しながら，創造性の育成をはかることである．もちろん，国際理解の教育ともなっている．情報教育としてはプレゼンテーション能力の育成という面もある．

このような教育を行うようになった背景には，日本の子どもの学力の質の低下の問題があった．大学受験で合格することが数学を学習する最終目

標となってしまったように見られる昨今，数学科では，多くのことを記憶して，速く正しく計算する能力が育成される．日本の子どもらの計算能力が高いことは従来から知られているとおりである．しかし，今日では，諸外国から立ち後れている，子どもたちの創造性を育成することを志向する必要がある．もちろん，通常の授業の中で創造性を育成することは可能であろうし，従来から育成してきた歴史はある．ここでは，テレビ会議を使い，外国の生徒と直接に交流する中で，お互いに刺激仕合いながら，より一層の創造性を育成しようと考えているのである．

早期から外国との交流を経験することは，これから国際社会で働く子どもたちには必要なことである．特に日本は島国であるために，日本の子どもたちが外国人や異文化と直接に接する機会はヨーロッパやアメリカの子どもたちと比べて少ない．テレビ会議は，その機会を子どもたちに提供できる．

従来から行われている遠隔授業は，交通が不便である，僻地である等の遠隔地の学習者に対して学習の機会を与えることが目的であった．近年は，e-Learningと呼ばれるように，インターネットを介して，教材をサーバーに置き，都会であっても場所や時間，人数等に制限されずに，個人を対象として高度な教育内容を低価格で提供するようになってきている．しかし，本ICDLは，これら遠隔授業やe-Learningとは目的を異にしており，次のことを特徴として挙げている．

1) 目的は，創造性の育成である．
2) 内容としては，数学が中心となる総合学習の要素を持つ．
3) 同期の双方向通信による対面学習である．
4) それぞれのクラスは質の高い学習をした上で，クラス対クラスで学習を行う．

なお，ICDLは，テレビ会議システムを利用した交信授業で全ての授業を行うのではなく，一つのテーマのもとに図8.29のように通常の授業と数回の交信授業とを交互に繰り返す一連の学習である．交信授業を単にDLということにする．図8.30が一般の交信授業の形態である．小学校では，先生が中心となってDLを進行する．先生は時々，交信相手の子どもを指名したり，指導したりする．図8.30は，中学校や高等学校で行われる形

式である．先生は，DLでほとんど登場しない．生徒自身がDLを進行し，生徒が相手の生徒に指導したり，お互いにディスカッションしたりする．これをSTS (Students teach students) 方式と呼んで

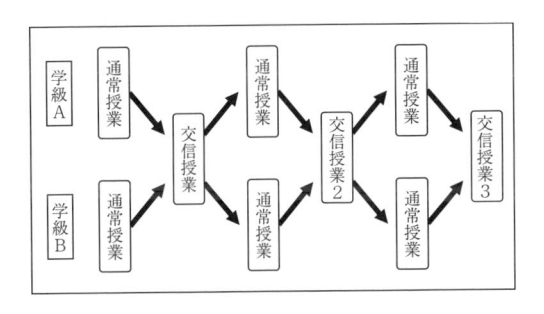

図 8.29 ICDL の授業過程

いる．STS方式をさらに発展させた遠隔協同学習・研究会 (ICDL&C) が進められている．

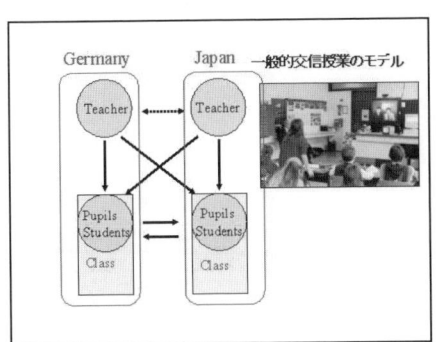

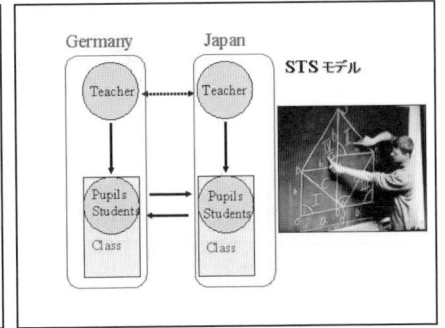

図 8.30 一般のモデル

図 8.31 STS のモデル

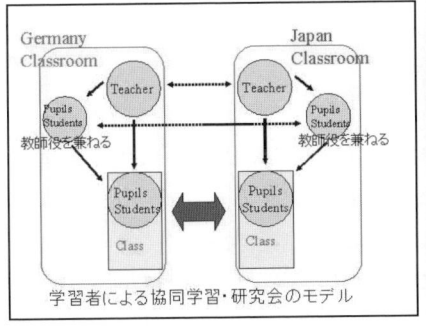

図 8.32 ICDL&C モデル

図 8.33 テレビ会議システム本体

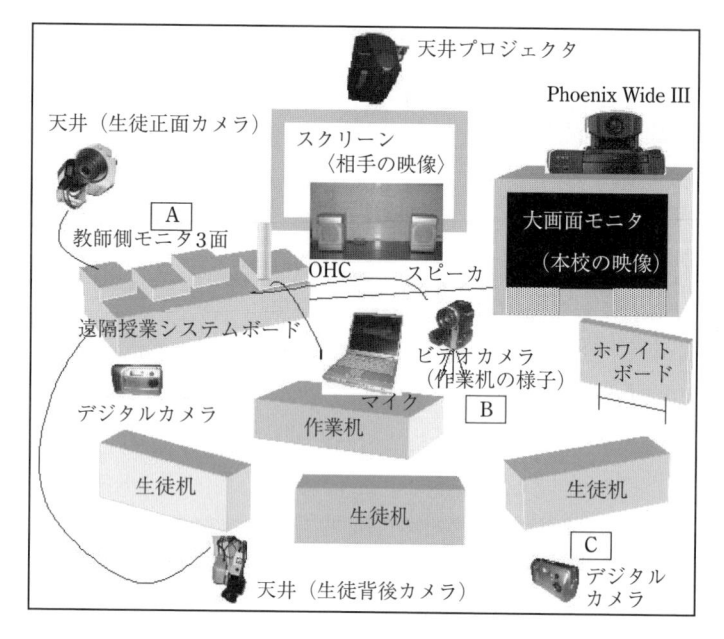

208　第8章　情報通信機器を用いた数学教育

図 8.34　テレビ会議の教室構成図

　テレビ会議システムの本体は，近年，小型になり，価格も 30 万円以下となった．テレビ電話型では，10 万円程度である．これら本体に，モニターTV やプロジェクタを接続すると，テレビ会議ができるようになる．学校にある備品のビデオや PC，複数のカメラ，複数のマイクを接続することで本格的なシステムに仕上がる．図 8.34 はその一例である．

8.3.2　ICDL の授業事例

　フラクタルを教育内容とした ICDL の授業を紹介する．京都教育大学附属高等学校とタイのラジャパッド総合大学アユタヤ校附属中等学校の生徒同士で行われた．指導の流れは，図 8.35 である．それぞれフラクタルについて勉強しているが，日本はカオスゲームや相似性次元，アフィン変換について，タイは統計的相似性次元についてと，違った内容を勉強している．そこで，最初は日本から，自分たちが勉強した内容を発表した．次にタイから，川のフラクタル次元の求め方について発表した．この DL の後

で，日本もタイも，相手の発表内容を一般授業で取り上げ，その内容を理解して，さらなる応用を試みた．最後の DL では，双方が研究したことを発表しあった．

	A 校（日本）	B 校（タイ）
通常授業1	・自己相似性を学習する ・カオスゲームでシェルピンスキー三角形ができる原理を考える ・カオスゲームの原理を応用して葉っぱを再現する	自己相似性，相似性次元，統計的相似性次元を学習する
DL1	・学校紹介 ・カオスゲームを実際にタイの生徒にやってもらう ・カオスゲームのシミュレーションを見せる ・再現した葉っぱを発表する	⟹
通常授業2	・指数を学習する ・相似性次元について学習する ・相似性次元の表記として対数を導入する ・対数を学習	・統計的相似性次元を測る
DL2	⟸	・学校紹介 ・統計的相似性次元を教える ・タイの川の統計的相似性次元の測り方を教える
通常授業3	・海岸線，墨流し，かすみ草など生徒が見つけたものの統計的相似性次元を測る ・結果を見て気づいたことから発展課題をみつけて考える	・カオスゲームの原理を考える ・シダの葉を再現する ・発展課題を考える
DL3	・測った統計的相似性次元を発表する ・発展課題を発表する	⟸⟹ ・シダの葉の再現を発表する ・発展課題を発表する

図 8.35 ICDL の授業構成

図 8.36　DL1：カオスゲームの指導

図 8.37　DL1：アフィン変換による葉っぱのシミュレーション

図 8.38　DL2：川の次元の測定方法　　図 8.39　若狭湾の次元測定

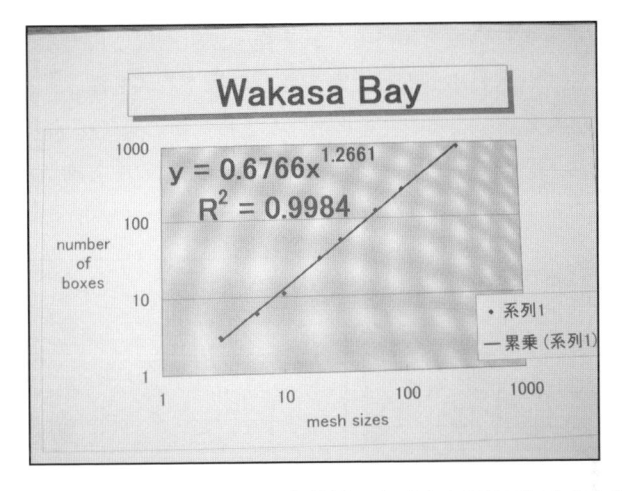

図 8.40　DL3：若狭湾の測定結果で次元は 1.2661 次元である

8.3.3　ICDL の良さについて

ICDL は，異文化との遭遇によって，子どもと教師において新しい知識の獲得と価値観の変化をもたらし，異文化理解にも貢献する点で有益である．

(1) 異文化との遭遇

ICDL によって異文化に遭遇することは，創造性の育成に貢献する．ここで，創造性は，拡張性，論理性，積極性，独自性・独創性，集中性・持続性，収束性，精密性，探求力の各因子の総合的能力であると捉える．ICDL 実験授業を行い，これら因子がどのように伸びているかを調べることで，そこで育成されたと思われる創造性の特徴を明らかにできる．

A. 創造性の発揮について

タイの高校生から川のフラクタル次元の測定方法についての発表を聞き，それを発展・応用させて海岸等のフラクタル次元を調べた．このとき，フラクタルでない例の次元も測り，フラクタルについての特徴を深く理解した．

別の中学生同士の実践では，タイの中学生から，日本では指導されていない三角比とそれを使った簡単な測量についての発表を聞き，2 地点から

計測した値をもとに高度を調べる公式を作り，実際に応用した．これらの事例では，いずれも日本側が相手から新しい数学内容を聞き，それに刺激を受け，交信授業後に数学内容を理解し，さらに新しいアイデアをもとに，作業等の創造的活動を行った．この一連の学習過程の中で創造性の育成がなされた．

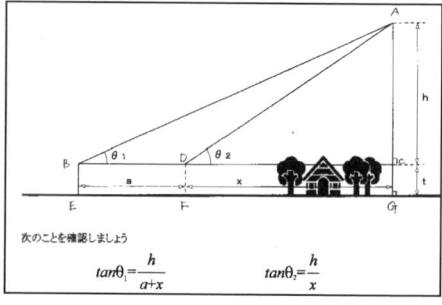

図 8.41 タイからの指導の様子

図 8.42 2 地点からの計測モデル

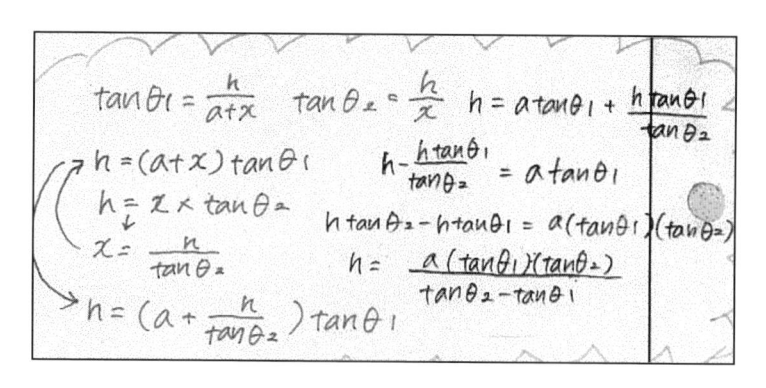

図 8.43 生徒が作った公式

図 8.44 は，この実践における交信授業と通常授業とで創造性がどのように育成されたかを調べた図である．交信授業のほうが通常授業より創造性が育成されたと思った生徒の数が多くなっていることがわかる．

双方のクラスに英語の堪能な生徒がいる場合は，その生徒が通訳者となり，豊富なディスカッションが行われる．従来の ICDL では，発表形式で

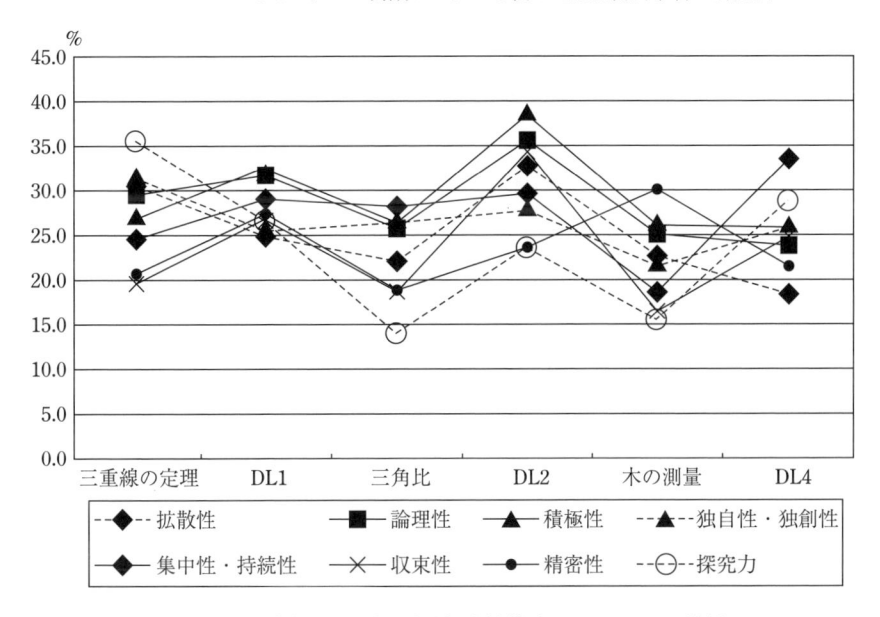

図 8.44 授業ごとの場面別創造性態度アンケートの結果

あるため簡単な質問に答える程度のやりとりが行われただけで，十分な討議が行われたわけではなかった．交信授業中の疑問点は，その後に行われる通常の授業の中で討議され，交信授業はあくまで新しい内容との出合いの場であり，内容の理解は一般授業で行うというパターンであった．しかし，ディスカッションの時間を意図的に多く取ることにしたところ，交信授業時間内で相手の発表内容を理解しようとする意識が働き，討議も多くなされた．その結果，創造性因子の収束性と精密性が育成されているという結果となった．

B. 新しい知識の獲得や価値観の変化について

ICDLによって高度な数学を学習できる．もちろん，通常の授業でもこのことは可能ではあるが，実際には生徒の意欲が持続せず，大胆な内容の指導は難しい．前節で高校生が高度なフラクタル数学について学んでいることは示した．同じく高校生同士で，水中を通過する光の速さについても研究している．これはまず実験を行い測定値を求める．次に，グラフ電卓

を駆使して多変数関数になっている計算式から，光の速さを求めるのである．このように，子どもたちは，これから行われるテーマとICDLに好奇心を持つ．期待や不安はあるものの，やる気があるので，勉強内容やICDLの準備に多少の困難があっても乗り越えられる．その結果，通常の授業では途中であきらめてしまうような高度な数学をも獲得できる．

ICDLを実施すると，教師にとっても変化が現れる．教員志望である日本の大学院生とドイツの大学生によって実施された例で示そう．一次関数に関して，両国で最も一般的な導入方法を模擬的に授業して，お互いに見せ合うという内容である．日本は，教科書に従って水槽に水を入れるという設定での導入であり，黒板に水槽のモデルを貼り，1分ごとに水面が上昇する様子を再現している．この様子を表に表し，時間と水面の高さの関係を数式に表すという内容である．これに比べ，ドイツでは，バネや輪ゴムの伸び具合，三角フラスコでの水面の高さ等，まず，実際に実験を行い，その測定値を方眼紙にプロットし，直線や曲線で近似する．これら違った形のグラフを考察して，重さとバネの伸びとの関係が直線的になることから，一次関数を導入する．日本は一次関数になる例のみを扱い，一次関数の特徴を発見しやすい理想値を使うのに対して，ドイツでは様々な関数を比べて一次関数の特徴を浮き立たせる方法である．日本の大学院生はドイツの方法に大変感心した．学生の中には現職の高校教員もいたが，教科書以外にこのような導入方法があったことを初めて知り，目から鱗が落ち，勉強になったといった．実は，筆者は，学部の授業でドイツの様な導入方法を推薦して説明したはずである．しかしながら，大学院生は，まったくこの話を忘れていたのである．教員から聞くより，自分たちと同年齢で同じ目的を持った外国の学生から聞くほうが強い印象を受けるのである．この様に，教師も，ICDLによって，固定概念から脱せられ，視

図 8.45　日本側からの模擬授業

界が広がり，文化の違いをも実感できる．さらに，好奇心から，やる気が出てくる．教科書にとらわれず教育内容を発展させて授業ができるため，研究意欲は向上し，授業力もつく．そして，教科書から解放された教育活動の充実を実感し，数学教育の意義を考え直す機会となるのである．

図 8.46　ドイツの模擬授業を観察　　図 8.47　ドイツ側からの模擬授業

(2) 異文化の理解

小学校5年生が群論の初歩を運動模様を考察する中で学習した．最初 (DL1st)，絵柄として日本の子どもらは寺や花火等を選んでいた．それを見たドイツの子どもらは，最初はモダンアートであったが，その後 (DL4th) は教会やハロウィン等を素材にデザインした．最初は身のまわりには模様はないといっていたが，ICDLを行う中で身のまわりにたくさんの伝統的な模様があることに気がついていった．ドイツの子どもらは，相手から刺激を受け，自国の文化を再認識したのである．このようにして，世界の中での自国の文化を位置づけられるようになる．

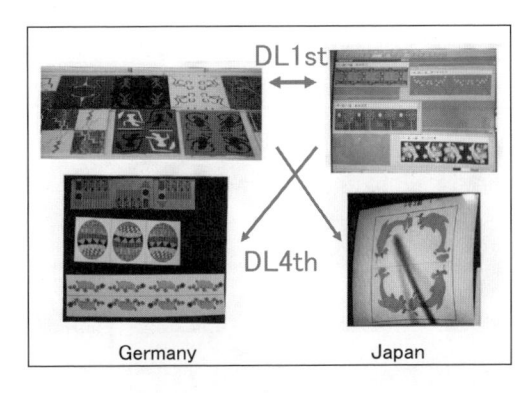

図 8.48　デザインの変化のようす

(3) 教育内容の開発

相互の国にカリキュラムがあるので，ICDLではその共通部分を扱うこととなる．通常，日本の教師は，学習指導要領の内容にこだわるが，この場合は，新たに内容を考える必要が出てくる．先行研究や先行授業を調べたり，新たに教育実験をしたりして，子どもは本来何ができるのかを調査した．その結果，日本の通常のカリキュラムよりレベルの高い数学を扱えることがわかった．子どもたちは，このICDLで，レベルの高い数学を獲得できたのである．たとえば，高校1年生用のフラクタルや光の速さの他に，中学3年生用の日時計や三角関数がある．5年生用には，群論をベースにした運動模様がある．また，日本の学校同士の遠隔協同学習では小学校1年生用に曲面，3年生用に立体や4年生用に曲率の内容が開発された．

図 8.49　1年生での曲面の学習

図 8.50　3年生の作品：ケント紙に展開図を描いて組み立てる

図 8.51　4年生の作品：絵のまわりの長さを円で近似して計測してから必要な長さの毛糸を貼る

(4) 課題が見えてくる

ICDLを実施することで，日本の教育や数学教育の課題も明らかになる．

1) エッセンスのみの指導であった．

　中学 2・3 年生でピタゴラスの定理を扱った．一般に日本の教師は，定理の証明を一つ行い，すぐに応用に移るという，応用問題の解決を優先させる．それに対して，ドイツでは，いろいろな証明方法を調べたり，自分たちで発見したり，さらに，ピタゴラスの定理の歴史を調べたりした．日本では高校や大学受験で合格するために数学を学ぶという目的が強いために，数学が持つ文化的背景等は削除され，結果と応用のみが教えられる傾向にあることがわかった．

2) 子どもの積極的・創造的活動が数学の授業の中ではかれていなかった．

　ドイツのギムナジウムでは生徒自身が ICDL の準備を自分らでやっている．普段から自主性が重んぜられているのに比べ，日本は，教師がその多くを準備してしまう．

3) プレゼンテーションの未熟さや英語の不慣れがあった．

　自分で勉強したことや研究したことをクラスの皆に形式張って発表するということが通常は行われない．

4) 教材の画一化，指導方法の柔軟さに不足していた．

　教師の独創性が発揮しにくい教育制度が日本にはある．しかし，一度 ICDL を経験して本当の教材研究の意義を知ると，次から，教科書の内容を批判的に検討できるようになる．できるなら，教員養成段階で ICDL を経験させると本当の教材研究の意義と方法を学ぶことができる．

5) ドイツのようなやり直しができる教育システムと風土がない．

　ドイツでは，本人の能力にあった複線系の教育システムである上に，コース変更や社会人になってからの再入学等に違和感がない．勉強したいときに，自由に進路を変更できるという．

8.3.4　ICDL 実施方法上の知見

　ICDL を実施するための知見をまとめる．

1) 発表するときと，発表を聞くときでは育成されるであろう創造性の因子が違うために，交信授業を 3 回行うのがよい．

　まず 1 回ずつお互いに研究内容を発表し，そこで得た知見をもとに研究

を発展させ，3回目でその内容をお互いに発表する．子どもが授業に集中できる時間等から，1交信授業の時間は60分が適当である．
2) 授業の評価方法を事前に徹底しておくことが重要である．

　日本と外国との文化の差であるかもしれないが，授業研究方法に差がある．ドイツやタイ，中国には授業の様子を何らかの方法で評価してデータを取るというよりも，授業観察の主観的報告という面が強い．そこで，データの取り方等を事前に先生方に指導しておく必要がある．授業記録としてビデオや写真は必ず撮るようにしたい．
3) インターネットを使うことで通信経費がかからなくなったといっても，その他の諸経費は必要である．
4) 現地でのコーディネートが大切である．

　外国では，学校教職員に仕事の分担があり，お互いの領域を侵さないという不文律がある．機器の設置等は一般に学校在中の技師職員が行い，一般教員は行わない．そこで，機器は常設されていることが大切であり，スイッチ一つで交信ができるよう，必要なときに誰でもが使えるようにしておきたい．
5) 準備作業に見合う代価が得られるようにする．

　努力しなければ成果もないが，無理しすぎても成果はそれに見合わないと感じてしまう．生徒や教師が，自分に学力が身についたと自覚できることが大切であり，研究者側だけの満足ではいけない．

研究課題

1. 1980年台に行われたPCやプログラム電卓を利用した授業実践を調べ，現在の視点からその有効性と改善点を述べよ．
2. グラフ電卓を有効に利用した実践例を調べよ．
3. GCやGRAPESを使った教材を製作し，指導案を書け．
4. テレビ会議システムを利用した授業実践記録を手に入れて，内容を分析せよ．また，デメリットを検討してみよ．

引用・参考文献

黒田恭史,守屋誠司,進藤聡彦,鈴木正彦 (2000) テレビ会議システムを利用した外国との協同学習を中心とする総合学習の研究.電気通信普及財団研究調査報告書,第 15 集 (CD-ROM 版):206–214

町田彰一郎編著 (1984) パソコンと数学教育 その利用と限界.みずうみ書房,東京

町田彰一郎編著 (1988) 教材ソフトと実践事例 基礎編,算数・数学編,入門編.ホープクリエイト,東京

守屋誠司 (1997) きみにもできるウィンドウズ 7 数学者になっちゃおう.岩崎書店,東京

守屋誠司,山本彰子,河崎哲嗣,寺本京未 (2004) テレビ会議システムを利用した国際遠隔協同学習における教育効果の研究.数学教育学会誌,45(1・2):19–37

守屋誠司,大村隆之,池本博行,寺本京未,渡邉伸樹 (2005) テレビ会議システムを利用した創造性育成のための国際遠隔協同学習の研究.数学教育学会誌,45(3・4):51–69

守屋誠司,渡邉伸樹,K. D. Graf, Th. Weth (2006) 教員志望学生を対象とした日独遠隔共同ゼミナールの成果について.数学教育学会誌,47(1・2):51–70

岡森博和 (1987) 数学教育とパソコン.第一法規,東京

J. リヒター-ゲバート,U. H. コルテンカンプ (2003) シンデレラ―幾何学のためのグラフィックス―.阿原一志訳,シュプリンガー・フェアラーク東京,東京

田村三郎編著 (1987) コンピュータを利用する小・中・高の算数・数学.三晃書房,大阪

柳本哲,瀬尾祐貴,岩瀬謙一,澤田耕治,井畑公男,李雪花,黒田恭史,守屋誠司,鈴本正彦 (2002)「日中遠隔協同学習」に投影された日本の数学教育の課題 (I).数学教育学会誌,42(3・4):25–32

横地清編著 (1982) コンピュータと電卓の活用.ぎょうせい,東京

横地清,鈴木正彦編著 (1986, 1987, 1988) 教師のための授業に生かすパソコン 小学校 I・II・III.共立出版,東京

第9章　数学教育史

9.1　数学教育史への誘い

9.1.1　序

　第二次大戦後，日本の社会が急速に発展する中，数学教育は数学教育研究者，教育現場の担当者，教育学者，心理学者等の広範な層の人々によって研究，実践され，発展し，学問の一分野を形成するまでになった．実際，数学教育は 1960 年を迎えるころには逞しく自立を果たし，以降，日・中数学教育研究会 (1979〜) を基軸に，「五カ国国際会議」(日本，中国，ドイツ，アメリカ，フランス)，「数学の文化史」等，国際的に協同して研究を推進するまでになった．そうして，これらの潮流は，ICME (International Congress on Mathematical Education) や IFIP (International Federation for Information Processing) 等の発展にも，大きく寄与するまでになった．

　日本の国内にあっても，数学教育は今日，数学教育史，教育課程，教育内容，学習指導，コンピュータの教育利用（含 遠隔協同学習），認知論，数学の文化史，数学史等の個別の研究分野を持つまでになり，急速に発展する情報・通信社会にあって，数学教育の実践に有効と認められる一般性を追求し続けている．

　一方，21 世紀を迎えた現在，国内では慢性化する財政難と不況の中，児童・生徒の退廃傾向（非行や暴力，陰湿な苛め，果ては殺人に至る行為），無気力・無関心，そうして，道徳意識の低下等が，以前にも増して深刻な様相を呈している．小・中学校の不登校児童・生徒は増加の一途である

(2007.8). 理数科離れ，低学力にも歯止めがかかる気配もない．こうした教育問題は今や，中央教育審議会をはじめとする国政レベルでも多角的に検討され，国民全体が協力して解決すべき課題となっている．

上述したような状況にあって，一人ひとりの子どもが現在および将来に向け，逞しく創造的に生きること，集団と協同して力強く生きぬくことに，数学教育は新たな改造と質的な発展に迫られている．数学教育が学問研究であることを自負するからには，一人ひとりの子どもが人間として逞しく，創造的に生きることに応えなければならない．

本章では，以上に述べた問題意識の下，戦後の数学教育の変遷の中に，学習者および広範な市民を対象にした実践的数学教育が誕生し発展する由来と経緯とを明らかし，その筋道の中に，21世紀における数学教育の新たな研究・実践への方向性を求めようとする．

(1) 時代区分

数学教育史の研究にあっては，その歴史発展の区分をどう考えるのかという重要な課題が存在する．

たとえば，小倉金之助は"戦争"を一つの歴史区分とする見方を提示した（小倉ほか1957）．このことは，同氏が，マルクス主義に依拠する唯物史観を歴史区分に適用した可能性が高いことを示している．確かに，この観点は一つの歴史区分ではある．しかし，この区分に立つと，戦争と戦争の狭間に生起した数学教育に係る重要な動向を見逃すことにもなる．実際，1920年代の「自由教育運動」は，わが国の数学教育の発展に重要な位置を占めるが，これが，第一次世界大戦(1914–1918)と第二次世界大戦(1939–1945)の挟間に位置するのである．

もう一つの歴史区分は，学習指導要領の改定期をもって充てる見方である．この見方は時系列としては明瞭であり，資料も豊富であるだけに，現在もしばしば用いられる．しかし，この改定自体は文部行政サイドの政治的な判断に依るものであり，数学教育自体の質的発展の観点に立つものではない．果たして，数学教育に携わった広範な人々の研究や実践の成果が学習指導要領の改訂に反映されたことがあったのであろうかと問いたい．

上述した二つの立場とは別に，近年，横地清（北京師範大学客員教授）の提唱する歴史区分がある．この歴史区分の特徴は，数学教育を推しすすめてきた広範な人々の研究・実践活動に着目し，その活動が，新たな質的運動へと転換する時点をもって歴史区分に充てる点にある．

本研究では，この歴史区分の観点に立つ．この上で，数学教育の実践・研究に関する広範な資料を社会的背景にも立ち入って分析し，新たな質の研究や実践が誕生する由来と経緯とを記すことにした．

第二次世界大戦後の日本の数学教育は次の I〜IV に区分される．すなわち，

I. 敗戦後の急速な建設（1945〜1955/60）
   (1) 新教育，単元学習とその展開
   (2) 数学教育の建設 - 自立運動への出発
II. 自立運動と国際的展望，管理的敷衍の進行（1955〜65）
   (1) 強靱な自立運動の展開
   (2) 国際的展望と現代化運動
   (3) 数学教育学の形成に向けて
   (4) 指導要領敷衍の進行
III. 科学化運動と管理的敷衍の展開，教育の頽廃の始まり（1965〜1980）
   (1) 現代化運動の止揚と科学化運動の展開
   (2) 指導要領・検定教科書敷衍の展開
   (3) 教場の権威と混乱
IV. 高等教育の普及と教育の頽廃，その克服/国際協力と情報化社会への対応（1980〜1990）
   (1) 高等教育の普及
   (2) 教育の頽廃と克服，人間的数学教育の創造と展開（生きる数学，総合教育）
   (3) 国際的協力の展開（中国と欧米）
   (4) コンピュータから通信の時代に向けて

以上の歴史区分によるわが国の数学教育の発展は，概略，次のようになろう．

日本の数学教育は，1950年半ばには敗戦による壊滅的な状況から立ち直り，自立的な数学教育の展開が始まる．この自立運動は1960年代に円熟し，学問としての数学教育学の形成が始まる．同時に，戦前の偏狭な態度を捨て，国際的視野に立つ数学教育の展開が始まる．やがて，アメリカに始まる現代化運動が世界的な規模で，数学教育の大改造を要請してくる．日本は，自立運動から発展した科学化運動を押しすすめ，独自の改造をすすめていく．独自の改造をすすめた研究者たちは，その研究を世界に広げ，1980年代には中国をはじめ，世界各国と積極的に協力し，世界的な規模で数学教育の発展を図る．

しかし，一方で，1970年代後半から，自立運動に陰りが見え，数学教育の発展に沈滞の傾向が現れる．こうした状況の下，情報化社会の急速な発展にも対応すべく，数学教育の新たな改造が要請されているのである…，と．

(2) 資料等の扱い

本章では，数学教育研究者によって著された著書，論文の他，学習指導要領，教科書，行政機関の発行する各種の統計資料，各種の審議会の答申，教育学関係の研究図書等の膨大な資料を繙き，資料の背景にまで立ち入って詳細に分析を加えた．なお，終戦直後の日本の動向については，その当時に活躍された方々に克明に聞き取り調査を行った．特に，終戦直後から10数年間の資料は，北京師範大学英東楼の「横地清文庫」に保管されている各種の資料を参照した．

一方，1979年以降に始まる日中数学教育研究交流，五カ国国際会議（日本，中国，ドイツ，アメリカ，フランス），数学の文化史研究会等の資料については，筆者の直接的な体験をも一資料に加えるとともに，交流に先立つ不明な部分については，横地清，鍾善基，馬忠林の各教授，並びに，その方々の門下生に直接に資料の提供をお願いした．

9.1.2 本章に記した内容について

本来，冒頭に記した歴史区分に従い，第二次世界大戦後の数学教育の発展 I〜IV を記すことが当初の計画であった．しかし，許された紙数は限ら

れており，制限枚数の中にI～IVを収めることは到底，できないと知った．一時，ダイジェスト風に記そうともしたが，それでは余りにも通俗的に過ぎ，歴史研究の本道から外れ，読者の研究に供することもできまいと考えた．

そこで，本章では思い切って上述のI～IIIに限定し，かつ，必要最小限に記述することとした．IVは，筆者自身が，まさに"歴史は自らの手足で創る"の精神で臨んだ時期でもあるが，割愛することとした．この時期の資料を以下に記すことで読者の了解を得たい．

・「第二次大戦後のわが国の数学教育の発展について(II)―日中数学教育研究交流史にみる指導者の教育思想とその発展―」，鈴木正彦，大阪教育大学数学教室編 数学教育研究，第28号，pp.143-168，1999.04

・「第二次大戦後のわが国における数学教育の発展について(V)―高等教育の普及と教育の頽廃，その克服／情報化社会への対応」，鈴木正彦，数学教育学会誌，2003/Vol.44/No.3・4，pp.33-47，2004.05

9.1.3 数学教育史の研究に向けてのコメント

数学教育史の研究のため，以下に，いくつかのコメントを記す．

(1) 数学教育の実践と数学教育史

数学教育学の専門分野には現在，目標論，数学教育史，数学の文化史，教育内容，教育課程，学習指導，評価，市民の数学教育，認知と活動，情報機器，国際間の遠隔協同学習，等がある．これらの分野ではそれぞれに研究が深められているが，その共通項は，変動する社会にあって数学教育の実践に有効と認められる一般性を追究している点にある．別様に言えば，数学教育の実践を実り豊かなものとせんと研究がなされているのである．数学教育史とて例外ではない．

(2) 数学教育史の性格
①数学教育史と他の専門分野との関係

数学教育史の研究は，教育内容，教育課程，認知と活動，情報機器，学

習指導，遠隔協同学習，等の他分野の研究と密接につながっている．
② 数学教育史の研究は，"現在の眼"でもって，過去の事象を考察することが肝要となる．この意味で，数学教育史は何度も読み直され，書き直される対象でもある．
③ 数学教育史の研究は，"原資料"にあたって調べることが何よりも基本である．原資料には，聞き取り調査も含まれる．

9.2 自立化運動の原点を探る

「数学教育の自立化運動」は，1950年代の初期から始まる．本節では，この運動が生ずるに至る史的背景を考察する．また，数学教育の自立化運動が，その出発点でかかえた特徴，問題点を洗い出す．この作業は，戦後の数学教育の発展を考察する上で，また，直面する目白押しの教育改革や数学教育の抱える諸問題等を再考する上で，避けては通れない原点に位置づくものと考える．

9.2.1 「新教育単元学習」の実相
(1) 新教育への憧憬

筆者の手元には，京都府教育研究所が編集した冊子（「現地報告－教育研究特集－，1950」）がある．半世紀以上も経過しただけに，どのページも茶色っぽく変色している．その中に，次のような一文が目に留まる．

「…舞鶴から疎開した生徒を迎えて，教室外の作業と訓練に終始した戦時教育は敗戦によって終止符がうたれた．極端な国家主義の教育理念によって裏づけられた軍国主義教育は否定されたのである．このことは，教師の自主性は認められず，為政者の傀儡として巧みに偽装された思想だけを呼吸して，長い間忠実に農村の教育に従事してきた教育者にとって実に大きな問題であった．教育者の心の中から否定された思想を取り除いてしまえば，後には，極めて貧弱な萎縮し切った魂が，いかにもみじめに残るだけだった．それでいて，教師としての自尊心は失いたくないという要求を宿命的に感じていた．その上，或る頁は破り取り，又墨をぬった教科

書（墨塗り教科書，筆者註）を手に，昨日までの作業の疲れに呆然としている生徒を見ると，教師としての責任と愛情が本能的に素朴な田舎の教師の魂をゆすった．虚脱だといってぼんやりしていられない．一日も早く<u>新しい教育者としての人間革命</u>をやらねばならない．この悩みと焦りは深刻であった．…（後略）」と（下線は筆者）．

　ここには，終戦直後の，一人の教師の偽らざる心境が読み取れる．衣・食・住の極度に欠乏した廃墟の中，しかも，精神の拠り所を失った数多くの人々にとって，占領軍がもたらしたアメリカの文化，生活様式は，羨望の的であり，未来への理想像であったに違いない．

　新教育[1]も例外ではなかった．新しい教育への期待，それは数多くの教師に，「米国教育使節団報告」(1946.3) と併せ，"精神を蘇らせる新しい教育像" として映ったことであろう．国家主義，軍国主義の教育に追随した懺悔は，戦前の教育の完全なまでもの否定と直結し，同時に，新教育をこの上なく崇高な教育様式と捉えさせたに違いない．そこには，「新教育」が米国内で，どのような社会的背景をもって誕生し，どのように評価されていたかを分析する余裕はなかったであろう．

　単元学習は学習様式の範疇に属する．一般に，「単元」とは，子どもの心理，生活経験を基底に，日常生活や社会生活から問題を選び，この問題解決の中で数学を学習する，ひとかたまりの学習内容を指す名称である．算数・数学教育で単元学習という言葉が使われるようになるのは，文部省が編集したモデル教科書「中学生の数学」，「小学生のさんすう」の刊行 (1949年) 以後である．

(2) 新教育の普及

　米国教育使節団の提言 (1946.3) は，わが国に，明治の教育改革（「学制」の制定，1872）につぐ "第二の教育改革" をもたらした．しかし，それは，

---

[1] 新教育は占領軍総司令部 (GHQ) に設置された民間情報教育局 (Civil Information and Education section, <u>C.I.E.</u>) の直接的指導のもと，戦後のわが国に "持ち込まれた" 米国流の民主主義を基底とする，教育理念，教育制度，教育課程（カリキュラム）をトータルに含む教育様式を指す．

民主主義を基調とするだけに，戦前の教育理念を根底から覆すものであった．教育改革は，教育基本法，学校教育法の制定，6・3・3・4制の単線型学校教育制度，6・3制の義務教育，教育の地方分権など，広範囲に及ぶ．このような社会的背景のもと，新教育は日本の教育界に野火のように広がった．文部省，コア・カリキュラム連盟（1948年結成）はもちろん，日本数学教育会も，その推進の一翼を担った．"当時は文部省が新教育を広めるためにC.I.E.と共催で全国を七所に分けて先生教育の巡業をしていた"のである（梅根悟 1955）．

当時の状況を年表風にまとめると次のようである（「日教組十年史」より抜粋）．

1945.10.22	GHQ，「日本教育制度ニ対スル管理政策」指令
1945.12.31	GHQ，修身・日本歴史・地理教授禁止（内，地理授業の再開を許可；翌年 6.29）
1946.01.15	文部省，20年11月以降復員教員の授業禁止を通達
1946.03. 5	第一次米国教育使節団来日（31日，報告書を発表）
1946.07.20	8月1日より旧教科書使用禁止
1946.08.10	教育刷新委員会官制公布/阿部能成 初代委員長に就任
1946.11. 3	日本国憲法 公布
1946.12.30	6・3・3・4制教育制度を発表
1947.01.23	文部省，新学制の教科課程，教育内容等要項を発表
1947.03.20	学習指導要領（一般篇試案）発行
1947.03.31	教育基本法公布，学校教育法公布
1947.04. 1	6・3制発足（高校は23年度，大学は24年度から）
1947.05. 1	学習指導要領算数・数学科編（試案）の発行
1947.09. 2	社会科授業開始
1947.09.11	文部省，教科書検定制度を発表（国定と検定の二本建）
1947.12.15	大学設置委員会 新制大学の最低基準を決定

新教育を普及させるために採られた施策は多様であるが，各地にモデル校を作ることも，その一つであった．「実験学校」と称する新しい学校が次々にモデル校に指定され，子どもの心理と生活経験を基調とする教育実践が華々しく展開された．

新教育を具体化する教育課程も，「学習指導要領一般編（試案）」(1947.3) として発行され，引き続き，「学習指導要領算数・数学科編（試案）」(1947.5) が発行された．しかし，この学習指導要領はわずか1年余りで，「指導内

容の一覧表」についての改定がなされた（指導要領改訂，1948.6発表）．

改訂版には小・中学校とも，「経験」の欄が設けられ，教材の内容や程度の基準が示された．ここには，C.I.E. の，教師による自由な研究，実践を推奨しようとするリベラルな姿勢とは裏腹に，有無を言わせぬ威圧が読み取れる．

この改訂に基づき，文部省は1949年から始まる教科書検定制度をも勘案し，モデル教科書を発行する．「小学生のさんすう」（第4学年用，全3巻，1949.2)，「中学生の数学」（第1学年用，全2巻，1949.1)が，それである．

ところで，新教育に沿う「検定教科書」の中味はどのようであったのであろうか．「日常の数学」（中学校第1学年用，1949.7）を例に，要点を記すと次のようである．

第1単元「私たちの学校」：

ねらい：私たちの生活の大部分をしめている学校生活から，不便や不安をなくし，はつらつとした，意義のある学校生活を送ること．

小単元と見られる「私の一日」（9ページ分）を取り上げてみる．《 》は，便宜上，内容の変わり目を一つの段落とみなし，付した．

I	《帯グラフとその作成，帯グラフ上での割合→円の中心角→分度器を使った正しい測定法→中心角と割合→おおぎ形の定義，円グラフの定義》
II	《比→比の値の定義→分数の約分→公約数，最大公約数の定義（「約数」という用語はない）→（最大公約数を求める機械的な方法の例示）→素数の定義→（分母，分子の最大公約数をみつけて約分すること)》
III	《中心角とおおぎ形の面積との関係（比例すること）→割合を数で表すには分数，パーセント，歩合が使えること，百分率》

数学は，いろいろな日課表を作り，その割合を調べることで，かろうじて見られるに過ぎない．それも "円グラフや帯グラフを使うと，全体に対する割合がよく分かる" という程度にとどまる．また，数学的概念があれもこれも，雑然と不連続に配置されているのも一つの特徴である．たとえば，素数も確かに顔を出す．しかし，用語としての域を出ず，「2，3，5，7，…のように，1 とそれ自身の数のほかには約数をもたない数を素数といいます．」で終わり，宙に浮いたままに放置される．素因数分解の気配は，

問題練習の一部分に，こっそりと顔をのぞかせるに過ぎない．初等整数論への発展も意図されてはいない．これは，中学校の「単元学習」が，生活中心（生活経験の重視），児童・生徒中心に編成され，"問題の解決が最終の目標であり，論理は，解決の手段でしかなかった"ことを如実に示すものである．

(3) 自立化運動の芽生え

「自立化運動」とは，わが国に持ち込まれた新教育に対し，これを実践し，矛盾に直面する中で，わが国の社会的な現実に見合った教育を創造的に構築しようとした運動を指す．

以下，新制高等学校における新教育の展開を，「一般数学」の教科書編修から取り上げてみる．

新制高等学校は 1948 年 4 月に発足するが，同年 10 月には，新制高等学校教科課程の改正通達がなされる．「新制高等学校教科課程の解説」（文部省学校教育局，1949.4）には，全編を通して，新制高等学校の目標を実現するために，各学校の教師は，地域とも連携し，全力を尽くして教科課程を作成すべきことが高らかに謳われている．

<u>「一般数学」の教科書編修</u>：C.I.E. は，単元学習を新制高等学校にも広げようと企図した．ここに現れた数学の教科課程は，一般数学，解析一，解析二，幾何であった．数学は「共通必修教科」38 単位の中に含まれているが，先の 4 科目のうち，いずれか 1 科目 5 単位（一般数学・解析一・解析二または幾何のどれか 1 科目で）を，第 1 学年から第 3 学年までの間に履修することとされた．

共通必修教科 38 単位の内訳は，国語 9 単位，社会 10 単位，数学 5 単位，理科 5 単位，体育 9 単位である（卒業に必要な単位は 85 単位）．

単位履修上の特徴を記すと，数学は 5 単位であるが，この単位をさらに分割して，たとえば，一般数学 3 単位，解析（一）2 単位の計 5 単位という履修は認められていなかった．当時，文部省学校局高等教育課事務官であった田路十二一は次のように述べている（昭和 22 年度「文部省主催 新制高等学校教育研究会（大要の報告）/附．新制高校数学科教科内容の参

考」，京都府数学教育研究会）．

　"単位制と選択科目…単位を細分しない（例えば解析一2，幾何3計5単位の如き）— アメリカ人の考え方はどの教科も広く浅く学ぶというのではなく，一学科を学習することによってその科目を通じ研究方法態度を体得し同種類の科目は自分で研究できる—，但し二年間に幾何5単位とるのはよい…（後略）"と．この記述は明らかに米国の意向を反映したものであろう．

　「新制高等学校の教科課程の改訂通知」，「教科書検定制度の採択」等は，新教育を大胆に展開しようとする先進的な教師をして，「一般数学」の教科書編修に駆り立てた．1948年ごろからの動きである．近畿地区を取り上げても，広範囲にわたる教育運動としての盛り上がりを示している．たとえば，大阪教育図書株式会社から発行された「一般数学」の編集に携わった委員は2府4県，75名を数える．これらの委員は，教科書を刊行するまでに，しばしば会合を持ち，プランを検討したことは，藁半紙に印刷された検討資料に生々しい．

　教科書の表紙には，文部省検定済教科書と記され，「近畿地区高等学校数学会連合会」，「日教組近畿協議会高等学校教科書編纂委員会」の名が読み取れる．幅広い，リベラルな下からの数学教育の創造運動を感じさせる．

　この「一般数学(1)」（大阪教育図書株式会社）の内容は次のようである．

　「前書き」に相当する頁には，まず，"私たちがこれから勉強しようとする「一般数学」は，中学校で学んだ数学を，一層広い視野に立って，更に発展充実させることを目的としている"と記されている．

　第一単元「学校の生活」の第3章「校地と校舎の活用」では，具体的に次のような展開である（下線は引用者）．

・学校はどのような場所にあるのがよいか，そして，私たちの学校はどんな位置にあるのか；

{直角座標，座標→極座標，極，始線，正の角の大きさ→おれ線による曲線の長さの近似値，キルビメーター→誤差と誤差の限界の記法}

・学校の校地や運動場はどんな広さを持たねばならないか，校舎はどのように建てられたらよいか；

{平板測量と器具名→（交差法）を例にした地形と板上にかかれた図形との関係（相似の位置，相似の中心）→（相似な図形は必ず相似の位置にあるようにできること）→鉛直線，直線と平面の垂直関係→測定値の平均→（トラバース法）の説明→2つの相似な三角形の面積比と相似比との関係，相似な多角形での相似比→曲線形の面積比，曲線形の面積の台形による近似式，プラニメーター→手際よい近似値の計算→相対誤差，絶対誤差→測定値の表現}

・校舎の高さを求める；

{三角比を定数に含む方程式，三角函数表の利用，トランシット→正弦，余弦，正接の復習→方眼紙を利用して，三角比を求めること→階段のつけ方の規定と応用→教室の利用状況調査表（選択制を生かすためには大きさの一律な教室ばかりをもたないで，いろいろな大きさの教室があるとよいこと）}

以上に見るよう，相似や近似値，三角比をベースに，測量等の具体的な学習活動場面を踏むことを前提にしながら，数学を現実の場面に生かすことをねらった構成をとろうとしていることがわかる．一方，論理を介在させてまとめるというプロセスが極端に後退しているのも特徴である．先に引用した下線部分の，"相似な図形は必ず相似の位置にあるようにすることができる"という性質は，運動の観点から高められようとはしない．つまり，相似な図形は，直線に関する裏返しや，点に関する回転運動によって相似の位置に置くことできること，もし，対応する三組の点のまわり方が同じである場合，回転運動のみでよい等は扱われないのである．

内容の展開形式は，常に「問○」の形で進められ，生徒が主体的に学習をすすめることを強く印象づける．が，同時に，「問○」形式は，大戦に突

入する直前の指導法を想起させる．総じて，問題自体は非常にユニークではあるものの，問形式にとどまり，前後の脈絡が浮かんでこない．

ただ，高等学校の「一般数学」と中学校のそれとを比較すると，高等学校の一般数学では，消費数学にとどまらず，単元ごとに，自然や社会を数学の目で捉えさせようとする配慮が読み取れる．これは，恐らく執筆・編集にかかわった教師が旧制高校に属していたからでもあろう．

総じて，「一般数学」は，社会問題に目を広げ，積極的に生活事象と数学とを結びつけ，生徒が身のまわりに生起する問題を，数学の目で解決させることを期待するものであった．しかし，反面，生活事象の問題解決に，数学の体系を包含させることは困難であった．数学の体系からすれば，断片の寄せ集めでしかなかったのである．

9.2.2　自立化運動への出発

1950 年の前後をはさみ，米国の世界戦略は，日本の教育にも微妙な影響を及ぼす．1949 年 2 月のデュッペル大尉の"学園の共産化警告"，イーズル博士の反共声明（新潟大学，1949.7）は，新教育を"急進的に"展開しようとする国内のソーシャリストに向けられた牽制でもあった．にもかかわらず，ソーシャリスト矢川徳光のコア・カリキュラム連盟批判（新教育批判）も公然となされる．また，講和条約調印 (1951.9) を前に，「植民地化論」も噴出するまでになる．

こうした中，数学教育にも変化が生じる．すなわち，1951 年の学習指導要領（試案）は，"新教育を制度的に位置づけよう"と企図されたものであったが，一方で，これを批判的に捉える動きも次第に激しさを増してくるのである．その動きは，算数・数学の学力低下問題とも絡んで，子を持つ父母をも巻き込むものであった．

「日本数学教育会第33回総会，全国数学教育研究大会」(1951.9) の研究主題「数学教育の現状批判並に学習指導法の研究」には，早くも，"数学教育の現状の批判"という文言が飛び出す．研究大会の冊子には，東京理科大学内数学教育研究会による「高等学校数学科課程の改正案」が見られる．

翌 1952 年になると，算数・数学科の教科課程案は目白押しの様相を呈

する．なお，これらの改革案は，「数学教育資料 No.20」（数学研究委員会編，1953.3）に詳しい．

当時の，教育をめぐる動きの一部を年表風に整理してみると次のようである（「日教組十年史」等を参照）．

1949 年	コア・カリキュラム連盟，雑誌「カリキュラム」を刊行（1 月）
1950 年	都教委，246 名の教員をレッドパージ（2 月），学力調査の開始，矢川徳光「新教育の批判」（5 月），第二次米国教育使節団来日（8 月）
1951 年	学習指導要領（一般篇試案）改訂発行（7 月） 中学校高等学校学習指導要領・数学篇（一般数学，解析 1，解析 2，幾何）（7 月） 久保舜一（横浜にて学力調査），日本教育学会による学力調査 第 7 回 IFEL 数学科教育（11 月～12 月，東京教育大学），数学教育協議会結成．
1952 年	日教組による学力調査（1953 年も実施），国立教育研究所による学力調査
1953 年	日本教職員組合の第 2 回教育研究大会（高知）…（1 月）

1950 年をはさむ前後の数年間はまことに複雑な様相を呈するが，この状況の中で，「数学教育の自立化運動」が芽生えるのである．先に記した教科課程の改訂案や「一般数学」の編集は，その例証である．

この他，民間教育団体として，数学教育協議会が 1951 年に結成される．その設立趣旨には，"経験に即すると称していたずらに感覚的な世界に低迷する「新教育」は，計算練習に終始して経験を無視した旧教育の単なる裏返しにすぎない" とし，「経験の羅列ではなく，経験の組織」をかかげ，「現場の教育活動を基礎におく研究と実践を通じて，正しい数学教育の建設に努力するものである」と謳う（小倉金之助，香取良範，黒田孝郎，遠山啓，中谷太郎，山崎三郎の連署）．

日本教職員組合の第 2 回教育研究大会（高知，1953.1）では，生活単元学習を否定する立場のものと，生活単元学習の原理を認めながら，その欠陥を補足，修正していこうとする立場のものとの間に鋭い対立が生じ，その背後にある "経験主義" に対する批判にまですすむ．

以上に見るよう，「数学教育の自立化運動」が芽生えた背景には，米国の対日政策の変更，講和条約の締結，朝鮮動乱（1950.6–1953.7），技術革新といった一連の世界情勢の変化のあることが見逃せない．そうして，この

複雑な社会の変化は，日本人をして，否応なく，世界の中の日本に意識を向けさせることになる．それが，畢竟，新教育を客観視する運動へとつながるのである．つまり，"数学教育の自立化"への出発である．

さらに注意したいことは，新教育を，わが国に見合った形で創造的に展開しようとした人々の存在である．この人々は，新教育の実践を踏まえていただけに，さらに，新教育の実像（米国での位置）を求めようとする．

たとえば，山城高校での「総合学級」，「一般数学」の教科書編集にかかわった横地は，「数学教育についての一反省」と題する論文に，米国の数学教育の変遷を考察し始める．そうして，"…われわれの数学教育も，米国とは別の社会的現実の中で，「教育における数学の価値」を，多数の現場の教師と手を取り合って，大地に足をおろして着実に研究する必要がある."と，問題を投げかける（「数学教育資料 No.12」，数学研究委員会編，1952.6）．

9.2.3 「自立化運動」の抱えた問題点

以下，雑誌「カリキュラム」を取り上げ，識者の討論を介して，数学教育の自立化運動が，その出発の時点で内包した問題点を考察する．

この資料は，コア・カリキュラム連盟，文部省，数学教育関係者のそれぞれが意見を述べているだけに，当時の状況が相対的に捉えられよう．雑誌「カリキュラム」（1953.6）には，〔特集〕算数教育の改善 が取り上げられている．

同誌の巻末に，この特集が企画された理由が次のように記されている．いささか，引用が長くなるが，資料的価値が認められるので，これを転記しておく．なお，""の部分は原文を示す（以下，同様）．

"算数というと，「基礎」の名にかくれて，ただしっかり教えこめばいいのだというような意見が多いようです．また一方，算数における生活教育とは1年から9年まで未分化な，「生活学習」で流して，分化を全然認めないのだろうという恐るべき半可通な理解のしかたが根をはっているようにも思われます．厳密な数的処理は，それを必要とするような目的的な活動からのみ行われるものです．そのような場，架空生活の場でなくて，その

数的処理によって新しい事態を生み，物を創り出すような場を編成して，そこで子どもに数理的な能力を得させ，そこから練習も意味をもつこと，そのためには，基礎，問題解決，日常実践の三層の算数教育の構造が必要であることを明らかにしたいと思いました．シンポジウムはその基本線を語っています．"と，コア連盟の「三層四領域」論[2]から，算数教育への疑問が提起されていることが読み取れる．

コア連の海後勝雄は冒頭に，

"…今日われわれの目にふれる数学教育論をあれこれ読んでいるうちに，解りきったように取扱われている数学教育は，そのうちに数多くの未解決の問題が存在し，しかもそれらはけっして数学教育者固有の問題ではなく，その他の領域の教育の当面する問題と共通性をもっているということである"と前置きし，数学教育の現状の中に見出される疑問を取り上げ，提案を行う．以下，原文を" "で引用し，要約する．

(イ) <u>生活の必要に答えるものか，専門研究の基礎を準備するのか</u>：

"これは数学教育の目的に関する疑問である．義務教育課程の子どもの数学教育は，卒業後の生活の要求をみたせばよいのか，それともいわゆる数学そのものの基礎を訓練するのがねらいなのかという問題について，数学教育ははっきりした結論をもっていないようである．…しかし，日本では，この現実に解決しなければならない問題を，形式化して，「実用性と論理性」というような概念に置きかえ，「実用性も論理性も」という妥協折衷に始めから専念しているのではあるまいか．事実をはっきり云えば，大多数の就職するものと，一部の進学するものとの，両方の要求を同時に満た

---

[2] 1951年3月，コア連は「三層四領域」論と称せられるカリキュラム構造の枠組みを提起する．これは，コア・カリキュラムが，日本民族の歴史的課題に対する認識が甘く，明確な教育目標と，それに対する内容の科学的検討を欠如しているとの批判に応じたものである．教育目標については，「日本の独立を可能とする根本条件となる歴史的社会的な教育の目標」として，(1) 生産性 (2) 民主性 (3) 協同性 (4) 文化性の4つを立て，これらの目標を捉える「領域」として，健康，経済（自然），社会，表現の四領域を設定し，それぞれの領域にわたる学習形態としての層として，生活実践課程，生活拡充（研究）課程，基礎課程の三層に仕分け，この縦横の軸の交差するところに，それぞれの教育内容を単元として配置しようとするものであった（今野ほか 1980）．

すことの悩みであるように思われる．それならば，算数教育の内部で論理的に処理できる問題ではなく，日本のもしくは資本主義社会の教育の矛盾と連らなるものとして，広い立場から解明する必要があるようである".

(ロ) 指導要領と現場の指導とのずれについて：

"文部省の学習指導要領や，それに基づく教科書は，いちおう進歩的な性格を示している．しかし，現場の授業を見たり，数学の教師と話し合ってみると，前者とのあいだに極めて大きい距離があるように思われる．…他の教師，例えば社会科や理科の教師は，…いわば社会的視野からものを考えていることが多い．ところが，受験準備のせいもあるだろうが，困難な問題を解かせる練習という狭い視野からあまり出ていない．議論すると，文化遺産とか数学固有の系統性というような点を固執している．…ペリー・ムーア運動以前の精神の訓練のための数学教育の考えに近い．…数学教育が時代逆行の先端を切るのではないか．…".

(ハ) 方法上の議論に曖昧さがある：

"数学教育の指導方法について，さまざまな主張が行われている．…それらの一つが，数学教育についての，支配的方法であるかのような議論が多いように見える．…目標や内容に即して，それぞれの方法が議論されるべきである．…現状は数学教育をカバーする一つのオールマイティーの方法を想定して議論が行われているのではあるまいか．分析・総合を，指導方法の発見の上に適用してほしいように思う．…".

続いて，以下のような意見 (三) が付される．

"…果たして，（数学教育は明治以降）創造的な教育が行われてきたかどうかについての批判を必要としているように思われる．農村で云えば，家族労働を無計量にぶちこんで貧困の中で僅かに商品経済の波に抵抗するのに役立つ程度の数理的能力．都市ではその能力を，労働力として機械と資本に奉仕させなければ生きることができないような社会．逆にみれば，このような社会が要求する数学教育に限界があるという問題である．過去の，もしくは今日にいたる日本と社会と数学教育との宿命的な関連――一部の進学者のための高度な理論の教育との不均衡を含めて――についての良心的な分析と批判が特に必要であろう．私が先に云った創造的な数学教育と

は，子どもの発見・工夫を尊重するという心理的な意味よりも前に，社会的な創造の原理に立つということである．機械に従属して奉仕する数理能力ではなくて，人類のより高い幸福のために，人間が主体になって生産の手段を駆使するのに必要な数理能力である．社会の現状にひそめているもろもろの矛盾を客観的数量的にとらえて，その改造に奉仕するような数学教育である．…もちろん，基本的な量や図形の処理能力は存在する．しかし，現実には，基本的能力が存在するのではなく，常に現実の社会的生活と結びついてその機能を発揮するのである．従って，奴隷の数学教育となるか，創造の主体としての人間にとっての数学教育になるかについて，そこまで数学教育は責任を負わなければならないであろう．…"と．

この問題提起に対し，彌永昌吉（東京大学教授），和田義信（文部事務官），遠山啓（東京工大教授，数学教育協議会員），三浦泰三（島根大学助教授），守屋操（東京・世田ヶ谷・松沢小学校），横地清（東京教育大附属高校）の6氏がそれぞれの立場から考えを記し（所属は当時），再び，海後氏が「提案者からの答え」としてまとめられている．

以下，この問題提起に対する識者の回答のうち，彌永，和田，遠山，横地の4氏を取り上げる．

彌永昌吉：

同氏は，海後氏のいう「創造的な数学教育」，「日本の社会と数学教育との宿命的な関連」に賛意を示す．しかし一方で，"…見失ってはならないと思いますことは，「論理」と「実用」とは相反するものではないということ，現実の問題に適用するまえに基本的能力を訓練しておくことは，現実的にも必要であること，数学の体系（数学教育の「独自の体系」とは別物であろうと思いますが）は，学問的にも教育的にも重要なものである"と述べる．そうして，"実際，論理を離れて，この社会に生活できましょうか．また，基本的訓練を経ないで「生産の数学」「創造の数学」「社会改造に奉仕する数学」を運用することができましょうか"と展開する．続いて，"「どれい数学」でない数学を教えるためには，いわゆる「基本的訓練」をするにも，いつも社会的な問題を結びつけてしなければならない，と考えるのではなく，それは，ある程度の抽象化をした上で（つまり社会的等と

のことから一応離れて）訓練した方が教育上有効な場合もある"と述べる．(ロ), (ハ)では，"目標と内容によって，指導方法 －どの程度に抽象化すべきか，というようなこと －を考える」べきであるというご提案には，これから数学教育の重要な研究課題である"と結ぶ．

彌永氏は，日本の数学教育が，様々の教育現実に立ち向かうことの必要性を暗に認める一方，数学や数学教育を，社会的な機能のみから捉えることの危険性にも言及している．

和田義信：

同氏の回答には，"「生活」と「系統」の内容が問題"という標題がついている．（イ）に関しては，"こうしたことが問題になるのは，「生活」や「必要」ということばが表面的に考えられているからではないか"とし，"「生活する」とは，ものを生み続けていく姿であり，「必要」とは，求めつづけていくときのうしろにひそんでいるものに，こどもが目ざめていくようにするとともに，これによって，こどもの思考や行動を改善していかないではいられない気持とでもいえるものが，こどもの必要といわれるものである"としている．こうした上で，"こどもの生活の必要に答えるということは，…専門研究の基礎なると思います"と記している．(ロ), (ハ)については省略する．

同氏は，海後氏の使う「生活」や「固執」という用語の曖昧さが混乱をもたらしていると述べるが，いかにも歯切れが悪い（同氏と C.I.E. との折衝体験がそうさせるのだろうか…）．単元学習の理念や背景には触れず，指導法として捉えていることがわかる．因みに，同氏は，1951 年に単元学習を「問題解決学習」と同意義であるとしている（和田 1951）．

遠山啓：

同氏は，「役に立つ，役に立たぬ」という物差では，すべては割り切れぬことを例示した後，次のようにいう．"…確かに，生活単元の主張していることは全て結構なことばかりである．「児童の自発性の尊重」「具体的生活経験」を基にする．しかし「文化遺産の尊重」や「論理的思考力の育成」を主張していない．"とし，生活単元が数学的体系を無視した例は，「中学校の数学」（昭和 24 年，文部省）の中の第一単元「住宅」を見ればわかる，

としている．"「屋根」が太陽のような中心であって，「円すい」と「球」等は全く衛星的な役割を与えられているだけで，それらの直接的な関係については何一つかれていない"とする．また，同氏は，"生活単元を検討する際にもう一つ忘れてはならないことがある"と記している．それは，"アメリカと日本の間にある根本的な差異，即ちアメリカは独立国であるが日本はそうではない，という点である．一つの国が近代化のより進んだ国に支配された場合には二つのことは不可避である．それは近代化と植民地化である．近代化と植民地化という相反する動きが同時に行われることがあらゆる部面で国民の判断力を鈍らせたのであるが，教育でもけっして例外ではない．生活単元の主導者たちはこの「近代化」にのみ目を奪われて，その背後にあるもう一つの動きを無視しないまでも，軽視しているように思える．"と述べる．

同氏は，個々の経験を体系化していくことの重要性を指摘するが，その前提に，数学の体系を強く意識していることがわかる．また，コア連が，米国に追随する姿勢を，植民地化という言葉で批判する．

横地清：

提案者の（三）に述べることに同意したいとしながらも，"『もちろん基本的な量や…責任を負わなければならないだろう．』という一節には，私も賛成したい．しかし，結論を保留せねばならぬ一つの注意がある．"とした上で，"…現在，焦点の一つになりつつある高等学校の数学教育課程ですら，日数教始め，各地各校の私案は，上の引用のような，原理的な問題に対して，意識的にしろ無意識的にしろ討議を回避している傾向が見える．これが現実の姿である．「どれい」と「創造」の二つのみに割りきることに若干の疑問があるとはいえ，現場の人達が，問題はそこまで持込まれるべきだという積極的な意識に高まっているかどうか，今一度検討しなくてはならぬ．…教育の理想は，現場から浮いたものであってはならぬ．社会構造が考慮されると同時に，理想を現実化するためには，現場の声も理想を構築するための重要な客観的条件である．一時盛んであったように，軽率な「啓蒙」や「講習」に名を借りて，現場の人たちを，無自覚のまま，ある枠にはめこむと同様な結果に陥らぬよう警戒することも大切である．『創

造的な数学教育』は，教育はもちろん，社会学や心理学等全般にわたる着実な研究と実験を通じて現実化されねばならない"と述べる．そうして，"いわゆる，新教育の理想の下に『単元学習』は強く「宣伝」せられた．しかも，その宣伝が，最近『目標や内容に即した』個々のケースでの指導法の『宣伝』に乗り移ってきた．…しかし，戦後から現在に至るこのような「宣伝」の転移の背後にある今一つの点に着目することを忘れてはならない．…数学教育が社会の発展と創造を意図するならば，単に「興味や関心」等，生徒の心理的発展や，甘い「学習の生活化」といった問題のみに解決の緒口を見出しうるものではない．いわゆる，新教育の背後にあった米国の進歩主義教育は，少なくとも数学教育と1930年代においてこそ積極的な対決を見出す．不況と国際的不安を伴う米国の危機がかえって，進歩主義教育を全面に押しだしたという事実に着目しなければならない．数学教育界でも議論されたダルトンプラン，あるいは，甘い「児童中心学校」は，ここに到って新たな転回に発展したといえる．

　わが国で「宣伝」された「単元学習」は，上の動きの『子供の発見・工夫を尊重するという心理的な意味』に終始し，わが国の現実に根をおろした社会の創造という面を考慮しなかった．"とし，さらに，"ともあれ，「宣伝」された「単元学習」は，貧困な物量や，具体的な内容や研究の欠除の故のみ批判され，新しい「宣伝」に滑らかに移行する如きものであってはならぬ．『創造的な数学教育』と力強く取組むことなしに，『宣伝』から『宣伝』へのすりかえが行なわれてはならない．いわゆる新教育は，多くの点でわれわれに教えるところがあった．しかし，その欠点は欠点として，検討を加えられる必要がある．しかし『宣伝』された「単元学習」が『目標や内容に即した』個々のケースでの指導法の新たな『宣伝』に逃避するならば，識者の批判はさらに続けられねばなるまい．『オールマイティー』としての指導法の探求ではなく，論争の背後に『創造的な数学教育』が意識されねばならぬ．"としている．

　同氏は，海後氏のいう原理的な問題に対し，米国の1930年代の数学教育運動を例に，創造的な数学教育は，社会的，経済的背景と密接に結びついて生ずることを指摘する．また，日本の現状，教育現場の教師の意識か

らして，持続的に，幅広い観点から研究を進めることの必要性を訴える．

　こうした識者の回答に対し，提案者である海後氏は，「提案者からの答え」の中で次のように述べる.

　"…第二に，実験学校の発表会などを聞いていると，生活とは創造することだと説きながら，どのような一連の創造的思考が習得されるかという本来の方法ではなくて，既定の教材にたいして色カードを使うとか，クイズ式の競争を活用したというような手段の問題に終始している．第三におかしいと思うのは，主に中学校の数学であるが，昔のように公式処理の方式を覚えさせたあとは練習問題をやらせる．…数学の教師だけは，…やや大げさに云えば社会科学的教養などには無関心である．…そこで思い切ってシンポジウムの提案をする気になったのである."とする．そうして，"生活単元をもって進歩的だとする新教育論は誤っている"とした上で，"ただし，カリキュラム論というと，提案者も含めて，甘い生活単元の主張者だと解されるなら，それは勘違いである．その非難は，むしろあの文部省の指導要領，ことに最初のそれにたいして当たるのではないか…"と述べる．また "…いわゆる「生活」の意味は，戦後文部省の教科書検定基準に示されたような，小市民的消費生活への単なる適応であってはならず，創造的なもの，現状を改革するものでなければならない点については，本誌はくりかえし取りあげて論じてきた．次にわれわれは，始めから算数科の時間の教材と方法の問題だけを出発点としていない．算数の時間内だけで考えるから，算数は用具教科だとか，単元にならないという議論になってしまうのである．子どもにどんな数理的能力をつけるのか，どんな場でどのような方法で指導するのかについて，根本的に立て直しをし，全体としての子どもの教育目標・内容の中に正しく位置づけてゆこうとするのである．…次に内容についても，（イ）基礎的能力の練習と，（ロ）先に挙げたような創造的な問題解決の中で発揮される数学能力を直接にねらうものと，（ハ）日常の生活の中でくりかえし役立てられる能力というように大きく分け，更にそれぞれの内容を詳しく吟味したうえで，それに即した場や方法をみつけるという方向に進んでいる．これが今日の研究の段階なのである．…（後略）"と回答を載せている．

この紙上シンポジウムから，数学教育の自立化運動が，その出発の時点で抱えた問題点を列記することにすると，次のようになろう．
①新教育を巡り，広く，日本の民主勢力が独自に研究，実践を進展させてはいる．だが，この段階では，数学教育者，教育学者の間に，越えがたい溝が存在している．コア連盟が，社会改造の教育目標のもと，これを，カリキュラムの構造化と直結させようとしたのに対し，数学教育者は，単元学習の持つ内部矛盾，つまり，数学の体系や系統の無視を克服しようとする．別様にいえば，カリキュラムの構造という外枠から内部を捉えようとするコア連の運動に対し，教科の内容面から，カリキュラムという外枠を展望していた数学教育者との，運動の違いが存在した．そうして，両者に共通することは，当面する独立問題にのみ眼を奪われ，数学教育を創造的に樹立していくための運動に求められる数学，歴史学，社会学，心理学等を包含する，"学際的な研究の視点"を曖昧にした点である．この傾向は，半世紀を経た今日ですら存在する．
②単元学習の批判は，高等学校の数学の教師を中心として展開された．小，中学校の場合，学習指導要領や検定教科書が教師の自由な研究を縛り，彼らを，指導法の研究のみに縛りつけることになった．したがって，数学教育の自立化運動の中には，教科課程を自ら創造していこうとする意識の層と，指導法の域の研究に低迷する層とが混在する．
③数学教育を社会的，経済的背景の下で捉え，創造的に構築していくことを自覚した教師は，それほどの数には達してはいない．横地清のように，単元学習の背景にまで立ち入り，分析を加える社会科学的な目を持った教師は，ごく少数であったと見られる．
④単元学習を批判する層の中には，遠山のように，数学の系統性や数学の文化遺産だけを前面にすえる者が存在した．彼らは，必ずしも，数学教育を社会的背景にまで立ち入って検討を加えたわけではなかった．
⑤文部省は，単元学習の普及に力を尽くした．だが，それは表層的な紹介に過ぎず，この結果，教育現場に混乱をもたらす結果を生じせしめた．別様にいえば，多くの教師の意識を指導法の研究レベルに縛りつけ，数学の教育内容を下から創造的に作りあげる意識を奪い去ることになった．

9.2.4 一つのまとめとして

本節では,「数学教育の自立化運動」に至る軌跡と,その運動が抱えた問題点を考察してきた.ここで明らかになった点は,次のとおりである.

米国の対日政策の変更,講和条約の締結,朝鮮動乱,技術革新といった世界情勢の急激な変化は,日本人をして,否応なく,世界の中の日本を意識させることになった.それは,とりも直さず,新教育をも客観視させることにつながる.

こうした中,新教育を,わが国に見合った形で創造的に展開しようとした人たちは,新教育に夢を抱き,真摯に実践を展開してきただけに,一層に,新教育の正体,つまり,社会的な背景に立ち入り,これを分析しようとする.そうして,たとえば,横地は米国の数学教育運動の中に,"数学教育が社会の問題と密接に結びつきながら,その質を変えていく"という史実を見出す.

こうした意識に目覚めた人々は,日本の社会の現実に根ざした創造的な数学教育の樹立を目指す.「数学教育の自立運動」への出発である.しかしながら,この運動は,同時に,その出発当初に,多様な意識レベルの層を抱え込んでいた.

この矛盾を克服すべく,国際的な動向に目を向け,日本の社会的現実に見合った,数学教育の創造,研究活動が第二期へと引き継がれるのである.

9.3 強靱な自立運動の展開と"科学化運動"への飛翔

本節では1950年代半ばから1960年代半ばにおける数学教育の発展動向について,次の3点を記す.(1)強靱な自立運動によって,数学教育が確立されていく経緯について,(2)数学教育の科学化を巡る対立について,(3)数学教育の科学化運動の原点について.

数学教育は,強靱な自立運動によって一応の確立をみる.その時期は,おおむね1958年ごろである.引き続き,自立運動は国際的展望に立ち,さらに,数学教育を発展させようとする.しかしながら,この運動を巡って深刻な対立が生ずる.端的にいえば,"数学教育とは何か"という本質に関

わる問題に直面するのである．そうして，この問題（矛盾）を超克しようとするところに，新たな運動—数学教育の科学化運動—が芽生える．時あたかも，文部省が，数学教育の現代化に着手し始めようとする時期に相当する．

数学教育の科学化運動は，欧米における数学教育現代化の追随や模倣ではなく，わが国独自の教育運動として展開される．その萌芽がまさに，この期の自立運動の中で醸成され，台頭し始めるのである．その意味で，この期の自立運動はわが国の数学教育史上，重要な位置を占める．

9.3.1　自立運動を取り巻く国内の社会的・経済的・政治的背景

1950年代半ば以降，わが国の経済は高度成長期に入る．1956年度の国民総支出は460,320億円，対前年度増加率は7.2％増となり，以降，国民総支出は上昇の一途をたどる．終戦直後の壊滅的な状況にあったわが国の経済は，朝鮮戦争を機に，ここに復興を遂げる．

経済の復興は必然的に国民の生活水準を引き上げ，生活様式や価値意識をも大きく変貌させる．わが家に洗濯機やテレビ，冷蔵庫等を揃えることが豊かさの代名詞となり，また，さらなる幸せの追求は，わが子の教育へと向けられる．実際，新制高等学校への進学率は，1950年代半ばには50％を突破し，"団塊の世代"（1947年に誕生した世代層で，前年度を約70万人上まわる）が進学を迎える1962年には64％，そうして，1965年には70.7％に達する．"大量消費の時代"と"高学歴志向"が始まったのである．この結果，まだ歴史の浅い新制高等学校は，いわゆる学力に大きな開きのある生徒を受け入れることになり，教育の内実面でも，新たな対応に迫られる．

一方，教育を取り巻く状況も大きく変貌する．その第一の特徴は，経済界・産業界が，科学技術教育の振興・人材育成を文部行政に強く求めた点にある．第二に，教育の管理統制が次第に強化された点にある．すなわち，「教員の政治活動を禁止する法律」の制定（1954），「教育委員の公選制を廃止し，任命制とする法律」の制定—教育委員は地方公共団体の長が議会の同意を得て任命する—，「教員に対する勤務評定」の全国的な実施（1958），

9.3 強靭な自立運動の展開と"科学化運動"への飛翔　245

そうして,「法的拘束力をもつ学習指導要領」の制定,「道徳」の特設へと,法律が矢継ぎ早に制定される．こうした動向に対し,労働組合側は激しく闘争を組む．そうして,日米新安保条約が締結される前後の時期（1959〜60）には,政治闘争の様相すら帯びてくる．

以上のような社会的,経済的,政治的背景の下,数学教育の自立運動は,単元学習と対決しつつも,その"内実"を構築する方向へと展開されるのである．いや,そればかりではない．数学教育の自立運動は,"数学教育の現代化 (New Math)"への対応を迫られたのである[3]．

9.3.2　強靭な自立運動の展開

単元学習の持つ矛盾を乗り越えようとする強靭な自立運動は,この時期,民間を中心に全国的に展開された．とりわけ,「日本教職員組合全国集会」（「教研集会」と略称）の果たした役割は,わが国の数学教育史上,重要な意味をもった．教研集会に結集した多くの教師は,彌永昌吉,遠山啓,黒田孝郎,横地清らを中心とする数学者,数学教育研究者の指導を受けながらも,単元学習に抱いた甘い幻想を自ら克服し,同時に,教科としての数学の内実を自らの手で構築していったのである．この事実は,わが国の伝統的な数学教育史観を覆すに足る画期的な出来事であったといってよい．数学教育の自立運動は,下からの自発的,組織的な教育運動として進展したのである．"数学教育の自立運動"と名づけるのは,この事実の所以である．一方,数学教育の自立運動は,教員の勤務評定,法的拘束力をもつ学習指導要領の制定等,次第に強まる管理・統制とも対決しながらすすまなければならなかった．

1954年〜1959年までの,教育を巡る史実を整理すると表9.1のようで

---

[3] 科学技術の発展と数学教育の現代化との関係：たとえば,ENIAC (Electronic Numerical Integrator And Calculator) が開発されたのは1946年であり,その計算速度は約5000/秒であったという．これが1964年には,処理速度が100万回/秒と飛躍的に向上する．この他,石油系化合物の開発（ナイロン等の各種の合成繊維）,各種の薬品等（DDTなど）,新しい化学物質も次々に開発される．このように,数学や自然科学の進歩が,技術や生産様式に質的な進歩をもたらし,一方で,生産様式や社会体制そのものが,数学教育に新たな発展段階への適応を迫ってくるのである．

ある（主として，「学制百年史」および「日教組四十年史」より引用）．

表 9.1　1954年〜1959年の教育年表

1954.06	「義務教育諸学校における教育の政治的中立の維持に関する臨時措置法」，および，「教育公務員特例法の一部改正」
1955.12	「高等学校学習指導要領一般編」改訂／「試案」が消え，コース制へ．
1956.06	「地方教育行政の組織と運営に関する法律（地教行法）」成立． 10月より，任命制教育委員会発足（10月）． 愛媛県教育委員会，教職員勤務評定方針を決定（11月）
1957.04	「教員養成機関の改善と充実並びに理数教育及び自然科学研究の振興に関する決議」…衆議院にて満場一致で可決． ・全国都道府県教育委員長協議会，勤務評定試案を決定（12月） ・日教組，勤務評定反対阻止闘争強化を決議，「非常事態宣言」を発表
1957.11	中央教育審議会，「科学技術教育の新興方策」について答申
1958.07	文部大臣，全国都道府県知事会議で勤務評定の完全実施を要望
1958.10	「小・中学校学習指導要領」改訂を官報で告示．国家基準制の明示． ＊この年，教員の勤務評定の実施を巡って混乱が続く．
1959.02	文部省，小学校教育課程の移行措置について通達．9月，中学校の教育課程の移行措置について通達／8月，文部省，新教育課程講習会を各地で実施．

(1) 日教組教研集会

　日教組の教研集会は1951年に始まる．第1回の教研集会（日光）には，全国から55名の正式代表と2000余名の教員の結集が見られる．その後，集会は毎年1回開催され，各都道府県の代表者が研究・実践を持ち寄り，白熱した討議を繰り広げる．また，その討議内容は，全国の各地に誕生した研究小集団（サークル）に伝えられ，各サークルの研究・実践を活性化させたのである．サークルの数は1962年ごろには，100を下らなかったと見られる．

(2) 教研集会における実践・研究の特徴

　以下，第4回教研集会から第10回教研集会に焦点を合わせ，教科としての数学の内実が構築されていく経緯を考察する．

第4回（長野，1955）〜第7回（別府，1958）

　第4回教研集会では，次のような傾向が見られる．

(1) 学力低下の事実を指摘するだけの調査報告から脱却し，データを統計学的に処理する傾向が現れている．また，児童・生徒の誤答傾向を分析し，その結果を踏まえ，再指導を行う傾向が見られる．

(2) 学習指導要領 (1951) に配置されている学年別の教育内容が妥当性を欠いていることが科学的に示され，乗法九九の学習は第2学年でも可能であること，第6学年では分数の乗除の学習が可能である，と報告されている．この傾向は，学習指導要領の欠陥を批判するにとどまらず，教師の手で数学教育を確立するのだという積極的な意欲の現れである，と見ることができる．

続く，第5回教研集会（松山，1956）では，学習指導要領の問題点が検討されており，現行の学習内容では，数学的な能力を伸ばすのに多くの欠陥のあることが指摘されている．問題点としてまとめられている主要な内容は，次のようである．

①小学校1年で，式を含む加減法の学習が可能である．
②加法九九，減法九九は取り除くべきである[4]．
③乗法九九は2学年で取り扱われるべきである．
④図形教材…教材をもっと豊富に取り入れ，系統的に組み直す必要がある．
⑤（省略，引用者）
⑥分数（小数を含む）の乗除は，小学校で取り扱い，中学校においても継続して指導する必要がある．
⑦現在，中学第2学年で扱う学習内容が加重であるので，学年配当を再検討すべきである．特に，文字または正負の数を第1学年で扱うべきである．
⑧図形の論証は，適当な方法によれば十分に可能であるので，中学で指導すべきである．

---

[4] 加法九九，減法九九：基数について，計算過程をまったく意識することなく反射的に結果を得ることができるようにすることを目的に導入された（1947年の指導要領より）．乗法九九とあわせ，これを四則計算の基礎としようと意図されたのである．だが，日本語の数詞は欧米とは違い，発音どおりに数を記すことができるという加法的特徴を持つ．したがって，基本的演算において合成分解を考えるのは自然であり，加法九九，減法九九の必要はなかったのである．

等，が挙げられている．

第6回教研集会では，"指導体系（教科課程）"を中心に討論が展開されている．たとえば，分数の導入から比までの内容系統，小学校図形教育の指導体系，そうして，中学校第2学年での論証指導などが対象となっている．いずれも，実践を踏まえた上で，指導要領に囚われない自由な提案となっている．この他，分数の乗除に関する問題を，連続量×連続量の立場から見直す提案がなされている．

第7回教研集会では，文章題と図形の研究が過半数を占めている．特に，論証については，"決定問題から証明問題に入る"という提案がなされている．この他，実践報告は，量，方程式，関数などの広い領域に及んでいる．

以上に見るように，第7回の教研集会では，指導体系（教科課程）を，現場の教師の手で自主的に創り上げるまでになっている．

第8回（大阪，1959）〜第10回（東京，1961）

第8回教研集会では，割合分数の欠陥を克服するため，"量の分数"で指導した実践報告がなされている．この結果，子どもの成績が目覚ましく向上した，としている．また，"測度を入れた図形の決定問題"——論証に関連する——，「量の体系」の中で，割合の諸問題を解決しようとする提案がなされている．

第9回の教研集会(1960)では，「水道方式」による計算指導の実践報告があり，暗算に拠るよりも，筆算先行のほうが優れた教育的効果を持つとし，①遅れている子どもでもついていけるようになり，正答率も90％を上まわる．②時間数が節約でき，小学校3年で整数の四則を完了でき，指導要領をはるかに上まわるレベル・アップが可能である．③やさしいので子どもが興味を持ち，またタイルを使用することにより暗算先行よりも確実に数概念を獲得する，とまとめられている（詳細は後述）．この他の報告としては，関数と解析幾何とを分離すること，関数としての指導系統が明らかにされている．

第8回，第9回の特徴は，教育内容や指導法をも体系づける"新たな教育方式"が台頭し始めている点にある．第10回教研集会でも，この傾向が次第に強くなり，さらに，次のような特徴が見られる．

・数を量の抽象として捉える．また，数の演算を，量の演算として捉える．
・量指導については，単位導入までに，四段階指導（後述）を採用する．
・「折れ線の幾何」（後述）を中学校で扱う．
・関数指導では，グラフの意味や，平均変化率の考え方を重視する．
・方程式の指導を，線形代数の観点から扱う．

以上，教研集会の動向に触れてきたが，この中から，次の点が浮き彫りとなろう．

(1) 教科としての数学が確立するのは，おおむね，1958年前後である．また，少なくとも新学習指導要領が告示される以前に達成されていた．

(2) 上記(1)の経緯には，単元学習との対決→学習指導要領の批判的検討→個別的な内容に関する指導体系の確立→指導体系の確立（教育課程の確立）へ，という発展が認められる．

(3) "新たな教育方式"は，上記(1)，(2)の成果を踏まえて台頭した．

数学教育の自立運動は，新学習指導要領の告示(1958)以前にすでに達成されていたのである．この事実は，歴史に記録されるべき画期的な出来事であったといってよい．戦前の数学教育では，内容はもちろん，指導法すら上から規定され，教師の自由な研究活動は認められていなかったのである．まさに，数学教育の自立運動は，教師の間に漲った日本再建の強い意志に支えられ，自己確立を果たすのである．

塩野直道 (1971) は，この画期的な出来事を次のように記している．

"…文部省では，新学習指導要領の実施期までの2か年を移行期として，実施期には，支障なく指導できるような方途を講ずるようにしたいという趣旨で，移行措置の要項を通達した．その要項には，それぞれの年度において，削除，省略，軽減，追加，強化などの措置を施すべき詳細な表を示し，そのために，授業時数も多少増加してよいとした．…この文部省の移行計画表は，旧指導要領から新指導要領への移行に対するものである．ところが，実際，現場で旧指導要領の通りに指導している学校は，全国に一校もない．文部省検定済の教科書は，全部，旧指導要領の枠をはみ出て，新指導要領に近づき，ものによっては行き過ぎているものさえあるほどであった．…" と（下線部は引用者）．

因みに，新学習指導要領[5]は，次のような特徴を持つものであった
(1) 授業時間数：小，中学校ともに大幅に増加した．
(2) 教育内容の系統：教育内容の系統が次のような領域に区分された．この領域分けは，名称こそ変わるものの，現在にまで及んでいる．

学校種	領　域
小学校低学年（第2学年まで）	数と計算，量と測定，図形
小学校中・高学年	数と計算，量と測定，数量関係，図形
中 学 校	数，式，数量関係，計量，図形

(3) 中学校3学年で，選択，必修の区分がなされた．必修は，週当たり3時間，選択は同2時間である．義務教育段階で，早くも，能力・適正に応じたコース分けが始まったと考えてよい．
(4) その他：図形の論証が中学校2学年に配置された．また，小，中学校ともに図形の内容が大幅に増加した．この他，乗法九九が小学校2，3年に分けて配置され，分数の四則演算を小学校で完成させることとなった．教育的に見て欠陥があると指摘された"割合"については，小学校2学年から指導されることとなった．

9.3.3 数学教育の科学化を巡る対立／国際的展望と現代化運動への岐路

第9回日教組教研集会(1960)を境に，次々に台頭する"新たな教育方式"―「水道方式」，「量の体系」，「折れ線の幾何」―等は，科学技術の発展に応ずる新しい数学教育を創出しようとする背景のもとに誕生した．新たな教育方式は，"新しい視点"で雑多な伝統的教材を整理・統合する方式であったともいえる．

---

[5] 新学習指導要領：小学校は1961年実施，中学校では1962年から実施された．因みに，学習指導要領の改訂を要望する動きは1955年ごろから一段と強くなっているが，衆議院における決議案―「教員養成機関の改善と充実並びに理数科教育及び自然科学研究の振興に関する決議」(1957.4)―が，この改訂に大きく作用している．すなわち，決議案にある第二項，"小・中・高等学校における理数関係の教育内容の向上と技能教育の新興"が，小・中・高等学校の算数・数学教育に対する新しい国家的要請として現れた のである．なお，衆議院における坂田道太氏の提案趣旨（速記録）は，「数学教室」(No.38, pp.30–34, 1958)にも掲載されている（下線，筆者）．

(1) 新しい視点

まず，この"新しい視点"とは，どのような数学教育思想に支えられていたのであろうか．それは，次の2点に集約される．

①数学教育は，数学という科学を教える教科である．
②数学は，「実在」の側に源をもつ「法則」である．

実際，遠山氏は，"数学教育は，数学という科学を教える教科である"とまで言い切る（遠山ほか 1960）．一方，②は，横地の数学観であり，数学教育思想であった[6]．

上記の2点は，数学教育の科学化運動（後述）の中に明確な違いとして表出するが，当初，対立する視点ではなかった．対立を回避させた主要な点は，数学教育を科学の域に高めるという点にこそあったと見られる．

遠山は，上記①に言及する以前に，次のように述べている．

"分析・総合という方法が科学研究のもっとも基本的な方法であることは，くりかえすまでもないことであろう．およそ，考えうる対象を分析してそれを要素にまで還元し，その要素をふたたび結合してみる，という分析・総合の方法は科学研究のあらゆる場面に姿を現わす．"，"したがって数学教育がこれまでのように雑然たる経験のよせ集めの段階から抜け出して<u>一個の科学としての段階にまで高まろうと望む</u>のであったら，この分析・

---

[6] 横地は，1935年前後から始まる米国における算数教育の再構成に関し，「算数に関する委員会 (The National Council Committee on Arithmetic)」(Math. Teacher, 1938) が，<u>算数の特徴と役割をどのように捉えているか</u>，という分析を行っている．そうして，数学的役割と社会的役割が，ちょうど盾の両面のように考えられている，とした上で，"数学が何であるかについて，次の二つのアメリカらしい特色づけが予想される"としている．

(1) 数学は，人類が長い歴史の中からつくり出したものというだけでなく，社会的な問題の解決のために，それに適応するように創造されたものであること，数学が文化遺産あるいは社会遺産だというのは，このようなことを示そう．…（後略）…．

(2) 数学が，「実在」の側に源をもつ「法則」であるという見方は，少しも述べられていない．むしろ，「適応」のための「思考の規範」というにおいが強い．つまり，環境への適応という科学としての心理学との区別があいまいである．ここにはプラグマティズムの影響が見られるし，また，アメリカの算数教育が，心理学にのみあまりにたよりきる実情と関係があるように思われる…と，記している（横地 1958），（下線，引用者）．

総合の方法を意図的にとり上げねばならなくなろう"と（遠山 1960）（下線部，引用者）．

同氏がいみじくも言明するように，新たな教育方式は，"数学教育を科学の段階"に高めることを前提に，教科カリキュラムに新しい視点を打ち立てようとして誕生したのである．この観点からすれば，横地の哲学（上記②）とて，何ら対立するものでもなかった．

この結果，数学教育を科学に高めるための方法原理として，あらゆる科学に共通する"分析"と"総合"が重視され，この方法が，数・計算，量，図形等の教材編成に適用されたのである．いや，そればかりではない．この方法原理は指導法にも適用され，"一般から特殊へ"という原則で貫かれることになった．

一方，数学教育協議会の識者らはすでに，現代化の動向をも察知していた．たとえば，横地らは，1960 年 5 月より，機関誌「数学教室」に，欧米の数学教育の現代化の背景を連載し始めており，さかのぼっては，単元学習の背景に立ち入った時点から，諸外国の動向を継続的に追跡していたのである[7]．

---

[7] 横地ほか (1958) では，アメリカ，イギリス，ドイツ，ソビエト，フランス，中国の動向が追跡されている．

欧米における当時の現代化の動向について，その一端を示すと，次のようである．
①米国：
・SMSG (School Mathematics Study Group, 学校数学研究グループ) の発足 (1953)．/実験教科書が出る—第 4 学年から第 12 学年まで—(1958〜1963)．
・CEEB (College Entrance Examination Board, 大学進学委員会) が，高等学校における数学の具体的な教科課程を公にする (1959)．
②ヨーロッパ諸国：
・OEEC (Organization for European Economic Cooperation, ヨーロッパ経済共同体) の中に，1953 年，「科学技術部」が設立され，西ヨーロッパ諸国における数学教育現代化のための協同態勢がとられる．1961 年，現代化のための報告書が公開される．
・1961 年英国サウザンプトン大学にて，数学教育関係者による総合的な会議が開催される．

(2) 新たな教育方式が具備した特徴

　上述したような国内的，国際的状況のもと，新たな教育方式は全国に普及していくのであるが，では，この教育方式は，どのような特徴を具備したのであろうか．以下，「水道方式」——筆算の加法——を例に，その特徴を示すと次のようである．

①多位数の加法は，"位"ごとの加法を複合したものと考える．つまり，複雑な計算過程を，最も単純な計算過程（"素過程"）に分解する．

②素過程であるⅠ位数+Ⅰ位数を，繰上がる場合と，繰上がらない場合とに分類する．これらを，さらに，0を含むかどうかで分ける．

　そうすると，加法の素過程は，次の6個の類型に分けることができる．

$$[2+2], [2+0], [0+2], [0+0], [9+9], [9+1]$$

＊ただし，$[2+2]$ は繰上がりなし，$[9+9]$ は繰上がりあり，を示す．

　したがって，Ⅱ位数+Ⅱ位数を例にすると，型の数は，十位に3つの型，つまり，$\{[2+2], [2+0], [0+2]\}$，一位に6個の，計18のパターンができることになる．

③素過程を結合する過程を"複合過程"という．複合過程に現れた典型（標準型）を起点に，"退化型"へと系統だてる．

　　（例）Ⅱ位数+Ⅱ位数の場合：

　繰上がりのないⅡ位数+Ⅱ位数を典型（標準型）とし，Ⅱ位数+Ⅰ位数の型→Ⅰ位数がともに0であるⅡ位数+Ⅱ位数の型（退化型）へと展開する．

④標準型と，繰上がりのある型の指導は，特に，具体物を用いて意味づける．具体物として，十進位取りの構造を内包した，タイルと呼ばれる映像的図式（シェーマ）を利用する．

　以上は，銀林（1980）の記述をもとに，筆者なりの見方を加えて整理したものである．

　この他，「折れ線の幾何」と「量の体系」は，それぞれに次のような特徴を持つものであった．

　「折れ線の幾何」：論証の導入段階を平易にすることを目的とする．このため，伝統的な幾何図形（三角形）にかえて，"折れ線"を導入素材とす

る．折れ線を，辺と角の要素に分解し，さらに，測度を導入する．こうして，図形を分析的，計量的に捉えさせ，さらに，図形の関係概念を扱う．この基礎の上に，折れ線が閉じる場合を対象に，多角形（四角形）から三角形の合同へと展開する．

<u>「量の体系」</u>：従来の量指導が計器読みや量感の養成に偏していた傾向を改め，量自体を，数概念および，数と演算の中心として，位置づける．このため，量を分離量と連続量とに類別する．連続量はさらに，外延量（長さ，体積，時間など）と内包量に分ける．そうして，内包量は度と率（密度，速度，利率など）に分ける．以上のように類別された量について，それぞれに系統立て，指導する．外延量の指導では，"単位"の導入に際し，四段階指導（直接比較，間接比較，個別単位，普遍単位）に力点を置く．

「水道方式」は，1962年ごろを迎えると，教育関係者ばかりではなく，父母の関心をも誘い，全国的に一つのブームを湧き起こすほどに普及した．この背景には，当時，新制高等学校への進学率が60％台に急上昇するという社会的な事情も絡んでいた．

(3) 新たな教育方式が内包した問題点

数学教育協議会の識者らが心血を注いで創出した教育方式は，しかしながら，教育現場に普及するにつれ，様々な問題点が指摘され始める．たとえば，"タイルは万能ではない"，"「水道方式」は実在との交流を断ち切った形式への，単なる<u>はめ込み</u>ではないか"，等，素朴な疑問がわき起こったのである．

現在から見ると，この種の問題提起は，新たな教育方式を支える"哲学"そのものと，新たな教育方式を巡る"教育運動"の両面に向けられたものであった．以下，この点を考察する．

まず，新たな教育方式の"哲学"（基本的視座）に関する問題点を整理すると次のようになる．

(a) 数学の持つ特性（一般→特殊へ）が，そのままに，教育内容の配列や指導法の原則として適用されている．この点はすでに，「水道方式」の筆算の特徴に見たとおりである．なお，一般→特殊へ，という原則は，次の

前提から導かれたものであった．

①あらゆる科学研究は，分析・総合の方法を採用している．
②数学教育は，数学という科学を教える教科である．
③数学の持つ特性は，一般的なものが典型的である．
④後に含まれるような特別の法則を，前もって与えない．

上記 (a) に述べた原則は，もちろん，「量の体系化」，「折れ線の幾何」にも貫かれていることはいうまでもない．したがって，新たな教育方式は，数学者が数学の世界で捉えた特性そのものを，数学教育に適用しようとした，と帰結されよう．

(b) 子どもの認識発達に関する実証的研究に乏しい．

数教協の機関誌である「数学教室」[8])では，この分野の研究は単に，外国の紹介にとどまっており，子どもの認識を全体的に追跡研究した形跡は認められない．また，"位取りの原理" にタイルが有効であると主張されてはいるが，この背景には，心理学の研究結果（J. Piaget など）の，形式面での "引き写し" がなされたのではないか，と考えられる．整数・小数・分数の計算場面に使われるタイルは，計算の原理，意味づけ，あるいは，構造を指導するのに有効であるとされているが，子どもの現実感からすれば，大人の思考，いや，大人の説明そのものをタイルに具象化した感が強い．タイルは，数学へのはめ込み教具ではないか，とさえ感じさせる．

一方，"教育運動" に関わる問題点は，次の 2 点に集約される．

(c) 数教協の内部で，新しい教育方式に対する自由な批判が制限された．

(d) 教師の間に，「水道方式」を最良の指導法，唯一のものとする "教条主義" が蔓延し，それが一人歩きを始めた．この傾向は，今日ですら根強く残る傾向がある．したがって，"指導法の固定化" をも引き起こしたことは明らかである．

総じて，数学教育協議会によって創出された新たな教育方式は，教科カリキュラムに新しい視点を打ち立てようとした点で評価されるが，"数学

[8)] 「数学教室」，No.1〜No.12，新評論社，1955；No.36〜No.42，国土社，1958；No.56〜62，国土社，1959；No.70〜No.76，国土社，1960；No.96 〜No.100，国土社，1962；No.102〜106，国土社，1963．

教育"を学として構築しようとする哲学的考察に曖昧さを有した，といえよう．換言すれば，新たな教育方式に潜む矛盾は，識者らに，改めて，"数学教育とは何か"という根源的な問いを突きつけたのである．

　この根源的な問いに応えようとした運動こそが，数学教育の科学化運動であり，この時期，力強く推進され始めるのである．それはまた，数学教育の現代化がわが国でもスタートを切ろうとする時期でもあった．

9.3.4　数学教育の科学化運動の芽生えとその原点

　すでに9.3.3項で考察したように，新たな教育方式は理論的にも，運動論的にも矛盾を内包していた．こうした矛盾は，数学教育を新たな段階へとすすませる．その一つは，教育現場から実証的，実践的に数学教育を再構築しようとする運動である．実際，数学教育協議会を脱会した人々を中心に，新たな民間教育研究組織（「数学教育実践研究会」）が結成され，「数教協」とは異なる運動が展開される．

　もう一つは，"学問としての数学教育学"を形成しようとする動きである．この運動は，「数学教育学会」の創設として結実する（1959年）．

　上に述べた2つの潮流は，現象面では異なるものの，いずれも，数学教育を科学の域に高めようとする点で軌を一にするものであった．

　以下，教育現場における実践・研究（実践的数学教育学），および，数学教育学会が設立されるまでの経緯をもとに，科学化運動の"原点"に触れる．

(1) 実践的数学教育学の展開

　「数学教育協議会」を脱会した横地らは，数学教育の再構築に取り組む．では，この基本的視座（哲学）は，どこに求められたのであろうか．ここでは，同氏らが，数学教育協議会を脱会した直後に出版された著書（横地ほか1962）を資料に，考察する．

　著書は，次のような「前書き」で始まる．

　「"関数"は，比例関係の改善策ではない．"関数"はグラフがきの別表現ではない．それは，まさしく，実在の量の間の諸関係である．その諸関

係が具体的に何を意味するのか（引用者注：法則や原理の意，と考える），子どもの認識能力は，それらをどのように受容するのか，実際の授業はどう展開されるのか，これらを明らかにしようとするのが私どもの意図である.」と．以下，各部について要約する．

第1部では，"関数"が現在をも含め，伝統的に"解析幾何"と混在して指導されてきたことを歴史的に明らかにし，生徒の認識に混乱をきたしていることを実証している．その上で，関数指導のあるべき方向を次のように提案している．

①関数指導と解析幾何とを切り離し，それぞれに体系立った教育内容を学習した上で，両者を扱うこと ②関数指導では，実在する変量の抽出，対応や変化の概念を基礎とし，解析表示（式表示）にすすむまでに，次のような内容が一般的な関数の中で扱われる必要がある，としている．

> 変域・値域，連続的変化，増加・減少・一定，区間変化率，瞬間の変化率
> 各区間の変化率が既知のときの全量を求めること，グラフの構成

解析表示：整関数だけにとどまらず，三角関数や指数関数を中学校で指導する必要がある，としている．また，整関数を，要素的な関数の複合（和による複合）として捉え，複比例も，積による複合と見る，としている．図9.1は，この系統図である．なお，分数関数は，整関数とは別の体系に位置づけられるが，要素的な関数の複合として捉えられている．

第2部では，集合，変化，区間変化率，変化率に関する子どもの認識が，教育実験を通して詳細に分析されている．この結果，たとえば，子どもが"集合"という「言葉」から連想するイメージは，"何かを目標にして物や人が集まってくること"，あるいは，"物が一杯集まっている状態"であり，物の集まり自体と，そこから抽象されるはずの特色（「言葉」）とが結びついてはない，としている．変化に関しては，ある状態が"質的"に変わることであり，決して"量的"なものではないこと，変化率についても，区間ごとに変化率が異なることが意外なほどに捉えられていない，としている．続いて，こうした実態を克服するには，集合こそが，「言葉」でも量で

も，論理でも，その背景となるべき教育内容であり，当然に，関数の指導の基礎に位置づくものでなければならない，としている．

こうした分析をもとに，上に記した個々の概念に関する子どもの認識を，質的に高めるための実践が紹介される．そうして，具体的な量に即しての区間変化率は，小学校5年生に十分に指導可能であること，6年生では変化率が扱えることが示されている．なお，2量の対応関係の表示として，"対応図"が極めて有効である，としている．

第3部では，小学校5, 6年から中学校2年あたりまでを想定した関数の系統が記されている．これを簡単にまとめると，{ 集合→集合と関係→有限集合の関数→連続量と変化→連続量の関数→区間変化率と全量 }→関数の式表現→関数のグラフ→要素的な関数とその微分，となっている．この内，{ } で括った内容は小学校段階での指導内容である，と予想している．

要素的関数：$y = ax \to y = ax^2 \to y = ax^3 \to y = c,\ y = \dfrac{a}{x} \to y = \dfrac{a}{x^2}$

複合
- 積による複合：$y = auv \to y = au^2v \to \cdots\cdots$
  $y = \dfrac{av}{u} \to y = \dfrac{av}{u^2} \to \cdots\cdots$
- 和による複合：$y = ax + b \to y = ax^2 + bx + c \to y = ax^3 + bx^2 + cx + d,$
  $\to \cdots\cdots \to y = \dfrac{a}{x^2} + bx$ 等

図 9.1 関数指導の系統図

いささか，引用が長きに過ぎたが，以上の記述を踏まえると，数学教育の実践，研究に関して，次のような基本的視座が見出される．

①数学教育の現代化は，伝統的な教材が持つ矛盾を繕うためにあるのではない．むしろ，現代数学を積極的に活かし，新たな教育内容を実証的・実践的に構築する観点ですすめる．

②子どもの認識を実証的に研究する（認識論として）．

③子どもの現実感に訴えた授業実践を行う（学習理論として）．

ここには，数学教育は単に，"既成の数学を子どもに教える役割を担うのではない"，とする姿勢が明確に示されている．いや，むしろ，教育現場の教師こそが，高い数学の観点をもち，子どもの認識を洗い直しながら，下

から（小学校段階から），教育内容を実証的に構築していく，という方向が打ち出されているのである．

　この背景には，欧米における数学教育の現代化が，企業と大学の数学関係者に主導されているという事実，そうして，その傾向が遠からず日本にも波及し，数学教育が直面している矛盾をさらに拡大するのではないか，とする洞察が働いたのである．

　実践的数学教育学は，以上のような特徴を持って台頭するのであるが，こうした視座は，日教組教研集会，数学教育協議会における実践と研究，および，その中に生じた矛盾との葛藤を経て確立されたのであった．

　実践的数学教育は，1964 年ごろには，数学教育の科学化運動へと向かう．そこには，数学教育という分野の"主体的な役割と内容"とを確立する方向が，次のように明確に打ち出される．

　"数学教育の内容は，数学の分野でも，関連の諸科学においても，そして技術の分野でも，子どもたちが，やがて創造的・実践的な力を発揮するように，設定されるべきものである．現在の技術や産業への"適応"としてだけ捉えたり，現代数学の"平易な仕組み直し"だけとして捉えることはできない"と（横地ほか編 1964）．

　詳細は次節にゆずるが，この姿勢こそが，諸外国における数学教育の現代化とは一線を画する，わが国独自の"科学化運動"の原点に据えられた思想であった．

(2) 学問としての数学教育学の形成

　1959 年 5 月，数学教育学を専門的，科学的に研究する学術団体として，「数学教育学会」が創設された．この学会の前史は，"数学教育討論会"（世話人：柴垣和三雄，横地清，日本数学会と日本数学教育会との共催，1953 年より）にさかのぼる．「数学教育討論会」が誕生した背景には，第二次世界大戦直後に始まる一連の教育改革，すなわち，教員免許の"開放制"（「教員養成制度大綱」の制定，教育刷新委員会，1947），新制国立大学の発足（69 大学，1949）等が起因しており，また，制度的な改革を別にすれば，IFEL 数学科教育（The Institute for Educational Leadership，「教

育指導者講習」，1951）等が契機となっている．つまり，討論会は，新制大学における教員養成に関し，数学者も大きな関心を持つ状況のもとにスタートを切ったのである．

　もちろん，数学教育学会を設立しようとした背景には，当時の日本数学教育会（日数教）の活動自体に不十分さが認められたからであった．横地は，この事情を次のように記している．

　"…日本の数学教育界には，1919年に創設された日本数学教育会（今日，日本数学教育学会という）が大きな力をもっている．<u>この会は，創立当初の伝統を受けて，文部省の方針に傾斜した研究を進めている</u>．この会を，純正な，科学的研究の会にするために，私はずい分と努力した．私は，1958年から1965年まで理事に選出もされ，会の組織，運営について，会の中心人物である平野智治（故人）などと繰り返し論争をした．その際，時には，塩野直道氏，佐藤良一郎氏の援助も受けた．しかし，所詮これは，無理な闘いであった．日数教のような半官半民の会も，それなりに存在の意味を持っている．むしろ，私どもの望む，数学教育を創造する会を新たに作ったらよいということになった．…1958年から設立の準備にかかり，小倉金之助，彌永昌吉，佐藤良一郎，田島一郎の各氏など全国的な規模で172人の発起人を集め，1959年5月，数学教育学会は発足した．」と（横地1980）（下線，引用者）．

　この記述からわかるように，「数学教育学会」は，「日本数学教育会」（1943年，「中等数学教育会」より改称）とは独立に，設立されたのである．この主たる理由は，「中等数学教育会」が設立当初より，文部省の"諮問機関"としての役割を担ってきたことによる．そうして，「日本数学教育会」もまた，戦後，その伝統を忠実に受け継ぎ，文部省の，いや，時の文部行政と表裏一体の活動をなしてきたのである．したがって，日本数学教育会が科学的，専門的な研究を行うことは困難であるとされたのである．

　「数学教育学会」は，以上に見たように，学問としての数学教育学を樹立しようと設立されたのである．このことは，別様にいえば，数学教育の科学化運動の一環として展開されたものといえよう．

9.3.5 一つのまとめとして

本節では，強靭な自立運動が数学教育を自己確立させ，さらに，科学化運動へと飛翔させた由来，および，その経緯について考察した．

1955 年から 1965 年前後に至る日本の数学教育の動向には，次のような特徴を見出すことができる．

1. 1950 年代半ば以降，わが国の経済は高度成長期に入った．終戦直後の壊滅的な状況にあったわが国の経済は，朝鮮戦争を機に，ここに復興を遂げたのである．経済の復興は，必然的に国民の生活水準を引き上げ，生活様式や価値意識をも大きく変貌させた．また，さらなる幸せの追求は，わが子の教育へと向けられ，新制高等学校への進学率は急上昇した．ここに，"大量消費の時代" と "高学歴志向" が始まったのである．

一方，教育を取り巻く状況も大きく変貌した．その第一の特徴は，経済界・産業界が，科学技術教育の振興・人材育成を文部行政に強く求めた点にあった．第二に，教育の管理統制が次第に強化された点にあった．このような社会的，経済的，政治的背景の下，数学教育の自立運動は，単元学習と対決しつつも，その "内実" を構築する方向へと展開された．いや，そればかりではない．数学教育の自立運動は，"数学教育の現代化 (New Math)" への対応を迫られたのであった．

2. 数学教育は，民間の強靭な自立運動により，自己の位置を復権した．この運動を支えたのは，日本の再建を願う多くの教師と，新教育の背景を看破した民間の数学教育の識者たちであった．この事実は，わが国の数学教育史上，かつてない出来事であった．すなわち，広範な層の人々が組織的に，わが国の数学教育史上に一つの輝かしい記念碑を打ち立てるという歴史的意義を持つ教育運動であった．

3. 数学教育の自立運動は，世界各国における数学教育の歴史と現状を分析・評価し，一方で，わが国の歴史と社会的現実を直視した上で展開された．つまり，国際的な展望に立って実践された．この姿勢は，前時代（本章 2 節）における新教育を巡る教育運動の中で形成された．

4. 上記 3 の成果の上に，数学教育の識者達は，教育内容や指導法を体系づける "新たな教育方式" を樹立しようとした．実際，遠山らによって創出

された"新たな教育方式"は，教育内容・指導法を大胆に見直そうとする積極面を有した．しかしながら，この方法は，"数学という科学を教える"ことを基本に据えており，一方で，学習の"効率化の論理"が潜んでいた．後者の背景には，わが国の科学技術を欧米のレベルに高めようとする科学者としての思想が存在した．

しかし，ほどなく，教育実践に携わる多くの教師から，この新たな教育方式が"矛盾"を持つことが指摘され始め，数学教育協議会の内部に深刻な対立関係（矛盾）が生じた．

数学教育の「科学化運動」は，この矛盾を克服すべく展開された．その基本的視座は，現代数学を積極的に活かして新たな教育内容を実証的・実践的に構築すること，子どもの認識を実証的に研究すること（認識論），子どもの現実感に訴えた授業実践を行うこと（学習理論）に据えられた．また，この方向は，一方で，学問としての数学教育学の樹立へと展開された．

つまり，科学化運動は，欧米の数学教育の動向を冷静に分析しつつ，わが国の社会的現実に見合った教育運動を展開しようとしたのであった．この方向性は，数学教育を学問研究の対象とする上での積極的な意義を持った．

以上のような経緯のもと，数学教育の科学化運動が次の第3期に引き継がれ，発展していくのである．

9.4 「科学化運動」から「生きる数学」へ

本節では，1960年代半ばから1970年代末における数学教育の進展動向について，次の諸点を明らかにする．(1) わが国における現代化への歩みと欧米における現代化への軌跡，(2) 現代化の実相と管理統制の敷衍，(3)「数学教育の科学化運動」と「生きる数学」．

1950年代の初期，アメリカに始まる数学教育の現代化運動は，1960年前後にはOEECを通し，世界へと波及した．わが国においても1964年前後に，現代化への気運が盛り上がる．文部省は教育への管理・統制を強化しつつ，"日本版現代化"を図った．だが，文部省主導の現代化は実施後，数年にして脆くも方向転換となった．

一方，強靭な自立運動に携わった研究者らは，この時期，日本に相応しい現代化を進展させた．前時期に台頭した"科学化運動"が力強く展開されたのである．しかしながら，この科学化運動も，1970年代の半ばには，"生きる数学"へと転回する．「わかる数学」から，子どもが現在，および，将来を逞しく生きるための数学へと転回するのである．1970年代は高度経済成長が一応の安定期に入り，他面，様々な教育問題，社会問題が噴出する．後期中等教育，高等教育が普及する中，教育の質的な変化に対処する時期でもあった．この間の由来と経緯を，資料をもとに明らかにする．

9.4.1 わが国における現代化への歩みと欧米における現代化への軌跡

日本における数学教育の現代化は，どのような社会的，経済的背景のもとで，具体化されていったのであろうか．

わが国の数学教育界が，"現代化"に大きな関心を向け始めたのは1964年前後である．もちろん，数学教育の識者の中には1950年代の半ばから，欧米における数学教育の動向—現代化—を詳細に追究する者もあった．だが，数学教育界は当初，現代化にそれほどの関心を持っていたわけではなかった．一方，産業界，経済界は，すでに1960年以前から，激しい国際競争に勝ち抜くため，科学・技術教育の振興，とりわけ理科教育，数学教育に，より斬新な改革を求めていたのである．事実，1960年には「10年後を目標とする科学技術振興の総合的基本方策」の答申がなされ，日経連・経団連は，「技術教育の画期的振興策の確立推進に関する要望」を政府・国会に提出し，理工系教育の量的，質的拡充を求めていた．それは，"…わが国将来の技術水準と国際競争力を培養して，<u>ながきにわたって経済の繁栄を維持するため</u>…"であった[9]．

このような社会的背景のもと，1964年，米国のSMSG (School Mathematics Study Group) の委員2名がアジア財団の援助のもとに来日し，東

---

[9] 1950年代半ば以降に始まった高度経済成長は，国民経済を豊かにし，1968年には国民総生産 (GNP) で西ドイツを凌ぎ，自由主義世界で米国に次ぐ第2位の経済力を持つまでになった．

京と京都において「SMSG研究セミナー」が開催された．同セミナーには，数学教育研究者や数学者が参加し，現代化への気運が一気に高まったのである．この動態からして，わが国の現代化はまた，米国と同様，産業・経済界側からの教育に対する強い要請としてスタートを切ったといえよう．

数学教育界に現代化の気運が高まるのと併行するかのように，教育課程審議会は1966年，"小学校の教育課程の改善"を文部大臣に答申した．この答申を皮切りに，「中学校の教育課程の改善について」の答申(1968)，「高等学校の教育課程の改善について」の答申(1969)が出され，これらの答申を受けて新しい学習指導要領が告示されたのである．折しも，米国ではすでに，"現代化批判"が台頭し始めていたころに符合するのであるが，わが国では，そうした問題には目もくれず，現代化へと突き進んだのであった．

ところで，当時の社会状況は必ずしも輝かしい未来を約束する材料ばかりではなかった．現代化への華々しい表舞台の陰には，様々の社会問題，教育問題が複合的に噴き出していたのである．たとえば，大都市への人口の集中（「都市化現象」）による都市での教育・社会環境の悪化，テレビ等の映像メディアによる有害情報の氾濫，青少年の非行化現象，高校・大学への入試の激化，公害問題（イタイイタイ病，水銀中毒事件，光化学スモッグの発生，等），学園紛争など，様々の問題が渦巻いていたのである．

こうした状況の下，1968年～1970年にかけて，小，中，高等学校の学習指導要領が相次いで告示された．算数・数学の教育内容は，学校段階ごとに次のような特徴を持つものであった．

(1) 小学校の算数

従来の内容に，集合，確率，関数が新たに付加された．これらの内容では，"見方・考え方"が強調された．つまり，現代数学の片鱗だけが点在したのである．たとえば，集合（4年）では，用語・記号として，次の程度のものを用いることはさしつかえない，とされた（集合，要素，{ }，⊃）．確率（6年）は，"場合分け"をもとに，ラプラス流の展開である．関数（3, 4, 5, 6年）では，式表示に際し，変数としての文字の意味が強調されている．

(2) 中学校の数学

表9.2は，学年ごとに現代化教材をまとめたものである．

表 9.2 中学校における現代化教材

	数	集合・論理	代数	関数	確率・統計	幾何
1学年	2進法 5進法	集合間の関係，論理用語	解の集合	集合と関数		条件を満たす点の集合
2学年	数の集合の持つ構造	命題の真偽	解の集合		順列・組合せ，確率，期待値	図形の変換
3学年	$a+b\sqrt{2}$ の集合	背理法	解の集合 二元一次方程式	関数記号 f 逆関数	標準偏差	位相

(注) 関数：周期関数は含まれていない．論理：記号論理はない．確率：ラプラス流．

(3) 高等学校の数学

数学は，次の6科目から構成されている．「数学一般」,「数学Ⅰ」,「数学ⅡA」,「数学ⅡB」,「数学Ⅲ」,「応用数学」．このうち，「数学一般」か「数学Ⅰ」のいずれかが必修である．

各科目の内容は，「代数・幾何」,「解析」,「確率・統計」,「集合・論理」,「計算機」の5領域の中から適宜に構成されている．

なお，「一般数学（6単位）」は，{①集合，②図形，③変化とそのとらえ方，④不確実な事象のとらえ方} から3単位分が構成されており，この他に，{(1) 論理，(2) ベクトルと行列，(3) 線形計画の考え，(4) 電子計算機と流れ図} から3単位分を選択することとなっている．

<u>数学の履修方法</u>：たとえば，理数系の大学に進学を希望する者は，入試と関連して，必然的に，「数学Ⅰ」→「数学ⅡB」→「数学Ⅲ」の系列を選ぶことになる．「数学Ⅰ」→「数学ⅡA」の系列を選んだ場合，それ以上の数学の学習は断ち切られた．高等学校への進学率が上昇するにつれ，生徒の興味や関心，進路，能力等が多様化するようになり，この事態に対応して，数学の履修方法も多様化されたのである（コース制の採用）．

高等学校における新しい内容はおおむね，表9.3に見るようである．

266　第9章　数学教育史

表 9.3　高等学校における新しい内容

	科目別に見た**新しい内容 (1970)**
数学 I（6 単位）	旧内容に，ベクトル，確率，集合・論理が加わった．／〔「計算機」を除く 4 領域から構成されている〕
数学 IIA（4 単位）	旧内容に，行列，電子計算機，流れ図が加わった．／〔「集合・論理」を除く 4 領域から構成されている〕
数学 IIB（5 単位）	旧内容に，平面幾何の公理的構成，行列等が加わった．／〔「代数・幾何」，「解析」の 2 領域で構成されている〕
数学 III（5 単位）	大きな変更なし．〔「解析」，「確率・統計」の 2 領域から構成されている〕
応用数学（6 単位）	大きな変更なし．〔特に，領域にまとめられていない〕

　上の表の（　）内は標準単位数である（単位制とは学習量を測る一種の基準であり，週あたり 1 時間（50 分）の学習指導を 1 年間 35 週以上行う教科を満足に修得した生徒は，その教科の 1 単位が与えられる）．

9.4.2　欧米における現代化の動向
(1) 米国の場合

　アメリカにおける現代化の発端は，産業界と高校・大学からの要請によるところが大きかった．1953 年には，企業と工科系大学や高校から代表者を集めた産業数学協会の報告が NCTM の機関誌に出された．急速な技術革新に対応できること，経済的な国際競争に勝利すること，ソビエトとの国際緊張で優位に立つことが主目標となり，それらに応じた教育のあり方が提案された．また，1951 年から始まるイリノイ大学の学校数学委員会（略称 UICSM）などでは，代数構造を強調するなど，当時の現代数学の内容を含めた実験教科書が作成された．また，1955 年には大学入試委員会（略称 CEEB）の中に，数学委員会が設置され，集合・写像・構造を基盤に現代数学の概念を導入した公理体系と演繹論理を重視する第 9 学年から第 12 学年（中 3～高 3）までの数学科カリキュラムを作成した．ここでは，発見的方法の導入とスパイラル方式を取り入れており，これまでの進歩主義の教育を完全に払拭する意味も持ち合わせていた．スパイラル方式による教育は，その頃の心理学の研究とも関連するものであった．心理

学者のB.F. スキナーは，1950年代半ばの動物の行動や学習をコントロールする方法の成功から，それを人間の教育にも応用するという，いわばプログラム学習の構想とティーチングマシーンというスタイルを生み出していった．また発達心理学者であるピアジェ (J. Piaget) や数学者のポリア (G. Polya) の発想もまた，創造力の開発や，発見的学習に生かされた．このように，数学教育研究を専門としない研究者らからの影響が大きいことも，この時期の特徴の一つであった．

また，トランジスターを用いた計算機の開発等，急速な技術革新もこれらと並行して行われた．その結果，既存の知識が短期間で古くなってしまうという事態を引き起こすとともに，それを克服する手だてとして学習内容習得の効率化の開発が重視されることになった．「教育工学」の発想が生み出された．

こうした現代化に関連する一連の動きは，1957年にソビエトが人工衛星スプートニックを打ち上げたことによって一層加速されていく．1958年になると，全米数学教員協議会（略称NCTM）は，アメリカ数学協会（略称MAA）と，AMS (American Mathematical Society) の協力を得て，全米科学財団（略称NSF）の後援のもとに，1958年には学校数学研究グループ（略称SMSG）を発足させた．これは，現代化に向けた研究組織としては最大のものであり，CEEBの数学報告書の要目に準拠する形で，第12学年（高3）から幼稚園までの教科書を作成した．ここで注意したいのは，その作成が第12学年を基準にして行われたという点である．つまり，大学入学の段階で，この程度の内容の習得が必要であるので，そのために高等学校ではこれを，中学校ではこれをといったように，上学年からの下学年の向きに教育内容が設定されていった．つまり，それらは子どもの認識の発達を中心としたものではなく，数学の体系の重視と当時の国が必要とする人間像に見合った教育を創り上げようとするものであった．

このような上から下へという年齢の順に教育を考えた場合，下の年齢の段階にその矛盾が生じてくるのではないかという心配が起こる．しかし，ここでもまた，問題を解決するための理論を心理学者に求めた．心理学者J.S. ブルーナーは，次のように述べている．

『知的活動は，知識の最前線であろうと，第三学年の教室であろうと，どこにおいても同じものであるということである．科学者が書斎または実験室でする仕事や，文芸評論家が詩を読む仕事は，だれかほかのひとが，同様な活動に従事しているときの仕事と同じ種類のことなのである－もしそのひとが理解力を得ようとしているのであればだが．その場合のちがいは，種類ではなく程度のうえのことである．』と (J. S. ブルーナー，1963)．

つまり，子どもの理解は，本質的には学習内容の難易によるのではなく，指導の方法や語句の使用によるものであって，その点を注意すれば，基本的にはどんな年齢の子どもに対してもどんな内容も教えることが可能であると指摘したのである．

このように，数学者，心理学者，企業家を含む広範な人々を交えて行われた数学教育の現代化の動きも，1960年代の終わりには，人権という立場から厳しく批判されていくことになる．多くの子どもたちが学習についていけないという事実や人種問題による学力差等，人間の側からカリキュラムを構築しなかったことによる矛盾が噴出してきたのである．その結果，1960年代後半には，子どもの就学時点での学力差をなくすために，ヘッドスタート計画が行われるようになった．これには，当時のテレビ番組「セサミストリート」も一役を担った．就学前の子どもたちが自宅で楽しみながら一人で英語や数学を学ぶことが可能となったのである．

(2) 欧州の場合

アメリカに始まった現代化は，数年後にはヨーロッパへも波及していった．1948年に結成されたOEECは，1961年には経済協力開発機構(OECD)となった．これは，加盟国相互の経済発展を促進するというものであり，日本も1963年に加盟している．1958年にはOEECの中に，科学技術要員対策局(OSTP)を置き，1960年には『New Thinking in School Mathematics』を刊行した．これはその前年のフランスでの会議をもとに作成されたものであるが，メンバーには，フランスのJ.デュドンネ，イギリスのE.マックスウェル，アメリカのE.G.ビーグルなど著名な数学者の名前が見られる．

この会議の分科会で，J. デュドンネは，『Euclid Must Go!』と提案を行い，それ以前の幾何教育を厳しく批判した．その要旨は以下のようである．
・現在の大学での数学教育と中等学校で教えられている代数，幾何を中心とした教育の間に大きなギャップが生じてしまった．
・現代数学の進展は，多くの有益な新しい概念や言葉を生み出した．こうした成果を，数学教育にも生かしていく必要がある．
・従来のユークリッド幾何学を中心とした幾何教育は，現代数学の成果から見ると，いささか古いものとなっており，現代的な視点から再構成する必要がある．

従来のユークリッド幾何を中心とした幾何教育に変わって，「2次元の線形代数の指導」と，「論理的推論方式の導入」が提案され，各学年における具体的なカリキュラムの骨子が明示された．もちろん，こうした提案は数々の論議を呼び，これらの内容がすんなりと受け入れられたわけではないが，数学者の意見が数学教育を大きく左右したという意味において，現代数学や，数学の体系が非常に重視された時期といえるであろう．

一方，ドイツのボッチは，他の分科会において，新たな幾何教育のあり方を提案した．それは他のヨーロッパ諸国にも影響を与えた．その内容とは，幾何教育を図形の運動を中心に再構成するというものであり，ベクトル幾何学や相似変換の群の考えに発展させていくというものであった．この提案は，ドイツの数学者クラインのエルランゲン・プログラムの精神を生かすものであり，そうした各国の独自の数学史が数学教育にも影響を及ぼすという意味において，意義深い提案であった．こうした会の成果をもとに，1960年にOEECは現代中等学校数学科要目をまとめ，それは各国の教育内容に影響を及ぼすことになった．

こうした，アメリカとヨーロッパにおける数学教育の現代化について，その特徴をまとめると次のようになる．
①アメリカにおける数学教育の現代化は，経済・産業界からの強い要請，急速な技術開発，国際間の緊張などが原因となって，大学・高校→中学校→小学校→幼稚園といった順に，いわば上から下へとカリキュラムが構築されていった．その後，ヨーロッパへと波及した．

②アメリカでは，学習についていけない子どもが多く生じた．その後の，現代化に対する多くの批判は，このことに因るものである．どのような内容でも指導法の工夫によって，どの年齢の子どもにも教えることができるというスローガンは，現実の子どもを前にして，有名無実のものでしかなかった．一方，ヨーロッパでは，アメリカほどの極端な反省が起こったわけではなかった．それは，各国がそれぞれの事情に応じて現代化をアレンジし実践していったためであろう．

③現代数学が積極的に，教育内容として取り上げられるようになった．これまでの数学教育では，指導方法の改善や，内容の配列や学年間の移行が多かったが，現代化では，積極的に新しい数学の成果を内容として取り上げるようにした．また，ヨーロッパでは，この基本的な方向性に違いはなかったが，各国のこれまでの数学や数学教育の歴史を踏まえた独自の教育内容の設定が行われた．それらの内容が，各年齢の子どもに相応しいものであるのかどうかという点で，詳細な検討を必要としたが，教育内容自体を必要に応じて変更するという積極的な側面を持っていた．

④当時のアメリカの社会的状況が，教育のあり方に強く反映した時期であった．特に，ソビエトとの国際競争は，アメリカの急進的な判断を助長するものであった．

⑤心理学や工学など，これまで直接教育に携わることのない分野の研究成果が，急速な技術革新という状況と連動して，教育に深く関わるようになってきた．また，現代化の内容においては数学者も深く関わった．こうした動きは，様々な立場の人が協力して教育を考えるという点において本来的には望ましいものであるのだが，現代化の際には，こうした参加が，教育本来が抱える矛盾を根底から解決するためというよりも，その教育の整合性を保証する手だてとして用いられる場合が多かった．

9.4.3 現代化の実相と管理・統制の敷衍
(1) 現代化の実相

現代化学習指導要領は，1971年から1973年にかけ，小，中，高等学校の順に実施された．文部省は実施に先立ち，現代化の趣旨を徹底するため

教育委員会と連携し，1968年から5年計画で，中学校と高等学校の数学教員の50％を対象に，夏季5日間の現代化講座を推進した．しかしながら，新しい学習指導要領は実施されてわずか数年後に，「ゆとり」と「基礎基本」を重視する指導要領へと方向転換がなされたのである（小・中学校では1977年に，高等学校は1978年に改訂）．

果たして，わが国における数学教育の現代化とは何であったのか．この背景を考察するため，以下，資料として「現代教育科学」（No.305, pp.5-59, 1982.4）を取り上げる．この雑誌には，「特集/数学教育の現代化はなぜ失敗したか」と題する紙上シンポジウムが収録されている．文部省関係者，数学者，数学教育者がそれぞれに発言しており，それだけに，わが国の現代化の実相が浮かび上がってくるであろう．

シンポジウムの提案者は石田忠男（広島大学）である．同氏の提案に対し，次の6名の方が意見を述べている．

田島一郎（慶応大学名誉教授），広岡亮蔵（名古屋大学名誉教授），伊藤説郎（文部省教科調査官），銀林浩（明治大学教授），横地清（山梨大学教授），阿部浩一（大阪教育大学教授）．なお，( )内は当時のものである．

各氏の意見を要約する形で引用すると次のようである（下線部は引用者）．
石田忠男：

　　結　論："…一般に，日本の現代化は失敗したと受けとめられている．たしかに失敗したといえるであろう．しかし，失敗の中味は，様々の否定的現象を生んだからではなく，肯定的現象を生まなかったからである．…そして，その原因は，現代化の改革方向の誤りではなく，改革の具体策における誤りであり，なぜ具体策で誤りを犯したかといえば，それは改革の進め方に誤りがあったからである"．

石田氏は提案者の立場にあるので，同氏の見解について，いま少し詳細に記す．
〔1〕現代化は何を改革しようとしたのか…現代化運動の要因と改革方向，および，日本の「現代化の改革方向」の特徴．

　(1・A) 現代化運動の要因は，[I] 数学的要因，[II] 社会的要因，[III] 心理学・教育学的要因が絡み合っていた．数学的要因としては，現代抽象数学

の発展，現代応用数学の発展，公理主義・形式主義・構造主義数学観の抬頭がある．社会的要因としては，科学技術の発達，コンピュータの非常な発達，当時の高度経済成長路線がある．心理学・教育学的要因としては，ピアジェ，ブルーナーらの心理学者の研究成果およびそれに基づく教授・学習理論の発達がある．これらの要因の中で，どれが強く働いたかは，国によって，また，研究団体によって違いが見られる．しかし，「数学」，「社会」，「教育学・心理学」の各々の面で改革を促す大きな要因が存在していた故に，この改革運動は，世界的な大改革運動となっていった．

(1・B) 現代化運動の改革方向：現代化の程度，方法は国や研究団体によってかなりの違いがあるが，大きくまとめると，[A] 現代数学の導入による改革（例：米国の CEEB の改革案，ヨーロッパにおける OEEC の改革案）[B] 現代数学の方法，考えを生かすことによる改革（例：UICSM や SMSG の改革，日本の学習指導要領，数学教育協議会などの改革）[C] 指導方法の改革…先の2つとの関連や心理学・教育学の影響による改革である（例：UICSM や SMSG に見られる"発見的方法"，ガッテニョー，ディーンズの教具，コンピュータ等の教育機器）．

(1・C) 現代化学習指導要領の改革の特徴（日本）：目標面では，「数学的な考え方」を強調し，内容面では「折衷的な改革」を行い，方法面では「発見的指導法」を重視した．そうして，この目標，内容，方法にわたって改革を方向づけたのが，「数学的な考え方」の育成である．

〔2〕現代化は何に失敗したのか…日本の現代化が本当に失敗したのかどうか．また，何に失敗したのか．

(2・A) マスコミ等の批判もあって，日本でも現代化は失敗したのだというムードが生まれてきた．しかし，"現代化指導要領下における児童・生徒の計算力は，全体としては，平均点としては，決して低下していない，算数・数学ぎらいが増加したとはいえない．中・高等学校へと進むにつれて，落ちこぼれが生じていることは確かといえるが，それは現代化学習指導要領下で新たに発生したものではなく，以前から存在していたものが，顕在化してきたとみるものである．現代化とともになぜ顕在化してきたか，それは一言でいえば社会的背景，教育思潮の変化である．"

(2・B) 現代化は何に失敗したか：①「数学的な考え方の強調」，②「折衷的な改革」，③「発見的指導法の重視」という，ねらいがうまく達成されなかったという意味で現代化指導要領は失敗した．

〔3〕現代化はなぜに失敗したのか…失敗の原因がどこにあったのか（現代化のねらいの是非の検討，現代化指導要領の実践レベル，改革方法レベルにおける問題点）．

現代化はなぜ失敗したか：日本における現代化の改革方向①～③に対して，このいずれにも反対する数学者がいたが，この改革方法は基本的に正しいものであった．

(3・A) 改革方向の具体策における問題点：

「数学的な考え方」の育成について「数学的な考え方」の内容規定，もしくは，意味が不明確であった．また，「数学的な考え方」を早期に顕在化させ過ぎた．

「折衷的な改革」について (a) 現代教材の導入方法のまずさがあった．その典型は，「数の集合のもつ構造」と「図形の位相的な見方」である．(b)「前学年の復習等に多くの時間を費したり，学習内容に重複が出たりしてムダが多いことや，教材に対する新鮮味がなくなり学習意欲を低下させる等の問題点」（スパイラル方式）があった．

「発見的指導法」について (a) 現代化指導要領および指導書は，「発見的指導法」の重要性を指摘し，それをすすめてはいるが，具体策は述べずに，もっぱら民間の研究・実践に任された．

(3・B) 改革の進め方，方法論における問題点：現代化で最も成功したと評価されるイギリスの SMP の改革の進め方と対比し，日本の場合，①児童の本性と教師の本性とに対する検討が十分ではなかった．②文部省指導型，大学教授指導型であり，現場教師は追随した形であったこと．③カリキュラムレベルの具体化にとどまり教科書，教室レベルの具体化に十分でなかったこと．④十分な実践的裏づけや実践に基づく改訂が積み重ねられなかったこと．⑤全国一斉の改革であることなどの問題点が指摘される．

いささか，引用が長くなったが，同氏の見解に対し，以下，各氏がどのように意見を記されているかという点について，これを要約する．

田島一郎：

　"現代化運動が起こってきた要因，現代化運動の改革方向については，提案者の見解に，最大公約数的に異論はない．私個人としては，高校数学学習指導要領 (1970) の改訂に参画していた関係から，「心理学・教育学的要因」―「指導方法の改革」よりも，「数学的要因」・「現代数学の導入による改革」，「社会的要因」・「現代数学の方法，考えを生かすことによる改革」の方により強く重点を置いて考えていた．「数学的要因」・「現代数学の導入による改革」については，現代数学の著しい進歩とは無関係に，旧態依然たる数学しかやらないことに対する不満がある．もちろん，現代数学そのものはムリであるにしても，現代数学的な考え方でも高校生に理解できるものであれば，これをふれさせてやりたい（たとえば，集合・論理）．また，在来の教材ではあっても，これを現代数学的な考え方で見直すことが有意義と思われるものについては，取りあげていきたい（例えば写像としての関係）．「社会的要因」・「現代数学の方法，考えを生かすことによる改革」については，数学が自然科学だけでなく，人文科学・社会科学，さらには生物科学などの方面にまで，従来とは比較にならないほどその応用範囲を広めてきたことへの対応である．…そのバックには現代数学の特徴である公理主義による数学の組み立て方，さらには数学的モデルを重視するという構造主義の考え方が大きな原動力となっている．このような観点に立って高校数学を見直すと，将来，文系方面へ進む生徒たちのためにも，確率・統計や線形代数的な教材（例えばベクトル・行列）が浮かび上がってくる．"

　この他，田島氏は，以下の点に触れている．

・<u>計算力の低下，算数ぎらい，落ちこぼれについては，提案者の資料の分析は適切である．また，落ちこぼれが顕在化してきた理由についても，適切な指摘である．</u>

・改革方向の具体策における問題点…現代化教材の導入は，児童・生徒の発達状態を考慮して極めて慎重でなければならない．現代化教材の導入のまずさは，石田氏の指摘される2点（数の集合のもつ構造，図形の位相的な見方）の他，「図形に対する変換の考え（中2）」もあった．このような

9.4 「科学化運動」から「生きる数学」へ

失敗の原因は，これらの教材が，大学教授主導型であり，現場教師はこれに追随した形だったことによる．
・「中学校における確率の指導」と「高校における集合教材」などは，現代化指導要領に至る十年間の蓄積があったので，受け入れる土壌が十分にあった．したがって，新教材の導入には，できるだけ多くの現場の人たちによる先導的実践教育が必要である．

広岡亮蔵：
・算数教育の現代化運動は，上から下への内容構成になりがちであり，また，現代数学の基本概念のはだかのままの使用が，ことに中学以上で多過ぎたのではないか．
・1970年代になると，子どもサイドの教育動向が強まってきた．これは大いによいことだが，科学中心の反定立としての子ども中心であり，科学を捨て去っての子ども志向であることが多かった．
・これからの1980年代の教育では，子どもの側に立つ教育の深めとして，教材が持つ威力におもいをいたすことが肝要である．子どもの発達によく即応した教材，しかもすぐれた発達を結実させる教材．これら2条件を兼ね備えた教材をしっかりと選び出すことが，これからの重要な課題であろう．
・パターン化した発見学習を脱却し，生活上のなまの事態にぶつかって，問題発見をなし，その中を探求することを通じて，問題解決をしていく学習を大切にすべきであろう．そうして，発見された数理は，学習段階の終段において，ふたたび生活へと押しもどして，生きて働く力へと転化しなくてはならない（開かれた発見学習）．
・1960年代に取られることが多かった科学から子どもへの下降方向を逆転して，子どもから科学へと上昇方向を取ることである．

伊藤説朗：
　結　論："「現代化」は失敗したという見解に反対である．むしろ，「現代化」は現在も進行中であり，それをよりよく実現していくために各人が何をなすべきか，どんな貢献ができるかといったことを真剣に議論すべき時期にある．"

"わが国における「現代化」のねらいは，①数学的な考え方の強調，②折衷的な内容改革，③発見的指導法の重視"にあった．「現代化指導要領」において，①，②，③のねらいが達成されていないかどうか．

一般に，カリキュラム評価を行う場合，比較による評価と比較によらない評価との2通りの方法がある．そこで，「現代化指導要領」が失敗したかどうかを検討するために，2通りの評価法に立って次の仮説を立てる．

・第一仮説：「現代化指導要領」（昭和43年告示の小学校学習指導要領）は実施されてから9年後に改訂され，現行の学習指導要領（昭和52年告示）へ移行されている．もしも「現代化指導要領」が失敗であるならば，改定後の学習指導要領において「現代化」は訂正されているであろう．（比較による評価）

・第二仮説：「現代化指導要領」もその改訂版である現行の学習指導要領も，「現代化」を目指している点では同じ方針によって編成されているとする立場がある．このとき，もしも「現代化指導要領」が失敗であるならば，現行の学習指導要領も，「現代化」に関する限り，失敗するであろう．（比較によらない評価）

上記1の項について："①「数学的考え方の強調」のねらいは，現在においても不変である．そのねらいを達成するための努力が現在においても継続して推進されている．②「折衷的な内容改革」のねらいは現行の学習指導要領において訂正されているであろうか．代数的構造を重視する立場から，計算法則として交換，結合，及び分配の法則は現在でも強調されている．関数の考えを重視すること，集合の考えを積極的に取り入れ，それを生かして指導すること等，現在においても不変である．③「発見的指導法の重視」のねらいは，指導法に関することであって，学習指導要領の範囲を越えた事項である．以上のことより，第一仮説は否定されることが明らかである．"

つまり，現行の学習指導要領において，「現代化」は訂正されていない，としているのである．

上記2について："…提案者のいう「現代化」のねらい（①，②，③）は，現在においても引き継がれているとみることができる．この立場に立った

上で,「現代化」が失敗であるとするならば,それは次のいずれかを意味するであろう.すなわち,(ア) 算数教育を「現代化」すること自体が誤りであり,「現代化」する必要はない.(イ)「現代化」の中味に誤りがあり,現在行われているものとは別の「現代化」を行うべきである.…提案者 (石田氏) は,(ア),(イ) のいずれの考えについても肯定しておらず,むしろ,ニュアンスとしては否定の方向を示したものと受け取れる.また,少数の人が (ア) 又は (イ) について肯定の立場を表明したことはあっても,彼らがわが国における数学教育の「現代化」の実情を正しく認識した上で発言しているとは認められないものがほとんどである.以上の考察から第二の仮説は否定されることが明らかである.つまり,学習指導要領は「現代化」に関する限り失敗していないのである."としている.

銀林浩:

・わが国で初めて「数学教育の現代化」を唱えたのは数学教育協議会である (1959).遠山啓氏が, modernization を「現代化」としたのである.数教協の現代化の基礎となる視点は,認識の微視的発展 (児童心理学),認識の巨視的発展 (科学史,数学史),現代数学であり,「現代数学の成果よりむしろ方法が数学教育にとって有効な視点を提供し得るだろう」ということであった.

・数教協版現代化の特色:①水道方式による計算体系といった具体的成果から出発して,その延長として現代化を唱えた.その水道方式にしても,子どもの計算力をどうつけるかという現実的課題のために構想された.②小学校の低学年段階から始めて次第に上の学年,上級の学校に及んだ.③すべての子ども,特にいわゆる「できない子」の反応に注目した.④学者の学説ではなく,現場の教師の自発的運動として組織された.

・文部省版の「現代化」は,上の①～④とは逆に,四重に「上から」の統制であって,露骨な国家政策以外の何物でもない.

・改革者が真に現代数学の構造主義的性格を理解していれば当然なければならない整合性というものが,日本の文部省版現代化にはなかった.

・計算力低下・数学ぎらい・落ちこぼれ…この学習指導要領が実施される前の 1971 年 2 月に発表された全国教育研究所連盟の調査報告書には

すでに,「半数の生徒がついてゆけないと思っている先生・指導主事が半数以上いる」ことが明らかにされていた．現代化指導要領は，折衷改革による《教材の過密》のために，それを加速したに過ぎない．
横地清：
・現代化の指導要領が失敗した理由は，① 本気で数学教育を現代化しようとしていた人たちの実践や研究を評価し，汲み取ろうとする努力がなされなかった．②現代化の指導要領は，実践で裏付けられていない観念的な産物である．③現代化の指導要領は，各県で現代化講座が開かれたり，説明会があったが，指導要領の枠内に教師をとめおこうとする管理的な解説であったと思われる．④指導要領の内容そのものが，いろんな矛盾に満ち，何らの"筋"もなかった．⑤現代化の学習指導要領は，多くの教師にとって，数学教育の改革の刺激剤となった．だが，指導要領は拘束性を盾に，教師の独自の研究や実践に道を開かなかった．⑥ 指導要領の存在意義が（もはや）時代外れ（遅れ）になってきた．ただ一種類の教科書で，クラス一斉の授業をするなど時代遅れである．そもそも，学校は果たして学校なのか，託児所なのか，わからない様相すら示している．子どもの教育は，見事に機能分担し，学力は塾で，進学は予備校で，社会活動はスイミングクラブやゲームセンターでとなりつつある．したがって，指導要領の旧態的役割は終わりつつある．
・石田氏のいう「同じ誤まりを今度こそ犯さないために」は，これこそ，自分の信念とする数学教育だというものを，自分で創るようにすべきである．
・数学教育学の研究は，指導要領の解説や，指導要領という法則制定のための研究ではない．まさしく，校内，校外を問わず，子どものたちの数学的世界観と，それに伴う実践力の養成を目指して行われるものである．…日本の数学教育界はまず，小学校低学年から高校にわたる教育的全体系の創作に意欲を燃やすべきである．うかつに，社会条件の異なる外国の研究を引き合いにすべきではない．外国とは，自己の体系を持ち出して交流すべきである．
・"自立"の道として，①学校での数学の授業は，現在の子どもにとって，価値のあるものを実行させるように計画立てること．②子どもにとって，

9.4 「科学化運動」から「生きる数学」へ 279

数学は，単に将来の準備のためではなく，現在の生き方に深く関わり，その生き方を変質するものでなければならない．

阿部浩一：
・数学教育の現代化は文部省主導型であった．また，改革への現場の態勢が十分に整い，熟した時点を待って改革へ踏み切るべきであった．
・"落ちこぼれ"は，「以前から存在していたものが顕在化してきた」という見方（石田氏）の見解に全面的に賛同したい．
・「現代化の基本的なねらい」である単純化，明確化，精密化は，「指導書」には記されてはいても，学習指導要領のどこにも現れていない．計算の体系は現代化によってどれだけ単純化されたか．図形の論証は現代化によってどれだけ明確化されたであろうか．（こうしてみると），現代化することにも成功していないのである．
・「現代化の基本的なねらい」を達成するためには，旧教材を徹底的に洗い直し，それらをいっそう単純化し，明確化するためには，いったいどこにメスを入れねばならないか，そこからスタートすべきであった．このことは文部省や大学教授が主導してできることではなく，現場教師が中心的役割を果たして初めて可能なことである．

以上に，"数学教育の現代化"に対する識者の一応の見解が出揃っていると見られる．この資料から，現代化の実相として，次の諸点に言及できるであろう．

① 文部省主導による"現代化"は，新旧の内容が混在する"折衷的"なものであり，また，新しい内容にしても，学校数学として体系だったものではなかった．たとえば，中学校の幾何は論証幾何と変換の幾何とが混在し，まとまった体系が見られない．また，高等学校では，確率の内容が「数学I」と「数学III」に分断されている．
② 学習指導要領には，民間ですでに実践されていた現代化の研究成果が生かされなかった．
③ 数学教育者，数学者，教育現場の教師の三者に，"現代化"に関する共通の認識が存在しなかった．
④ "現代化"は，子どもの認識を検証し，地道な教育実践を踏まえて実施

されたのではなく，場当たり的，機械的，官僚統制的になされた．

すでに触れたように，当時のわが国の経済的繁栄は，米国に次ぐ自由世界第2位の位置を占めるに至ってはいたが，教育行政側（文部省）は，民間の側の英知を結集し，現代化を推進するに相応しい確固たる理念と方針とを持たなかった，と見てよい．文部省はただ，管理と統制の思想の下，現代化を強行しようとしたに過ぎなかったのである．もちろん，民間の側においても，現代化に対する共通の方向性があったわけではないが，現代化を境に，数学教育界では，文部行政と迎合する傾向が一層，強くなり始めたと見られる．実際，紙上シンポジウムが企画実行された1980年代の初頭には，中学校で校内暴力が多発し，大きな社会問題にまでなっていた．にもかかわらず，識者の中には，「"落ちこぼれ"の問題は社会的背景，教育思潮の変化とともに，以前から存在していたものが顕在化してきたに過ぎない」とする見解が散見されるのである．このことは，教育の本質，原点が見失われたことを示す一つの証左であろう．教育への管理・統制は，教育研究者の自由な研究・実践を制限したばかりでなく，"教育とは何か"という基本的理念をも，教育関係者から喪失させたのである．

(2) 管理・統制の敷衍

1950年代の半ば以降，教育委員の任命制，教員の勤務評定の実施，法的拘束力を持つ学習指導要領の制定等，教育への管理・統制は次第に強化されてきた．そうして，1963年には，「教科書無償措置法」が公布されるまでに至った．この法律は，小・中学校の教科書の採択権を市町村の教育委員会に一本化することを意図したものであった（広域採択）．教科書検定は，学習指導要領の法的拘束性も手伝って，厳しさを増し，管理統制は一段と強められたのである．

こうした動向に対し，民間の側から広範な抵抗運動が起きるのは必然であった．その一つが，「家永教科書訴訟」である．家永三郎（東京教育大学教授）は，同氏の著した高校日本史の教科書が検定不合格となったことに対し，1965年，東京地方裁判所に裁判を申し立てたのである．この裁判は，"国家権力が教育内容に干渉してはならないことを認めさせようと

する"闘いであった．その後，裁判は，子どもの教育権を国家が持つのか，それとも国民が持つのか，という本質的な問題へと発展した．審理の過程では，"本件検定は検閲にあたり，違憲，違法"と断じる「杉本判決」もあった．ここでは詳細に立ち入らないが，「家永教科書訴訟」は 1997 年 8 月の訴訟終結まで，広く国民的な関心を呼び起こしたのである[10]．

9.4.4 現代化の陰の部分——"教育の爆発の時代"と深刻な青少年問題——

1965 年以降は，"教育の爆発の時代"といわれる．実際，経済の高度成長と，企業や官公庁の新人採用における学歴重視などが重なって，高校や大学への進学率が急上昇したのである．高校への進学率は 1965 年には 70.7％，1975 年には 91.9％と上昇し，いわば，高等学校は準義務教育の様相を呈してきたのであった（大学への進学率も，同じ時期に，それぞれ，25.4％，34.2％となった）．こうした事態に対し，各地方自治体は高校の増設に追われ，文部省も一時，「高校全員入学問題全国協議会」結成大会を開催したほどであった（1962.4）．進学率の上昇は，中等教育の普及から見て画期的なことではあったが，一方で，高校側は，能力や適性，進路等の異なる多様な生徒を受け入れることになったのである．この事態に対し，当時の高校教師は旧制高校の意識が強く，高校教育を受けるに足る能力や資質をもつ者だけを入学させるという"適格者主義"の立場で対応しようとしたのであった．

では，現代化を目前に控えたこの時期，小，中，高校生は，数学の学習について，どのような実態にあったのであろうか．

図 9.4 は，高校 3 年生を対象に，小学校から高校までの主だった学習内容について，その難易度を生徒がどのように受けとめているかを調査し，その結果を"易しい"と感じるものから順に並べたものである（町田 1968）．ちょうど，文部省が中・高等学校の数学の教師を対象に，現代化講座を実

---

[10] この裁判には，多くの教育研究者が原告側（家永氏）の証人として証言しているが，当時，"数学教育の科学化運動"を展開していた横地も，原告側の証人として証言に加わった．証言の記録は，横地 (1969) を参照されたい．

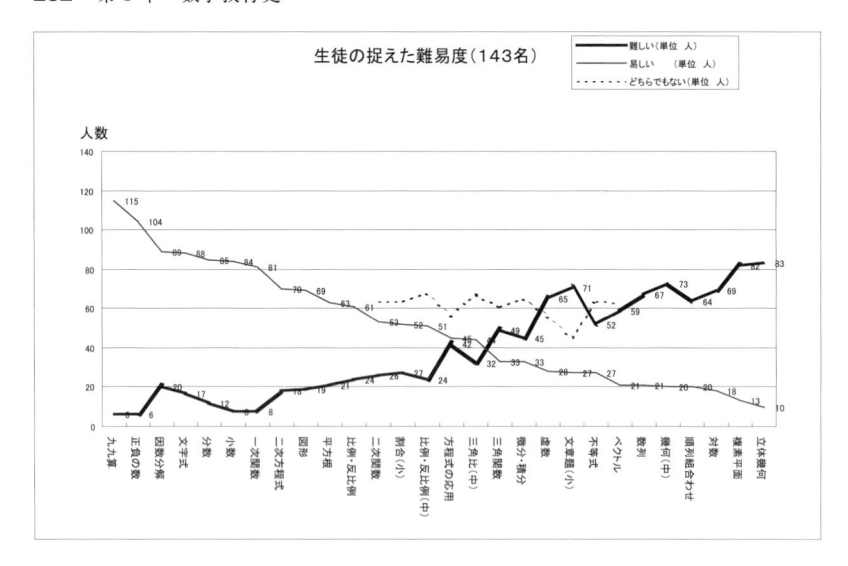

図 9.4 高校3年生に対する調査
「生徒の実態調査からみた数学教育上特に注意すべきいくつかの点」(町田 1968)

施し始めたころのものである．

　町田はこの結果について，"一見すれば明らかなように，小学校の 文章題，中学校の 幾何 が，いかに生徒にとって難しいものであるかを示している"とし，また，〈難しい，易しい〉の〈どちらでもない〉とした項目（内容）のうち，"…60名以上の項目を拾ってみると，小学校の割合，中学校の比例・反比例，二次関数，三角比，高校の三角関数，微積，不等式，ベクトルと，どの程度まで教えるか，教え方の明確でない教材が多く挙げられる"としている．

　高校生は，かなりの学習項目について"難しい"と受けとめており，特に，立体幾何，複素平面については，ほとんどの生徒が理解していないと予想されるのである．また，この調査から，中学生の多くが数学の理解を曖昧なままに，高校に進学していることが予想される．

　次に，中学生，小学生の実態を記そう．

　全国教育研究所連盟は1971年2月，「義務教育改善に関する意見調査 報告書」を刊行しているが，この調査の一つの設問に，小，中学校の児童・生

徒がどの程度に学習内容を理解しているかを，教師や指導主事等に問う項目がある（なお，調査は 1970 年 4 月から始まっており，これは新学習指導要領が実施される直前の時期にあたる．調査方法はサンプリングの手法を採用し，当時のわが国の実態を的確に推測しうるデータを提供している）．

調査項目は，「学年レベルにおける教育内容の到達度」に関するものであり，その目的が次のように記されている（同報告書，pp.28–29）．

"現在のわが国の義務教育における教育内容は，学習指導要領によって学年ごとに指導すべきものと示し，原則としてどの児童や生徒にもそれを学習させることをたてまえとしているのであるが，実際はたてまえどうりになっていないであろうという仮説をもって，<u>「どのくらいの子どもが一応その内容を理解しているとお考えですか」と問いかけたのである</u>" と（下線部，引用者）．

表 9.5 は，小，中学校の教師，指導主事，研究所員の回答を集計したものである[11]．

報告書は，この結果を次のように分析している．

"一般的な傾向としては「約 2 分の 1 の子ども」が理解している率がもっとも高いが「約 3 分の 1 の子ども」とか「約 4 分の 1 の子ども」の場合もかなりある．これをみても現行のたてまえを一律的に教えていくだけではうまくいかないという意識を教師がかなり強くもっているのが事実のようである．すなわち，どの児童・生徒にも学習させうるということを原則とし，たてまえとしているのであるが，小学校教師においてさえ 16％以上，中学校教師においては 30％以上が，3 分の 1 ないしは 4 分の 1 の子どもたちしか理解していないと答えているのである" と．

表 9.6 は，中学生の理解度について，関係者の回答を教科別に集計したものである（数値は％）．小学校，中学校ともに，約半数の教師は，"教育内容を理解している児童・生徒は約 50％にすぎない"，と観ていたのである．日々，子どもたちに直接に接することの多い関係者の回答であるだけ

---

[11] 表中の「約 3/4 の子ども」とあるのは，児童・生徒の約 3/4 が教育内容を理解している，という意味である．また，表中の（ ）内は，実人数を示している．

表 9.5 教育内容の理解程度（結果の集計）

	無答	約3/4の子ども	約1/2	約1/3	約1/4以下	わからない	非該当	計
小学校	1.1	28.9	49.2	14.0	2.2	4.5	0.1	100.0% (1,591)
中学校	1.1	16.7	50.2	26.1	4.1	1.8	0.1	100.0 (1,884)
指導主事	1.4	29.9	50.5	10.8	0.7	6.6	0.1	100.0 (2,361)
研究所員Ⅰ	1.4	20.1	50.0	12.8	1.5	14.2	0.1	100.0 (1,032)
研究所員Ⅱ	2.0	20.6	43.8	20.9	3.3	9.5		100.0 (306)

に，この結果は非常に重く受けとめられるべきであった．すでに，"現代化"以前に，高校生はもちろん，小・中学生にも"落ちこぼれ"の実態が存在していたのである．にもかかわらず，苦しみ，悩む子どもたちをそのままに放置する"見切り発車"の授業がまかり通っていたのである．こうした状況のもとで，何らの数学的な筋も認められない現代化学習指導要領が実施されたのである．学習指導要領は，ただ，子どもの受けた傷口を大きくする役割しか果たさなかったのである．この矛盾を支えたのは，外国の模倣を至上とする数学教育者であり，管理・統制に従順な教師であった．その意味で，当時の数学教育関係者には，次の一文が要請されて然るべきであった．

"数学教育学の研究は，指導要領の解説や，指導要領という法則制定のための研究ではない．日本の数学教育界は，まず，小学校低学年から高校にわたる教育的全体系の創作に意欲を燃やすべきである．うかつに，社会条件の異なる外国の研究を引き合いにすべきではない．外国とは，自己の体系を持ち出して交流すべきである．このような，独自の体系の創作と実践こそ，教師と研究者の自立ということである．"（横地）と．

ところで，上に記した点は主として，学習面に関わる問題であったが，

表 9.6　教育内容の理解程度（中学校教科別）

担当教科	無回答	約3/4の子ども	約1/2	約1/3	約1/4以下	わからない	非該当	計
無答	10.2	16.3	45.9	23.5	3.1	1.0		100.0
国語・社会	0.2	16.4	51.2	27.3	3.4	1.7		100.0
数学・理科		15.4	53.8	26.2	3.6	0.9		100.0
音楽・美術	2.2	21.3	40.4	25.0	6.6	4.4		100.0
保健・体育		17.8	45.0	30.2	4.7	2.3		100.0
技術・家庭	0.6	21.9	54.8	18.7	1.9	1.9		100.0
外国語	0.5	13.3	51.7	28.9	4.3	0.9	0.5	100.0
その他	1.7	16.5	47.5	25.0	6.4	3.0		100.0
計	1.1	16.7	50.2	26.1	4.1	1.8	0.1	100.0 (1.884)

1960年代の後半以降，小，中，高校生の生活に大きな変化が生じ始めている点に注意しなければならない．端的にいえば，子どもたちに，主体的に物事に取り組む姿勢が観られなくなり，生活全般に無気力・無関心・無責任さが目立ち始めたのである．この主たる原因は，社会に参画する第一の"通過儀礼の場"である，子ども集団が崩壊し始めたことによる．そうして，その背景には，高度経済成長の歪みによる様々な矛盾，とりわけ学歴偏重の風潮が存在し，大人の価値観がそのままに，子どもの価値意識に埋め込まれたのである．別様にいえば，子どもは，ただひたすらに，激烈な受験戦争に勝ち抜くための生活を強いられたのである．

いや，事態はそればかりではなかった．学習することに意義を見出せない子どもは，幼少のころより親の過保護の下に育ってきていることも重なって，様々な非行へと走ったのである．図9.5は，1973年から1982年にかけての，初発型非行（万引き，オートバイ・自転車盗み等）で補導された少年の数の推移である．公式に発表されたデータは，おそらく，氷山の一角でしかないであろう．また，1970年代の初めから，シンナー等の薬物乱用が年を追って，中学生に蔓延している点に注意されたい（図9.6）．

この他，1970年代の後半から，中学校での校内暴力事件が多発し始めた

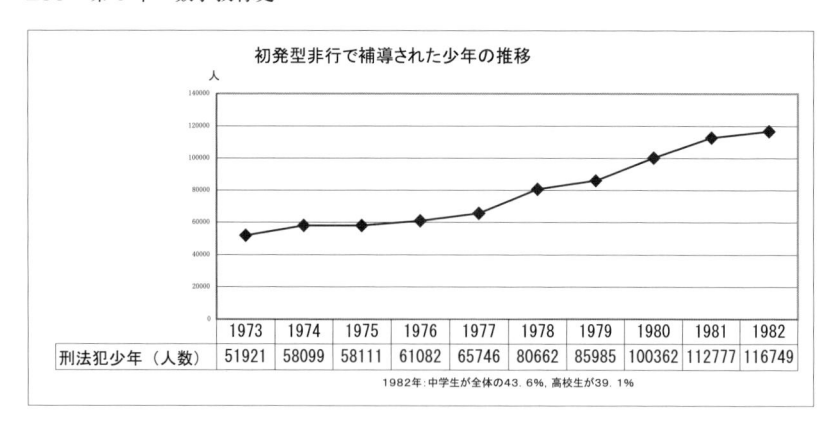

図 9.5 初発型非行で補導された少年の推移

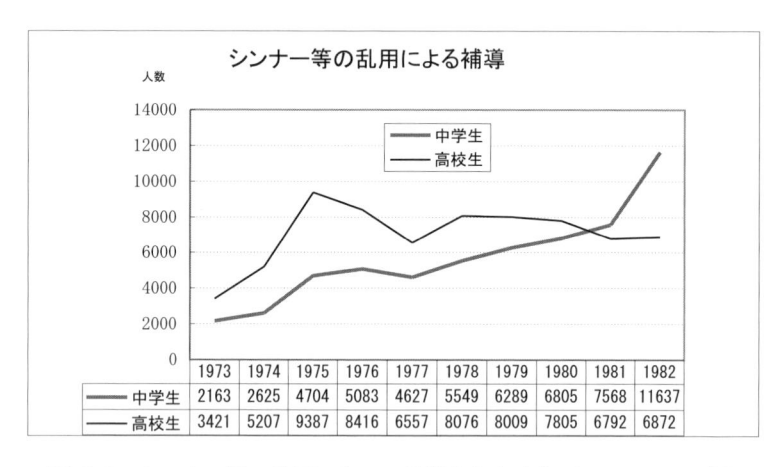

年	1973	1974	1975	1976	1977	1978	1979	1980	1981	1982
刑法犯少年（人数）	51921	58099	58111	61082	65746	80662	85985	100362	112777	116749

1982年：中学生が全体の43.6%、高校生が39.1%

図 9.6 シンナー等の乱用によって補導された少年（1973〜1982年）
（「青少年白書」，昭和58年版）

年	1973	1974	1975	1976	1977	1978	1979	1980	1981	1982
中学生	2163	2625	4704	5083	4627	5549	6289	6805	7568	11637
高校生	3421	5207	9387	8416	6557	8076	8009	7805	6792	6872

のも，大きな特徴である．たとえば，1982年度では1388校（これは，全中学校数の3.8％に相当する），1983年度では1373校で発生しているのである．こうした教育の諸問題に対し，現在も有効な手だてが見出せないままに，21世紀を迎えようとしていたのである．

因みに，1999年8月，朝日新聞は，次のような記事を掲載した（8月14日朝刊）．

"…公立の小，中，高校の児童・生徒が1998年度に起こした「暴力行為」は約35200件と，前前年度を2割強上回って，過去最多を更新していることが文部省の「問題行動調査」の速報でわかった．暴力行為の発生件数の割合は，中学校が76％で群を抜いている．校内で暴力行為が起きた学校を全学校数で割ると，小学校2.3％，中学校33.8％，高校43.5％である．…"と．

9.4.5 数学教育の「科学化運動」から「生きる数学」へ

1960年代の初頭に始まった数学教育の科学化運動は，1970年を迎えるまでには，研究，実践の両面において大きく進展した．実際，「家永教科書訴訟」の証言に立った横地は，"数学教育の問題点について現場の先生方はどのようにとりくんでいるか"という質問に対し，「数学教育実践研究会」の活動を例に，次のように答えている．まず，数学教育実践研究会が設立された趣旨について，

"…現場の実践を基礎におきながら，それを素材としながら，数学教育の各方面にわたる科学的な研究をし，その研究の結果をふたたび現場の実践の中で生かし，生かす過程の中で，その理論の誤りを修正しつつ，また理論を高めて行くという，そういう活動を，全国的な組織で行って行く必要があると感じたわけです．"と．そうして，続いて，会の運営について，次のように述べている．

"…で，研究の内容としましては，一つは認識論あるいは実践論に関する問題，第二番目は，指導法あるいは授業研究，そういった，毎日の実践に関する問題，第三番目といたしましては，教育課程の問題，第四番目としては数学教育の歴史的発展に関する問題，第五番目としましては，数学教育の社会的・経済的，あるいは教育一般からみてどうあるべきかということに関する問題，第六番目としては，外国などを含めた国際的な観点からの数学教育の研究，第七番目としましては，現代数学あるいは諸科学，技術，そういうものとの関わりにおける数学教育，こういうものに関する研究，こういった七つの分野に分かれて研究を進めることになりました．…"と．

この証言が示すように，数学教育の科学化運動は，"科学的な根拠に基

づく数学教育を建設する"ことにあり，その研究分野は，認識論，学習指導論，教育課程，数学教育史，数学教育の社会科学的研究，比較数学教育，教育内容にわたるものであった．そうして，アメリカに始まった数学教育の現代化運動を，日本の現実を基盤として，批判的に学びとっていこうとする方向をとったのである．別様にいえば，国際的な視野に立ちながらも，わが国の歴史的土壌を踏まえ，何よりも，学習者である子どもの認識の発展を重視し，自立的，創造的に数学教育を建設しようとしたのであった．この方向は，アメリカにおける数学教育の現代化運動が，科学技術者の養成→大学→高等学校→中，小学校へとトップダウン (top-down) 的に展開されたのに対し，これとは逆の方向をたどるものであった．

　数学教育の科学化運動は，官制の現代化が1970年代の半ばに衰退していくのに対し，(1) 数学教育史・比較教育の分野，(2) 子どもの発達と認識に関する分野，(3) 数学・数学教育の内容と教育課程に関する分野，(4) 幼児教育に関する分野について，研究を大いに発展させたのである．その証左は，当時に刊行された数多くの図書からして明らかである．1965年前後～1980年までを見ても，上記 (1) の分野で，少なくも4編以上，(2) の分野で少なくも9編以上，(3) の分野で少なくも13編以上，そうして，(4) の分野では少なくも13編以上に上る．たとえば，1964年に，横地を中心に，鈴木正毅・山岸雄策・大矢真一の諸氏を編集委員として，「科学化をめざす算数教育」（全2巻，[低学年編，高学年編]，誠文堂新光社），「科学化をめざす数学教育」（全2巻 [中学編，高校編]，誠文堂新光社）の全4巻が刊行された．「科学化をめざす算数教育」では，各学年の指導内容が項目ごとに載せられており，しかも，それらの内容の基本となる数学（代数，幾何等），および，低・中・高学年における子どもの認識の質的な違いが記されている．教育内容も，それぞれの内容の教育的意義，および相互の関連性について詳細に記されている．特に，図形教育に関しては，子どもの認識発達を踏まえ，体系的な"道筋"が提示されているのである．また，1966～1967年には，横地清，大矢真一が編集代表として，「図解初等数学選書」全20巻が刊行されている．

　高校から大学1，2年の学生向けに著されたこの図書について，編集代

表の横地・大矢は，次のように記している．

"社会に果す数学の役割は，きわめて大きなものになっています．それは，科学，技術はもとよりのこと，経済学，心理学，言語学など，多方面の分野の欠かせない土台となっています．あるいは，電子計算機などを通して，じかに社会の中にはいりこんでいるともいえます．…従来，数学といえば，問題を解く技巧に追われるもの，現実離れした世界のもの，近づき難いむずかしいものとされてきました．わたくしどもは，この壁を破ろうと考えました．そして，<u>誰にも親しみのわく，理解しやすい内容として現代数学の初歩を公にすることを計画しました．…どうか気軽に通読されて，数学のわかる，数学の使える，よき社会人になってほしいと思います．</u>…" と．

科学・技術の発展する社会にあって，学生が将来の社会人として活躍するに相応しい数学を，現代数学の地平から，誰にでも理解できるように執筆されたことが窺えるのである．

この他，中学校の数学を，現代化の観点から具体的に展開した「数学の授業計画」（横地監修，菊池・山岸執筆，国土社，1966 年），小学校の算数を，現代数学と子どもの認識に立って，具体的に改造する視点を著した「講座 算数授業の改造」（全 4 巻，『第一巻，思考と学力』，『第二巻 現代数学と教材』，『第三巻 教材と教育課程』，『第四巻 教育課程の改造』，横地清編，明治図書，1969）等，多数に上る．

〔**「生きる数学」への飛翔**〕しかしながら，数学教育の科学化運動は 1970 年代に入ると，大きな問題に直面することになった．それは，すでに記したように，子どもの間に，三無主義（無気力，無関心，無責任）が広がり，各種の非行や暴力問題などが多発するようになったのである．同時に，社会に参画する第一の通過儀礼である子ども集団が崩壊し始めたのも，このころであった．横地は，その当時の事情の一端を次のように記している[12]．

"1973–1974 年，<u>意欲を失う子ども</u>：第一の問題は，数学のわからない子

---

[12] 横地が，1964 年以降，「日本教育年鑑」（ぎょうせい）の「算数・数学」に執筆した記録文である．ここでは，「新版 21 世紀への学校数学の展望」（誠文堂新光社，1998），pp.88–89 を引用した．

どもがますます増えてきたことである．これは今日の問題ではなく何年来と続いてきた問題である．しかし様相はここ数年，ますます深刻化してきた．例えば，従来は遅れた子ども達をどう救い出すかが主要な議論であった．しかし昨今では，子ども達全般が数学の勉強に意欲を失うという所に来たのである．高校では早くからそうした状況があって，宿題を自分で解いてみると言う気持ちはもちろん，虎の巻を写してきて用を足すという姑息な方法すら実行しないと言うのである．…高校のこの頽廃的状況は今や中学から小学校へと及んできた．…小学校では 45 分の授業が 20 分持てば良い方で，あとの時間はいやいや座席にしばりつけられているという状況がみられる．"

"1975 年，第一は算数・数学についていけない落ちこぼれの子どもが目立つことである．中学 1 年になっても異分母分数の加減の問題が出来ない子どもが 30–40％になるという調査が出ている．高校 1 年では，九九さえ，その一部分が出来ない子どもがいる．…中学生・高校生ともなると，果たして現在学んでいる数学が，自分にとってどのような意義を持つかを考えるようになる．…高校生の大部分が，中学校以上の数学は実生活とは関係ないものと感じている．こうした中で，数学教育の内容は子ども達自身の現在の生き方と結びつくものでなければならない，そうした内容の学習の累積として将来の市民生活と真に結びつく数学を身につけるようになる，と言う観点の重要性が次第にはっきりしてきた．"

"1977 年，落ちこぼれの子どもをなくそうと言うのだが，ここ何年来の課題である．これに応えて，「わかる数学」が主張されてきた．昨今は，「生きる数学」という主張が加えられるようになった．" と．

こうした状況の中で，数学教育の科学化運動は，「生きる数学」へと転回を図ったのである．まさに，子どもの尊厳と，子ども自身の逞しい生き方に目を向け，「子どもの現在と将来にわたる生き方のための数学教育」へ向かったのである．「生きる数学」は，まず数学の内容があって，それを活用できるように生き甲斐のある問題が取り上げられ，子どもは，その問題を解決していく過程で数学を学習する，という方法原理のもと，それに相

応しい数学教育の建設が志向されたのである[13]．この方面での著作物としては，1979 年に横地の編集した「中学生のライブラリー」（全 35 巻，岩崎書店）を上げることができる．各巻とも，自然や社会における生き生きとした素材が取り上げられているのが特徴である．

1970 年代はまた，一般市民の価値観が物質的な面よりも，精神的なものへと大きく切り替わる時期でもあった．図 9.7 は，「今後の生活では，心の豊かさに重点をおくか，物質的豊かさに重点をおくか」という質問に対する回答の，時系列比較である．1975 年あたりから 1978 年にかけて，価値観が拮抗する時期のあることが理解されよう．数学教育の科学化運動は，こうした状況の中で，一般市民が数学を学ぶという"市民のための数学"にも大きく貢献したのであった．

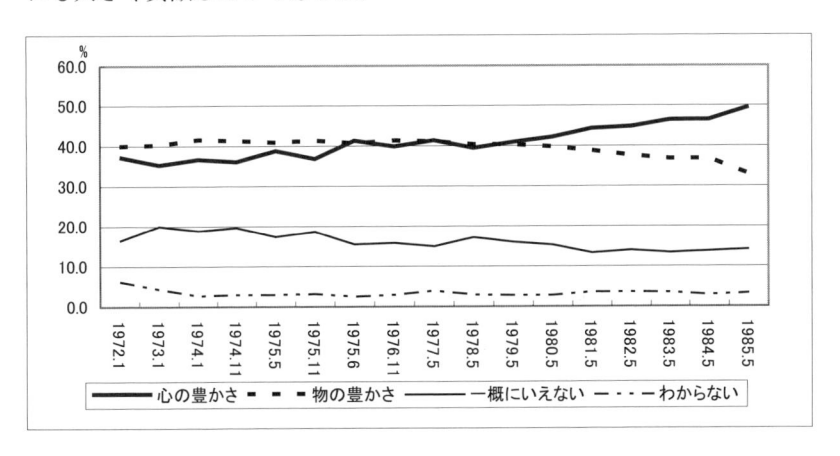

図 9.7 今後の生活の仕方（時系列比較）
（「国民生活に関する世論調査」，1985 年）

---

13) 横地は，「科学化運動」が「生きる数学」に止揚する背景を，数学教育の一つの課題であった「日本の生産活動の発展」が一応，達成されたからであり，その結果，人々は，子ども自身の逞しく生きる姿を求めるようになった，とする．だが，「科学化運動」には，数学教育を他の学問と同様，科学の域に高めようとするあまり，数学，数学と社会，子どもの認識の質的発展に焦点づける実践が強く，従って，子どもの生き方にまで研究・実践が及ばない弱点を内包した．「生きる数学」は，その弱点を超克しようと誕生した教育運動でもある．

9.4.6 一つのまとめとして

わが国における数学教育の現代化は文部省の主導のもとに実施されたが，それは，実体のない上滑りの形式にとどまり，何らの成果を残すことなく終息を迎えたのである．この最大の原因は，文部行政の「教員に対する管理」と「教育内容の統制」という二重の制約にあった．管理・統制の強化は，戦後，鮮やかに芽生えた教員の力強い創造力，活動力を摘み取ったばかりではなく，教員の間に，諦めと頽廃の状況を蔓延させたのである．実際，1970年前後を境に，子どもの無気力さが目立ち，同時に，様々な非行が起きているが，それは，高度経済成長の直接の歪み（社会悪）ではあったとはいえ，教員の頽廃にもその遠因があったのである．教員の意識は，決められた内容をいかにスマートに教えるか，という点に収斂し，日々，生起する教育問題からわが身を遠ざけようとする，"事なかれ主義"が横行し始めたのである．

しかしながら，一方では，こうした管理・統制にもめげず，心ある教育関係者は，数学教育の科学化運動を力強く展開したのであった．それは，数学を，子どもの認識に見合うものとして，また，将来の市民として主体的に生きていくためのものとして創り上げる運動であり，その意味で，日本独自の，実質的な現代化運動でもあった．

こうして，教育を巡る深刻な問題が渦巻く中，科学化運動は「生きる数学」を要とする新たな数学教育の建設へと止揚したのである．

「生きる数学」は，国際化・情報化が進展する1980年代の半ばには，「総合学習」へと発展し，さらに，1990年代後半には，「遠隔協同学習」へと発展しているのである．その意味で，「生きる数学」は，人間教育への回帰の第一歩でもあった．

研究課題

1. 「日録20世紀」（講談社）等の資料をもとに，1939年～1948年における日本の社会状況を調べ，この間の主な出来事を年表風にまとめよ．
2. 現行版小学校算数教科書では，"ながさ"は，どのように指導されているか，

その特徴をまとめよ．また，この指導法の妥当性について，自らの考えを記せ．
3. 4節に取り上げた「家永・教科書裁判 第二部 証言編5」を資料とし，その証言内容を"現在の眼"でもって考察せよ．
4. わが国における数学教育の現代化は1971年から1973年にかけ，小，中，高等学校の順に全面的に実施された．しかし，実施後，数年にして，現代化路線から撤収することになる．この原因を，当時の文部省の対応，経済的・社会的背景，数学教育界の動きから考察せよ．

引用・参考文献

J.S. ブルーナー (1963) 教育の過程．鈴木祥蔵，佐藤三郎訳，岩波書店，東京：18
コア・カリキュラム連盟編 (1953)〔特集〕算数教育の改善．カリキュラム，誠文堂新光社，東京：18-32
銀林浩 (1980) 水道方式とはなにか（遠山啓著作集数学教育論シリーズ3）．太郎次郎社，東京：288-297
石谷茂 (1949) 一般数学 (1)．大阪教育図書，大阪
今野喜清，柴田義松編 (1979) 教育課程の理論と構造（教育学講座7）．学習研究社，東京
京都府教育研究所編 (1950) 現地報告－教育研究特集－．
京都府数学教育研究会編 (1947) 昭和22年度「文部省主催 新制高等学校教育研究会（大要の報告）/附．新制高校数学科教科内容の参考」．
町田彰一郎 (1968) 数学教育実践研究会編，月刊すうがく，第27号，4(6)：27-35
明治図書出版編 (1982) 特集/数学教育の現代化はなぜ失敗したか．現代教育科学，No.305：5-59
文部省編 (1975) 学制百年史．ぎょうせい，東京
日本教職員組合編 (1958) 日教組十年史．
日本教職員組合編 (1989) 日教組四十年史．労働教育センター，東京
小倉金之助，鍋島信太郎 (1957) 現代数学教育史．大日本図書，東京
塩野直道 (1971) 算数・数学教育論．新興出版社・啓林館，東京：141
総理府内閣総理大臣官房広報室 (1985) 国民生活に関する世論調査 昭和60年5月調査．
総理府青少年対策本部編 (1983) 青少年白書 昭和58年版．
数学研究委員会編 (1949) 日常の数学 中学校第1学年用．大日本図書，東京
遠山啓 (1960) 数学教育における分析と総合．数学教育学会研究紀要I-1, 1959/60：26-31
遠山啓ほか (1960) 数学と教育（岩波講座現代教育学9）．岩波書店，東京
梅根悟 (1955) 日本の新学期．読売新聞社社会部編，読売新聞社，東京：239〜

和田義信 (1951) 指導法を中心とした数学教育界の展望．日本数学教育学会監修，数学教育，5(5・6)

横地清 (1952) 数学教育についての一反省．数学研究委員会編，数学教育資料，No.12，大日本図書

横地清 (1969) 家永・教科書裁判：裁かれる日本の歴史 地裁編 第二部 証言編 5．教科書検定訴訟を支援する全国連絡会編，総合図書，東京：241–288

横地清 (1980) 遠山啓氏をしのびて．大阪教育大学数学教室編，数学教育研究，9：8

横地清 (1998) 新版 21 世紀への学校数学の展望．誠文堂新光社，東京：88–89

横地清，菊池乙夫 (1962) 小・中学校における関数の現代化．明治図書，東京

横地清，宮本敏雄，古賀昇一，清水達雄 (1958) 諸外国の算数教育．新興出版社・啓林館，大阪：41–79

横地清，大矢真一，鈴木正毅，山岸雄策編 (1964) 科学化をめざす算数教育．誠文堂新光社，東京：2–23

全国教育研究所連盟編 (1971) 義務教育改善に関する意見調査 報告書．

索　引

■欧文■

ICDL　205, 206, 211
ICDL&C　207
ICME　220
ICT　194, 198
IFIP　220

STS　207

■ア行■

アニメーション　196
アレフ　79
アレフゼロ　77

生きる数学　262
移行　93
位相幾何学　103
一意対応　138
一次関数　133, 150
一般から特殊へ　252
一般数学　229
一般性　4
彌永昌吉　237, 245
因数分解　83

裏　109
運動模様　215

演繹的推論　109
遠隔協同学習　205

オイラー　127
小倉金之助　221
折れ線の幾何　249, 250, 253

■カ行■

回帰曲線　142
階級　167
階級値　167
解析教育　131
解の公式　83
ガウス　194
カオスゲーム　203
科学化運動　243, 251, 262
学習案　19
学習効果の転移　21, 22
学習指導案　18
学習水準理論　43
学習理論　258, 262
拡張性　211
確率　161
確率空間　183
確率分布　157, 170
確率変数　170, 184
確率論　159

学力低下　22
カージナル数　54
仮説　180
片側検定　181
カバリエリ　128
可付番集合　77
加法の公理　76
ガリレイ　128
関心・意欲・態度　19, 20
関数　127, 135
関数の極限　134
間接証明　109
完全習得学習　13
カントール　49

棄却域　181
棄却する　181
記号論理　36
記述統計　161
基数　77
基礎基本　271
期待値　170
技能的行為動詞　16, 17
帰納的推論　109
技能と習熟　15
逆　109
共通部分　52
虚数　72, 85
近似値　90
近赤外分光法　23

空間図形　98
空事象　161
空集合　52
空席記号　65, 67
区間変化率　141
区分求積　132
群論　215

形式陶冶　21

結合の公理　106
ケプラー　128
元　93
検定　180
原理の獲得　15

行為動詞　16
公準　104
恒真命題　48
恒等式　93
合同の公理　107
公理　104, 109, 117
公理的確率　162
五カ国国際会議　220, 223
国際遠隔協同学習　205
コペルニクス　128
コルモゴロフ　162
根元事象　160, 161, 164
混循環小数　75
コンピュータ　190

■サ行■
最頻値　168
錯角　118, 120
三角関数　134
三垂線の定理　110
三段論法　109
散布度　169

シェーマ　253
シェルピンスキー・ガスケット　204
式の恒等変形　93
試行　160, 161
思考的行為動詞　16, 17
事象　160, 161
次数　93
指数関数　134, 147
指数表現　91
自然演繹法　45
自然数　72

自然数の公理　72
持続性　211
実質陶冶　21
実数　72
シミュレーション　193
社会的行為動詞　16, 17
写像　138
自由教育運動　221
集合　32
集合の演算　53
集合の考え　33
従属　165
収束性　211
集中性　211
十分条件　109
循環小数　74, 90
瞬間変化率　141
純循環小数　75
順序関係　91
順序の公理　76, 106
条件付き確率　165
情報通信機器　190
乗法定理　165
乗法の公理　76
証明　98, 108, 118
自立化運動　225, 229
新教育　225, 226
真部分集合　52
真理値　48
真理表　36

推測統計　161
推定　179
水道方式　248, 250, 253, 254, 277
推論規則　45
数学教育学　1, 4
数学教育学会　259
数学教育協議会　233, 259
数学教育の現代化　34, 245, 261, 277
数学教育の目標　7, 8, 10

数学的確率　160, 162
数学的帰納法の公理　74
数学的発展　15, 16
数学的論理　36
数学の文化史　220
数構造　67
数列の極限　134
スタージェスの公式　167

正規分布　173, 174
正規分布曲線　174
正規分布の標準化　176
整数　72
生体情報　23
正負の数　86
精密性　211
積事象　161
積分　128, 132, 142, 153
積分記号　143
積極性　211
接線の傾き　142
全事象　161, 164
全数調査　178
全体集合　52
センテンス型　80
全米数学教員協議会　267

総合的応用　15, 16
創作的行為動詞　16, 17
創造性　211
素朴的論理　39

■タ行■
対応　138
対偶　109
代数　64
対数関数　134
代数的思考　191
大数の法則　160, 163
対頂角　118

代入法　82
タイル　248
タキソノミー　13
たすきがけ　95
単一的応用　15, 16
探求力　211
単元学習　226, 229

値域　138
地球儀の幾何　111
知識・理解　19, 20
中央値　168
抽出　178
中枢神経系　23
稠密性　91
直接証明　109

定義　104, 117
定義域　138
定数　68
定積分　132, 144
定理　118
ディリクレ　128
テレビ会議システム　205

同位角　118, 119
導関数　134, 141
統計学　159
統計処理　157
統計的確率　160, 162
同値　109
同値変形　68, 82, 93
陶冶　21
遠山啓　237, 245, 277
独自性　211
独創性　211
独立　165, 171
独立試行　166
度数分布多角形　167
度数分布表　167

トリチェリ　129

■ナ行■
二項分布　171
二項分布による推定　185
二次関数　134
日常的な論理　36
日・中数学教育研究会　220
日本数学教育学会　260
二面角　110
ニュートン　127
任意標本　178
認識論　258, 262
認知的行為動詞　16, 17

脳科学　21
濃度　77

■ハ行■
場合の数　157
排反　161
反比例　133

ピアジェ　267
ピアソン　161
非可付番集合　77
微小区間　132
ヒストグラム　167
必要十分条件　109
必要条件　109
微分　128, 132, 141
微分幾何学　103
微分係数　141
百ます計算　22
非ユークリッド幾何学　103
評価　12, 30
表現処理　19
標準正規分布　175
標準偏差　169, 171
標本　178

標本空間　161
標本調査　178
標本標準偏差　178
標本分散　178
標本平均　178
ヒルベルト幾何学　105
比例　133

複素数　72
不定積分　132
不登校　220
部分集合　51
フラクタル図形　203
ブルーナー　21
フレーズ型　80
分散　169
分析・総合　251
分布曲線　173

ペアノの公理　72
平均値　168
平行の公理　107
米国教育使節団報告　226
ヘモグロビン　24
ヘルバルト　129
変域　81
偏差　169
偏差値　13
変数　66, 68
変量　166

方法の対象化　43
補集合　52
母集団　178
ポートフォリオ　13, 15
母標準偏差　178
母比率　179
母比率の推定　179
母分散　178
母平均　178

母平均の推定　179
ポリア　267

■マ行■
末梢神経系　23

見方や考え方　19, 20
未知数　66, 68

無限等比級数　74
無作為抽出　178
無理数　72

命題　45, 109

■ヤ行■
有意水準　180
有理数　72
ユークリッド幾何学　103
ユークリッド原論　103
ゆとり　271

横地清　222, 237, 245, 271
余事象　164
余事象の定理　164
四段階指導　249, 254

■ラ行■
ライプニッツ　127
ラプラス　162

離散的確率変数　173
離散変量　166
離散量　139
両側検定　181
量の体系　248, 250, 254

ル・バー　54
ルーブリック　13, 15

レディネス　13, 14
連続的確率変数　173
連続の公理　76, 107
連続変量　166
連続量　139

論証　117
論証幾何　39, 42

論理　32
論理性　211
論理的思考力　32

■ワ行■
和事象　161
和集合　52
和田義信　237

Memorandum

Memorandum

Memorandum

Memorandum

Memorandum

■執筆者紹介■（執筆順，執筆担当）

黒田恭史（くろだ　やすふみ）　　編者，第1章，第2章，第4章
1990年　大阪教育大学大学院教育学研究科修士課程修了
2005年　大阪大学大学院人間科学研究科博士後期課程修了
2005年　博士（人間科学）大阪大学
現　在　京都教育大学教育学部教授
専　攻　数学教育学，脳科学
著　書　「脳科学の算数・数学教育への応用」（ミネルヴァ書房，2007）他

守屋誠司（もりや　せいじ）　　第3章，第8章
1988年　神戸大学大学院教育学研究科修士課程修了
2000年　東北大学大学院情報科学研究科博士後期課程修了
2000年　博士（情報科学）東北大学
現　在　玉川大学教育学部教授
専　攻　数学教育学，教育工学
編著書　「算数を中心とする情報教育の展開」（明治図書，2003）他

渡邉伸樹（わたなべ　のぶき）　　第5章，第7章
1996年　大阪教育大学大学院教育学研究科修士課程修了
2005年　神戸大学大学院総合人間科学研究科博士後期課程修了
2005年　博士（学術）神戸大学
現　在　関西学院大学教育学部教授
専　攻　数学教育学，認知心理学
編著書　「検定外　学力をつける算数教科書　第1巻」（明治図書，2005）他

柳本　哲（やなぎもと　あきら）　　第6章
1976年　大阪教育大学教育学部小学校教員養成課程（数学）卒業
1978年　大阪教育大学大学院教育学研究科修士課程修了
1981年　大阪教育大学教育学部附属天王寺中学校教諭
現　在　京都教育大学教育学部教授
専　攻　位相空間，数学教育学
著　書　「総合学習に生きる数学教育」（明治図書，2001）他

鈴木正彦（すずき　まさひこ）　　第9章
1969年　大阪教育大学教育学部教員養成課程数学科卒業
2000年　北京師範大学国際比較教育研究所（博士課程）比較教育学専攻修了
2000年　博士（教育学）北京師範大学
現　在　大阪教育大学名誉教授
専　攻　数学教育学，比較数学教育・数学教育史
著　書　「実践性数学教育発展論」（教育科学出版社［北京］，2006）他

教育系学生のための数学シリーズ
数学科教育法入門

2008 年 4 月 10 日 初版 1 刷発行
2022 年 4 月 1 日 初版 8 刷発行

検印廃止

NDC 410.7, 375.41
ISBN 978-4-320-01824-2
Printed in Japan

編著者 黒田恭史 ©2008
発行者 南條光章
発行所 共立出版株式会社

郵便番号 112-0006
東京都文京区小日向 4-6-19
電話 03-3947-2511（代表）
振替口座 00110-2-57035
URL www.kyoritsu-pub.co.jp

印　刷 加藤文明社
製　本 協栄製本

一般社団法人
自然科学書協会
会員

JCOPY ＜出版者著作権管理機構委託出版物＞
本書の無断複製は著作権法上での例外を除き禁じられています．複製される場合は，そのつど事前に，出版者著作権管理機構（TEL：03-5244-5088，FAX：03-5244-5089，e-mail: info@jcopy.or.jp）の許諾を得てください．

数学のかんどころ

編集委員会：飯高　茂・中村　滋・岡部恒治・桑田孝泰

ここがわかれば数学はこわくない！数学理解の要点(極意)ともいえる"かんどころ"を懇切丁寧にレクチャー。ワンテーマ完結＆コンパクト＆リーズナブル主義の現代的な数学ガイドシリーズ。

① 内積・外積・空間図形を通して **ベクトルを深く理解しよう**
　飯高　茂著・・・・・・・・・・120頁・定価1,650円

② **理系のための行列・行列式** めざせ！理論と計算の完全マスター
　福間慶明著・・・・・・・・・・208頁・定価1,870円

③ **知っておきたい幾何の定理**
　前原　潤・桑田孝泰著・・176頁・定価1,650円

④ **大学数学の基礎**
　酒井文雄著・・・・・・・・・・148頁・定価1,650円

⑤ **あみだくじの数学**
　小林雅人著・・・・・・・・・・136頁・定価1,650円

⑥ **ピタゴラスの三角形とその数理**
　細矢治夫著・・・・・・・・・・198頁・定価1,870円

⑦ **円錐曲線** 歴史とその数理
　中村　滋著・・・・・・・・・・158頁・定価1,650円

⑧ **ひまわりの螺旋**
　来嶋大二著・・・・・・・・・・154頁・定価1,650円

⑨ **不等式**
　大関清太著・・・・・・・・・・196頁・定価1,870円

⑩ **常微分方程式**
　内藤敏機著・・・・・・・・・・264頁・定価2,090円

⑪ **統計的推測**
　松井　敏著・・・・・・・・・・218頁・定価1,870円

⑫ **平面代数曲線**
　酒井文雄著・・・・・・・・・・216頁・定価1,870円

⑬ **ラプラス変換**
　國分雅敏著・・・・・・・・・・200頁・定価1,870円

⑭ **ガロア理論**
　木村俊一著・・・・・・・・・・214頁・定価1,870円

⑮ **素数と2次体の整数論**
　青木　昇著・・・・・・・・・・250頁・定価2,090円

⑯ **群論,これはおもしろい** トランプで学ぶ群
　飯高　茂著・・・・・・・・・・172頁・定価1,650円

⑰ **環論,これはおもしろい** 素因数分解と循環小数への応用
　飯高　茂著・・・・・・・・・・190頁・定価1,650円

⑱ **体論,これはおもしろい** 方程式と体の理論
　飯高　茂著・・・・・・・・・・152頁・定価1,650円

⑲ **射影幾何学の考え方**
　西山　享著・・・・・・・・・・240頁・定価2,090円

⑳ **絵ときトポロジー** 曲面のかたち
　前原　潤・桑田孝泰著・・128頁・定価1,650円

㉑ **多変数関数論**
　若林　功著・・・・・・・・・・184頁・定価2,090円

㉒ **円周率 歴史と数理**
　中村　滋著・・・・・・・・・・240頁・定価1,870円

㉓ **連立方程式から学ぶ行列・行列式** 意味と計算の完全理解
　岡部恒治・長谷川愛美・村田敏紀著・・・・・・232頁・定価2,090円

㉔ **わかる！使える！楽しめる！ベクトル空間**
　福間慶明著・・・・・・・・・・198頁・定価2,090円

㉕ **早わかりベクトル解析** 3つの定理が織りなす華麗な世界
　澤野嘉宏著・・・・・・・・・・208頁・定価1,870円

㉖ **確率微分方程式入門** 数理ファイナンスへの応用
　石村直之著・・・・・・・・・・168頁・定価2,090円

㉗ **コンパスと定規の幾何学** 作図のたのしみ
　瀬山士郎著・・・・・・・・・・168頁・定価1,870円

㉘ **整数と平面格子の数学**
　桑田孝泰・前原　潤著・・140頁・定価1,870円

㉙ **早わかりルベーグ積分**
　澤野嘉宏著・・・・・・・・・・216頁・定価2,090円

㉚ **ウォーミングアップ微分幾何**
　國分雅敏著・・・・・・・・・・168頁・定価2,090円

㉛ **情報理論のための数理論理学**
　板井昌典著・・・・・・・・・・214頁・定価2,090円

㉜ **可換環論の勘どころ**
　後藤四郎著・・・・・・・・・・238頁・定価2,090円

㉝ **複素数と複素数平面** 幾何への応用
　桑田孝泰・前原　潤著・・148頁・定価1,870円

㉞ **グラフ理論とフレームワークの幾何**
　前原　潤・桑田孝泰著・・150頁・定価1,870円

㉟ **圏論入門**
　前原和壽著・・・・・・・・・・品切

㊱ **正則関数**
　新井仁之著・・・・・・・・・・196頁・定価2,090円

㊲ **有理型関数**
　新井仁之著・・・・・・・・・・182頁・定価2,090円

㊳ **多変数の微積分**
　酒井文雄著・・・・・・・・・・200頁・定価2,090円

㊴ **確率と統計 一から学ぶ数理統計学**
　小林正弘・田畑耕治著・・224頁・定価2,090円

【各巻：A5判・並製・税込価格】
（価格は変更される場合がございます）

共立出版

www.kyoritsu-pub.co.jp
https://www.facebook.com/kyoritsu.pub